LE GRADAM IS LE SPRAOI

Cnuasach béaloidis ó thrí Scoil Náisiúnta
de chuid Iorrais i gContae Mhaigh Eo
– Gleann na Muaidhe, Ros Dumhach, Port Durlainne –
a bailíodh faoi Scéim na Scol 1937-1938

Séamas Ó Catháin agus Caitlín Uí Sheighin
a chuir in eagar

Cló Iar-Chonnachta
Indreabhán
Conamara

An Chéad Chló 1996
© Cló Iar-Chonnachta 1996

ISBN 1 874700 48 6

Clúdach:
Ries Hoek

Dearadh:
Foireann C.I.C.

Faigheann Cló Iar-Chonnachta cabhair airgid ón gComhairle Ealaíon.

Clóchur: Cló Iar-Chonnachta Teo., Indreabhán, Conamara.
Fón: 091-593307   **Facs:** 091-593362
Priontáil: Clódóirí Lurgan Teo., Indreabhán, Conamara.
Fón: 091-593251/593157

BUÍOCHAS

Is mian linn buíochas ó chroí a ghabháil le gach aon duine a chuidigh linn an leabhar seo a chur ar fáil agus go speisialta le Ceann Roinn Bhéaloideas Éireann, An Coláiste Ollscoile, Baile Átha Cliath as cead a thabhairt dúinn an t-ábhar béaloidis seo ó Bhailiúchán na Scol a chur i gcló anseo agus as cead a thabhairt dúinn grianghraif as bailiúchán grianghraf na Roinne a úsáid chomh maith. Is le Roinn Bhéaloideas Éireann cóipcheart bhunábhair na dtéacsanna béaloidis agus is léi chomh maith cóipcheart na ngrianghraf go luaitear leo í.

Gabhaimid buíochas ar leith le Micheál Ó Seighin, B.A., Ceathrú Thaidhg a dhearaigh na léarscáilte agus a chuidigh linn ar mhórán bealaí eile chomh maith agus táimid buíoch de na clódóirí – Clódóirí Lurgan – a rinne an clóchur agus an chlódóireacht chomh slachtmhar snasta sin. Tá muid buíoch de Uinsionn Mac Graith agus Treasa Ní Ghearraí a chuidigh le tarraingt na learscáilte agus den Dr Ríonach Uí Ógáin, Roinn an Bhéaloideas Éireann, as an chúnamh a thug sí dúinn maidir leis na grianghraif atá sa leabhar seo.

Is mór ar fad a bhfuil muid buíoch de mhuintir Ghleann na Muaidhe, de mhuintir Ros Dumhach agus de mhuintir Phort Durlainne a chuir léar mór grianghraf ar fáil dúinn agus mar aon leis sin a chuir ar an eolas muid faoi dhátaí breithe agus báis na mbailitheoirí agus an lucht seanchais. Gura fada buan iad na bailitheoirí seo a thug faoi agus a chuir i gcrích a gcuid oibre, mar a dúirt an t-amhrán, 'le gradam is le spraoi'.

Clár Ábhair

Na Grianghraif

NODA

AT: Tíopanna in A. Aarne agus S. Thompson, *The Types of the Folktale*, Helsinki 1961, FF Communications No. 184.

HIF: S. Ó Súilleabháin, *A Handbook of Irish Folklore*, Dublin 1942.

ML: Tíopanna in R. Th. Christiansen, *The Migratory Legends*, Helsinki 1958, FF Communications No. 75.

MLSIT: Tíopanna in *Crossing the Border. A sampler of Irish migratory legends about the supernatural* (*Béaloideas* Iml. 59 [1991], l. 209-78).

TIF: S. Ó Súilleabháin agus R. Th. Christiansen, *The Types of the Irish Folktale*, Helsinki 1961, FF Communications No. 184.

Tá an béaloideas ann leis na scéalta agus na seanchainteanna agus na seanfhocla a bhailiú agus iad a scríobh i leabharthaí. Tá an béaloideas go maith mar bheadh na seandaoine ag fáil bháis agus ní bheadh na scéalta ag na daoine agus na nósanna a bhí acu fadó agus an cineál éadaigh a chaitheadh siad. Tá an béaloideas go maith le haghaidh na tíre. . .

– Cóipleabhar Mháirín Ní Dhomhnaill, Bailiúchán na Scol, l. 33.

Séamas Ó Beoláin (Múinteoir), Gleann na Muaidhe 1881 – 10/6/1975

Seán Ó Gionnáin (Múinteoir), Ros Dumhach 8/12/1910 – 1/5/1984

Liam Breathnach (Múinteoir), Port Durlainne 1912 – 1978

RÉAMHRÁ

Idir Mheán Fómhair 1937 agus Mí na Nollag 1938 a bailíodh an béaloideas atá sa leabhar seo.[1] Daltaí thrí scoil de chuid Pharóiste na nAchadh in Iorras i gContae Mhaigh Eo, faoi stiúir a gcuid príomhoidí, a rinne obair na bailitheoireachta ó thús go deireadh.[2] Ba iad sin: Scoil Náisiúnta Ghleann na Muaidhe (Séamas Ó Beoláin 1882–1975), Scoil Náisiúnta Phort Durlainne (Liam Breathnach 1912 – 1978) agus Scoil Náisiúnta Ros Dumhach (Seán Ó Gionnáin 1910 – 1984).[3]

Faoi *Scéim na Scol* (1937 – 1938), tionscnamh bailitheoireachta a reachtáladh faoi choimirce Choimisiún Béaloideasa Éireann (1935-1971), le cúnamh na Roinne Oideachais agus Chumann Múinteoirí Éireann, a bailíodh an t-ábhar béaloidis seo.[4] I dtaisce i gCartlann Roinn Bhéaloideas Eireann, An Coláiste Ollscoile, Baile Átha Cliath, ina chuid den ollchnuasach mhór lámhscríbhinní ar a dtugtar *Bailiúchán na Scol* atá an bailiúchán beag luachmhar seo anois.

---

[1] Bailíodh mír amháin dá bhfuil anseo thíos (2.11.2.) i mí Iúil 1937 ach baineann sé sin leis an méid a bhí scríofa ina gcuid cóipleabhar ag daltaí S.N. Phort Durlainne sular cuireadh tús le Scéim na Scol (féach nóta 2.11.2., l. 161).

[2] Diomaite de bhrostú na ndaltaí chun bailitheoireachta, roghnú, tiomsú agus cur in eagar an ábhair an cúram ba mhó a bhí ar na múinteoirí. Ba nós leo cur lena raibh bailithe ag na daltaí in amanna agus giotaí dá gcuid féin a scríobh isteach in imleabhar mór oifigiúil na scoile.

[3] De bhunadh Iorrais beirt acu seo – Liam Breathnach (Barr na Trá) agus Seán Ó Gionnáin (Ros Dumhach).

[4] Féach S. Ó Catháin, 'Súil Siar ar Scéim na Scol 1937 – 1938', *Sinsear* 5 (1988), l. 19-30 agus S. Ó Catháin agus C. Uí Sheighin, *A Mhuintir Dhú Chaocháin, Labhraígí Feasta!*, Indreabhán 1987, l.xvii-xviii.

Ní ionadaí aonaránach sa mbailiúchán chéanna sin, nó i bPríomhchnuasach Lámhscríbhinní Roinn Bhéaloideas Éireann[1] é, ar a bhfuil i gceist le béaloideas Iorrais, taobh tíre inar bailíodh mórán den chuid is saibhre agus is spéisiúla de thraidisiún béil na hÉireann agus, dá n-abraítí é, traidisiún béil na hEorpa.[2] Léiríonn an beagán beag den saibhreas iontach seo a foilsíodh go dtí seo a thábhachtaí is atá traidisiún Iorrais, a leitheadaí is atá scóip an dúchais Iorrasaigh agus a fheabhas is atá a cháilíocht mar bhéaloideas.[3] Is amhlaidh nach mbaineann a bhfuil dá chur i láthair anseo pioc den cháil sin ach, mar a rinne an cnuasach a cuireadh i gceann a chéile i Scoil Náisiúnta Cheathrú Thaidhg agus a foilsíodh roinnt bhlianta ó shin,[4] séard a chuireann sé leis. Mar a bhí i gcás S.N. Cheathrú Thaidhg, thug na daltaí agus na múinteoirí seo faoinar hiarradh orthu a dhéanamh faoi *Scéim na Scol* go dúthrachtach dícheallach agus chuir i gcrích go snasta é.

Bíodh is gur i bhfoisceacht a chúig nó a sé de mhílte dá chéile atá na scoilcheantracha seo, tá siad difriúil go maith óna chéile ó thaobh suímh, gléas beatha na dtuismitheoirí agus an teanga labhartha laethúil. De chois na farraige atá Ros Dumhach agus Port Durlainne agus ba rí-láidir an ceangal a bhí idir na pobail sin daoine agus an fharraige agus is ea go fóill i gcás Phort Durlainne. Ceantar intíre is ea Gleann na Muaidhe a bhfuil Abhainn na Muaidhe ag rith trína lár síos amach chun na farraige. Iascaireacht agus feilméaracht dhá ghléas beo na dúiche seo ins an am sin agus i gcónaí. Maidir le Gaeilge, is amhlaidh go bhfuil cúlú mór déanta aici ó bhí na bailitheoirí óga seo ar a gcois agus fiú amháin san am sin, ní go flúirseach fairsing a bhí fáil ar chainteoirí maithe ach amháin i gcás Ros Dumhach agus na bailte máguaird agus i Sraith an tSeagail, baile de chuid scoilcheantar Phort Durlainne. Thairis sin agus go speisialta i nGleann na Muaidhe, ba ag brath ar chainteoirí fánacha thall is abhus a raibh a bheagán nó a mhórán de Ghaeilge acu a bhí na daltaí le haghaidh thiomsú an eolais a bhí uathu.

---

[1] Féach 'The Department of Irish Folklore and its Archives', *Celtic Cultures Newsletter*, No. 5, December 1987, l. 28-32.

[2] Féach Ó Catháin agus Uí Sheighin, *op. cit.*, l. xxvii-xxviii.

[3] Féach mar shampla, E. Mac an Fhailghigh, 'Sean-scéalta ó Iarthar Iorruis', *Béaloideas* Iml. 9, (1939), l. 86-131; M. Ó Gallchobhair, 'Amhráin ó Iorrus,' *Béaloideas* Iml. 10 (1941), l. 210-34; L. Mac Coisdealbha, 'Seanchus ó Iorrus', *Béaloideas* Iml. 13 (1943), l. 173 -237; S. Ó Catháin agus P. O'Flanagan, *The Living Landscape, Kilgalligan, Erris, County Mayo*, Baile Átha Cliath 1975 agus S. Ó Catháin, *Scéalta Chois Cladaigh/Stories of Sea and Shore*, Baile Átha Cliath 1983.

[4] Ó Catháin agus Uí Sheighin, *op. cit.*

Ní raibh, mar sin, an réimse céanna faisnéiseoirí ar fáil ag daltaí S.N. Ghleann na Muaidhe nó ag daltaí S.N. Phort Durlainne is a bhí ag daltaí S.N. Ros Dumhach, a raibh neart Gaeilge le cloisteáil acu, bíodh is nach rabhthar dá labhairt mórán le haos óg na háite ag an am sin. Bhí, más ea, constaic mhór i mbealach roinnt mhaith de na bailitheoirí – cuid acu a bhí ar bheagán Gaeilge iad féin cheana féin – ins an mhéid is nach go réidh ar chor ar bith a bhí siad in ann a theacht ar fhaisnéiseoirí Gaeilge. Ba é a thoradh sin go ndearnadh líon na mbailitheoirí as foireann iomlán na ndaltaí ins na hardranganna a theorannú agus gur i dtuilleamaí bhailitheoireacht chois teallaigh ina gcuid tithe féin a bhí an chuid is fearr acu sin ina dhiaidh sin. Ní hionann seo agus a rá nach ábhar den chéad scoth a bhí á scríobh síos acu, ar ndó. Mar sin féin, caithfear a adhmháil go mb'fhusa go mór ag daltaí S.N. Ros Dumhach teacht ar fhaisnéiseoirí maithe – seachas a gcuid daoine muinteartha féin – ina gceantar féin agus ina measc siúd bhí fir agus mná a raibh cáil na scéalaíochta agus na cumadóireachta orthu.[1]

Siúd is nach bhfuil ann uilig ach céatadán an-bhídeach dá bhfuil de leathanaigh lámhscríbhinne i dtaisce i Roinn Bhéaloideas Éireann ar fad, tá, ina dhiaidh sin, ocht gcéad ochtó a hocht leathanaigh ins an mbailiúchán 'bheag' seo. I gcóipleabhar na ndaltaí atá formhór na leathanaigh seo agus is mar seo a roinntear ó dhalta go dalta idir na trí scoil iad.

---

[1] Mar shampla Seán Ó Roithleáin, seanchaí go raibh an méid seo le rá ag Liam Mac Coisdealbha – bailitheoir lánaimseartha de chuid Choimisiún Béaloideasa Éireann – faoi: 'Níor theangmhaigh liom i n-Iorras sárú Sheáin Uí Roithleáin d'fhear seanchais. Is beag nach ndéarfainn go raibh sé ion-churtha le hÉamonn Liam [a Búrc] i gConamara; ar aon nós is minic a chuireadh sé Éamonn i gcuimhne dhom, mar, a dhálta sin, bhíodh méid agus ilghnéitheacht a sheanchais ag dul sa mullach orm i gcomhnaí. Measaim gur inis sé suas le céad scéala dom, agus féadaim a rá nach rabh sé an uair sin ach ag toisiú!' (*Béaloideas* Iml. 16 (1946 [1948]), l.169).

DaltaRang[1]	Líon na Leathanach[2]
S.N Ghleann na Muaidhe[3]	
Micheál Mac Gearraí	11
Áine Nic Gearraí	7
Caoimhín Ó Beoláin	14
Cáit Ní Chuirleáin	11
Cáit Ní Dheagánaigh	14
Máire Ní Éalaí	11
Máire Nic Graith[4]	11
Seán Ó Móráin[5]	5 (80)

---

[1] Daltaí Rang a Cúig go Rang a hOcht a ghlac páirt in obair na Scéime. Cé nach luaitear daltaí S.N. Ghleann na Muaidhe nó cuid de dhaltaí S.N. Ros Dumhach le haon rang acu seo, is cinnte gur leis an ngrúpa seo ranganna a bhaineann siad uilig.

[2] Nuair a bhíthear i mbun na gcóipleabhar a uimhriú – b'éigean, in amanna uimhir a chur ar roinnt leathanaigh nach raibh aon bhéaloideas orthu nó go bhfuarthas béaloideas orthu nár bhain go díreach le Scéim na Scol ach a bailíodh taobh amuigh de réimse na Scéime nó sular toisíodh ar obair na Scéime ar chor ar bith (féach nóta 1 thuas agus 3.31. thíos [l. 176] mar shampla) agus rinneadh na leathanaigh seo uilig a chuntas sa gcomhaireamh seo. Tharla chomh maith leathmhinic go leor cuid de leathanaigh dheireadh na gcóipleabhar tugtha suas ar fad do cheachtanna scoile mar dheachtú nó do cheartúcháin; níor cuireadh aon uimhir ar na leathanaigh seo agus níl siad sa chuntas anseo. I gcás S.N. Ghleann na Muaidhe de, rinneadh leathanaigh uile na gcóipleabhar a uimhriú agus a chur san áireamh mar gur ábhar béaloidis a bhí orthu ar fad, bíodh is gur i mBéarla a bhí cuid bheag den ábhar seo.

[3] An beagán beag a bhailigh Mairéad Ní Dheagánaigh (S130: 332), Bríd Ní Dhomhnaill (S130: 329) agus Seán Ó Móráin ó Bharr Alltaí (S130: 353) – triúr dalta de chuid na scoile seo nach bhfuil fáil ar a gcuid cóipleabhar, is i mBéarla ar fad atá sé.

[4] Tá dhá chóipleabhar dá cuid againn – ceann acu nach bhfuil aon bhéaloideas ann agus an ceann seo. Féach nóta 5 thíos.

[5] Seán Ó Móráin ó Bhaile an Mhuilinn atá i gceist anseo. Féach nóta 3 thuas.

Dalta	Rang	Líon na Leathanach

S.N. Phort Durlainne [1]

Mairéad Ní Dhochartaigh	VI	55
Máire Ní Dhomhnaill	VI	37
Pádraig Ó Domhnaill	VI	37
Tomás Ó Domhnaill	VII	52
Máire Ní Earcáin	V	54
Mairéad Ní Mháille	V	54 (288)

S.N. Ros Dumhach [2]

Caitlín Ní Chorrdhuibh	VI	25
Éabha Ní Chorrdhuibh	VIII	18
Máire Ní Chorrdhuibh		22
Bríd Ní Ghallchóir	VI	27
Caitlín Nic Graith	VII	40
Caitlín Nic Graith [3]	VIII	30
Áine Ni Ghionnáin		18
Máire Ní Ghionnáin	VII	16
Mairéad Ní Ghionnáin		6
Áine Ní Roithleáin	VI	28 (230)

Tá sciar maith dá bhfuil sna cóipleabhar seo le fáil arís in S129 agus S130, an áit ar ceanglaíodh imleabhair mhóra oifigiúla na scoltacha seo (agus roinnt scoil eile de chuid Iorrais chomh maith). Dhá chéad nócha leathanach atá sa gcnuasach sin ar fad agus athscríobh nó trascríobh a rinne na múinteoirí agus na daltaí ar bhunábhar na gcóipleabhar é sin den chuid is mó.[4]

---

[1] Cóipleabhar dhalta amháin de chuid na scoile seo – Micheál Ó Baoill – atá ar iarraidh. Tá ábhar uaidh sin le fáil in S130: 250-9, 237-8.

[2] Cóipleabhar bheirt dhalta de chuid na scoile seo – Tomás Ó Gallchóir agus Cáit Ní Bhaoláin – atá ar iarraidh. Tá ábhar uathu le fáil in S129: 326-7, 334-8, (Ó Gallchóir) agus S129: 328-32 (Ní Bhaoláin).

[3] Tá dhá chóipleabhar dá cuid againn – ceann ó Rang a seacht agus ceann ó Rang a hocht agus iad lán go maith le hábhar fiúntach béaloidis. Scríobh an dalta seo ábhar béaloidis atá ina cóipleabhar féin mar aon le hábhar eile ó chóipleabhar dhaltaí eile isteach in S129. Ina cuid peannaireachta siúd atá 45 leathanaigh de 75 leathanaigh imleabhar mór oifigiúil S.N. Ros Dumhach. Ba é an múinteoir féin a scríobh an chuid eile de.

[4] I gcomhthéacs an leabhair seo, ciallaíonn S129 leathanaigh 273-348 d'Imleabhar S129 i mBailiúchán na Scol; ciallaíonn S130 leathanaigh 158-373 d'Imleabhar S130 i mBailiúchán na Scol (féach Nótaí, l. 152). Déantar

Chomh fada agus ab fhéidir é, tugadh tosaíocht do bhunábhar seo na gcóipleabhar ar ábhar athscríofa nó trascríofa S129 agus S130. Minic go maith ins na cóipleabhair sin amháin atá fáil ar an mbéaloideas seo mar nach ndearnadh cuid mhaith dar bhailigh na daltaí a aistriú go dtí imleabhar mór oifigiúil na scoile ar chor ar bith. Os a choinne sin, tá ábhar eile in S129 agus S130 nach bhfuil a thásc nó a thuairisc sna cóipleabhair nó nach bhfuil cóipleabhar an dalta a luaitear leis againn.[1]

Agus muid i mbun caoi agus eagar a chur ar an mbailiúchán seo, níorbh fhéidir linn na bunfhoinsí seo uilig a fhágáil gan athruithe beaga de chineál amháin nó de chineál eile a imirt orthu. Ar an gcéad dul síos, b'éigean an t-ábhar a rangú agus a chur san ord atá ag feiliúint do leagan amach an leabhair seo; ina dhiaidh sin, dar linn gur den chéill é botúin ghramadaí agus botúin litrithe a cheartú agus anuas air sin, tá caighdeánú beag déanta ar an litriú céanna againn, caighdeánú nach dtéann ró-dhian ar fad ar chanúint na dúiche seo ach a fhágann ina Gaeilge Iorrais i gcónaí í chomh fada agus is féidir.[2]

Is mór an sásamh dúinn gur éirigh linn bailiúchán eile de bhéaloideas Iorrais a chur ar fáil. Tá súil againn go gcuirfidh idir scoláirí an bhéaloidis agus lucht léinn agus pobal léitheoireachta na Gaeilge spéis ann ach thar aon ní eile, is é ár ndúil go rachaidh sé chun sochair don dúchas asar fáisceadh é agus go mbainfidh daoine geanúla Iorrais a sáith de shult agus pléisiúr as.

---

iarracht ins na nótaí thiar i ndeireadh an leabhair seo tabhairt le fios cé acu athscríobh nó trascríobh a tháinig i gceist nuair a rinneadh an béaloideas seo a aistriú isteach in S129 and S130. Nuair a cuireadh an t-aistriú sin i gcrích gan aon athrú ar bith a dhéanamh ar an téacs seachas an litriú agus an gramadach a fheabhsú, deirtear gur trascríobh é ach nuair a bhíonn malairt focla nó foclaíochta nó cumadóireacht bhreise de chineál ar bith i gceist, athscríobh a thugtar air.

[1] Féach nótaí 3 agus 4 thuas.

[2] Is féidir an léamh a thug cuid de na daltaí ar chanúint Iorrais a fheiceáil ins na samplaí seo den 'drochlitriú' a chleachtaigh siad ina gcuid cóipleabhar:
Farraigeadh, gloineadh, mineadh, mónadh, (g.u.)
gáladh (a.u.)
balog (bolg), *calag* (colg), *fascadh* (foscadh), *pata* (pota),
práiste (paróiste), *pratastún* (Protastún), *báiseoir* (báirseoir),
damhas (damhsa), *mirea* (mí-rath) *peistróga* (pisreoga),
sling (slinn), *gun* (den), *o* (chomh), *thríd* (tríd) agus *aríst* (arís).

'Meitheal' (Greanaigh)
Ó chlé: Cathaoir Ó Máille, Eoin Mac Graith, Róise Ní Mháille, Micheál Mac
Graith, Caitlín Ní Ghionnáin, Séamas Mac Graith (ina shuí), Pat Nell Mac Graith
(ag trampáil na síge)

CAIBIDEAL 1

Cúig cinn ar fhichead d'amhráin (1.1. – 1.25.), gur amhráin áitiúla a bhformhór, agus trí phaidir bheag (1.26. – 1.28.) atá sa chaibideal seo. Daltaí Scoil Náisiúnta Ros Dumhach a bhailigh na hamhráin uilig go léir ach ceann amháin (1.1.). Bhí cliú agus cáil, ar ndó, ar bhaile an Rois riamh anall maidir le ceol, amhráin agus amhránaithe agus is léir go ndeachaidh traidisiún láidir na háite i bhfeidhm go mór ar na bailitheoirí óga seo.

I gcóipleabhar na ndaltaí amháin atá fáil ar aon cheann déag de na hamhráin seo – formhór na n-amhrán áitiúil (1.2. – 1.11. agus 1.16.2.) – agus is suntasach an rud é gur i dtréimhse dhá lá déag ó 11.11. – 22.11.1938 a bailíodh iad sin uilig. Tá fáil ar dheich gcinn eile d'amhráin in imleabhar mór oifigiúil na scoile (S129) nach fios dúinn dáta cruinn a mbailithe nó nach bhfuil fáil ach oiread orthu i gcóipleabhar na ndaltaí, nuair is ann dóibh. Tá péire eile arís (1.12. agus 1.22.) ag Caitlín Nic Graith i gceann dá cuid cóipleabhar agus ina cuid peannaireachta féin in S129 chomh maith.

Bíodh is go ndéantar tús áite a thabhairt do na hamhráin áitiúla – cuid acu sin de dhéantús Ros Dumhach féin, cuid eile ó bhailte de cuid na comharsantachta agus cuid eile ina dhiaidh sin ó choirnéil eile d'Iorras agus de Chontae Mhaigh Eo – ní beag a bhfuil de thábhacht leis na leaganacha Iorrasacha a thugtar anseo de chuid d'amhráin mhóra na hÉireann.

AMHRÁIN

1.1. *Páidín Bán*

Ó! Páidín Bán 'ac Cormaic is tú a d'fhága mé faoi bhrón,
D'imigh tú uaim thar farraige agus ní fhillfidh tú go deo;
Guímse na haingle na haspail is na naoimh,
Le Dia do sheoladh abhaile is tá cumha orm 'do dhiaidh.

Tá an ghealach ar na spéartha agus na réalta uilig faoi smúid,
Níor chualas ceiliúr éinín ná cuach, lá Bealtaine nua;
Ó d'imigh bláth na gcraobh a d'fhág na céadta i ngalar dubh,
Mura dtiocfaidh tú agus m'éileamh, éagfaidh mé le cumha.

Dá mbeitheá ar na sléibhte bána go ndéanfadh muid gáire leat is
        greann,
Nó in aice le teach d'athara an áit ba ghnách linn thú bheith ann;
Buidéal de fhíon Spáinneach againn agus céad fáilte ag fear dá roinn,
Tobac Frisáirne dá charnadh de do loing.

Go bhfeice mé do long, a stóirín, faoina cuid seolta ag teacht chun cuain,
Ór buí agus airgead le scaipeadh ar an tslua;
Roinneadh sé na baraillí agus leagadh síos an scór,
Tá dúil le Dia na nGrásta agam nár báthadh do long go fóill.

A dheartháirín dhílis, a dhílisín mo chroí,
D'fhág tusa an léine orm a shínfidh mé sa gcré;
Tá do leaca mar an eala agus do ghruaig mar bhláth na gcraobh,
Nach trom an osna a dhéanaimse nuair a smaoiním ar do scéal.

Séamas Ó Baoláin, Ros Dumhach

Cáit Ní Bhaoláin, Ros Dumhach

Micheál Ó Baoláin, Ros Dumhach

1.2.

Maidin Dé Luain is ea mhothaigh mé an tuaim ag mná is páistí ag
  caoineadh,
Ní raibh ó bhéal go béal – nárbh aisteach an scéal! – ach go raibh bád an
  chalaidh imithe ina phíosaí,
Ní raibh an oíche ró-gharbh nuair d'fhág siad an caladh is bhí dúil aca
  pilleadh arís,
Ach ag an Rinn Mhór d'athraigh an chóir is ag an tSáilín rinne sí a scríste.

1.3. *Barrthrá*

Is deas an baile Barrthrá, tá cóistí ag rith gach lá ann,
Tá *Buchanan* agus a charr ann ag tóir ar chearca fraoigh;
Tá an creabhar caoch gach lá ann tá an lacha fhiáin 'gus a h-ál ann,
Tá an giorria luath sa Márta is ní féidir leo a chlaoi.

Is é an Chrois Éadain an máistir ar shléibhte na háite,
Go dtug sé anuas an bhráighe ón tSeiscín is ón gCnoc Maol;
Dá dtigtheá anuas an bhá, anuas ag Poll Ghleann Láire,
Lochtfá do chuid bád ann le mianach an óir bhuí.

Nach aoibhinn is nach aerach an áit a bhfuil teach Shéarlais,
Tá bric ag teacht le *play* ann le gradam is le spraoi;
Agus ní áirím alt mór Shéamais – níor thráchtas air in aon am –
Tá an oiread gan aon sléibhe ann is a thógfadh cian de do chroí.

Is í an Rinn Dubh Mhór an leiceann sléibhe is fearr ar chúl na hÉireann,
Is í is fearr...

1.4. *Amhrán an tSionnaigh*

Maidin bhreá dar éirigh mé is mo thriall go Port an Chlóidh,
Casadh an píli sionnaigh orm is an foghlaeirí ar a thóir;
Bhain mé díom mo hata is d'umhlaigh mé go talamh dó,
D'fhiafraigh mé cén t-ainm é nó a' raibh a chlann ag éirí mór.

'M'ainm is mo shloinne Sionnach Rua na nGéabh,
M'athair nó mo mháthair ní fhaca mise riamh;
Cuireadh thar sáile iad chun an chogaidh go *South Africa*,
Is dílleachta atá ionamsa is tá mo chónaí ar an tsliabh!'

'Más dílleachta atá ionat is bealaithe liom do bhéal,
Ní shilim go bhfuil tú ionsaortha ar ghéabha Doiminic Deane;
Ghoid tú an gandal cleamhnais a bhí beathaithe ag stór mo chroí,
É féin is an tseanghé a bhí ramhar le min bhuí.'

Tháinig Micheál Mac Ghiongantaigh anuas ón Rinn Dubh Mhór,
Ní thabharfadh seisean bannaí dó ar airgead ná ar ór;
'Ghoid tú mo chearc is mo lachain uaim a d'fhág uireasa tobac orm,
Is do phárdún ní thabharfainnse don Phápa atá sa Róimh.'

1.5. *An Taibhse*

Tá taibhse ar an mbaile seo atá ag scanrú na ndaoine,
Is ar uair an mheán oíche is ea a éiríonn sé amach,
Tháinig sé an oíche seo go doras Cheit Sírín,
Is labhair i nguth íseal, an raibh Taimín sa teach.

D'éirigh Ceit, is uirthi a bhí an faobhar,
Is dúirt 'A sheanamadáin, an dtiocfaidh tú isteach?
Deir an taos óg liom go raibh tú le Séarlas,
Is mura dtaitníonn sin leat gabh chuig Neainse is Pat.'

Bhí Pat in éis a bheith ag imirt a chuid cártaí,
Is dúirt sé lena mháthair gur mhothaigh sé *knock*,
'Croith an t-uisce coisricthe ar na páistí,
Is le cúnamh Dé, coinneoidh muid Cromal ón teach.'

D'éirigh an saighdiúir gránna le dul chun an gharda,
Is fuair sé a chuid páistí faoi bholtaí is glais,
Nuair a chonaic Micheál Ó Gallchóir go raibh sé chomh sónta,
Tharraing air a chóta is a mhaide ina ghlaic.

Is thart ar an teach mar a dhéanadh sé i gcónaí,
Is síos garraí Tónaí do dhíbir sé an tais.

1.6.

Ag éirí ar maidin dom is ea mhothaigh mé an gháir bhocht,
Ag mná is ag páistí in éis na hoíche,
Go raibh Seán Ó Máille tuirseach sáraithe,
In éis a chéapair go Muing an Lao.

Dá ligeadh said abhaile mé, go bhfeicinn Máire,
Bheinnse sásta anois is arís,
Ach thiomáin siad rompu mé, mar bheithíoch rása,
Gur chuir siad bannaí láidir orm os comhair an dlí.

Ag teacht abhaile domsa, lá arna mhárach,
Níor fhear gan fáilte mé ag mo mhuintir féin,
Ba mhaith mo thine agus b'ard mo cháca,
Agus bhí an *jug* lán agam ar feadh na hoíche.

Chuir mé cuntas ar mhná is ar pháistí,
Uilig go háithrid ag mo mhuintir féin,
Antaine Ó Corrdhuibh, as baile Bharrthrá,
Antaine Rua agus Doiminic Deane.

Muintir an Ghleanna, mar bhí mé sónta,
Chuir siad comhairle orm, gur fhliuch mé an scaird,
Níorbh fhada a ligeadh mé nó gur cuireadh an tóir orm,
Go raibh mo leaba cóirithe i g*Castlebar.*

Pat Ó Móráin, ní cháinfead choíche,
Dob é an comharsa ab fhearr é a bhí ag fear riamh,
Bhí sé airdeallach ar mhná is ar pháistí,
Ba bheag é a phá agus ba lag é a bhia.

Micheál Pheadair ní cháinfead choíche,
Níor lig sé an Brianach ag cuartú an tí;
Ach Johnny Jenny, mallacht Dé air,
Dúirt '*Search the stables of Mwingalee.*'

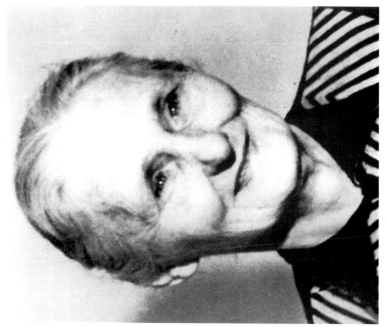

Máire Mhic Gráith, Rinn na Rón

Caitlín Nic Gráith, Rinn na Rón

1.7. *Amhrán an Asail*

An cúigiú lá déag de Earrach agus thriall mé dul chun aonaigh,
Níor cuireadh aon phínn costais liom ach píosa beag sé pínne;
Bheannaigh mé don asal agus thosaigh mé dá scaoileadh,
Is é dúirt sé liom 'Lig thart mé, nó go gcuire mé amach an t-aoileach.'

'Bliain san am seo cheana thug tú dom an folcadh Muimhneach,
Chuir tú anall thar caladh mé oíche gharbh gaoithe;
Cheangail tú sa mbaile mé ag doras fuar na gaoithe,
Agus níor chuir tu cuilt ná sac orm ach bhástchóta Bhrat Bhríde.'

'Dá bhfanfainnse an bhliain seo caite, ach mhionnóinnse leis an
      mBíobla,
Nach bhfanfainn aon bhliain eile agaibh dá siúlfainn uilig an ríochta;
Dá mbeinnse thuas ag *Arbuthnot* nach agam bheadh an saol ann,
Ag siúl leis an nGobharnóir is ag iompar Mussolini.'

'Rachaidh mé go *South Africa* má ghlactar ins na *Police* mé,
Má mharaítear ins an gcogadh mé beidh mo chomharsain uilig ag caoineadh
Agus chlúdóinn poillín fataí dóibh go sleamhain is go slíochta,
Is ní áirím cruachín Mhurch', níor ghadaí lena thaobh mé.'

Bhéarfainn anonn thar cainéal thú dá airde a bheadh an líonadh,
Is bheinn ag glaoch ar phiontaí dhuit i seomra Shorcha Ní Mhuireallaigh.

1.8. *An Stráinséaraí*

Maidin bhreá dar éirigh mé lá saoire nó Dé Domhnaigh,
D'imigh mé cois chladaigh, níorbh fhearr dom in mo chónaí;
Chonaic mé an strainséaraí agus é ag amharc go brónach,
Is labhair sé go madrúil liom 'Ní bhainim lena chomharsain!'

'Is anois ó tharla tháinig tú, cá bhfuil do thriall?
Ar báthadh an chuid eile díbh agus ar fágadh tusa thiar?
Ó *submarine* a tháinig tú nó *shell* ó ghunna mór?
Nó eitleán as Gearmán a d'imigh ar do thóir?'

'Lig tharat do chuid seanchais agus tóg mé as an lán,
Nach bhfuil aon bhanaltra sa mbaile agat a bhéarfadh domsa lámh?
D'fhéachfadh sí mo chuisleacha agus thart ag bun na gcnámh,
Agus leigheasódh sí na bundúiní a fuair mé ins an Spáinn.'

'Má bhí tú ins an gcogadh sin is liath liom do cheann,
Nó cé bhí do do *chommandáil*, ins na *ranks* a raibh tú ann?
Dá ndéanfadh tusa comhairle agus pórú mar is ceart,
Bheadh géabha Thomáis ag gnóthachan is an Fear Mór ag deánamh raic.'

'Is cuma liom céard déarfas tú ach níl sibh uilig i gceart,
Tá seanghé Thomáis chomh haosta sin is níl sí ag breith i gceart;
Dá mbuailfinn suas le Micheál, tá a chuid géabha mar is cóir,
Agus bheitheá ag dul i gcleamhnas lena dhaoine mar is cóir.'

1.9. *Thiar Anseo ag Máire*

Thiar anseo ag Máire tá an peata gan náire,
Tá grá ag na mná dó is ní áirim na stócaigh;
Agus tá sé chomh stróicthe le Tomás Sheáin Bhriain.
Tá sé ina sheasamh ar bhealach na Giúise,
Agus tá Máistir Maol Ronnaigh le dul ins na *police*;
Tá uan Sheán an Chalaidh i bhfolach sa gcófra,
Agus nuair a thiocfas an fómhar ní chodlóidh sé an oíche.

1.10. *Amhrán an Bhainbh*

Cheannaigh mé banbh thall ag Pat Mharcais,
D'íoc mé seacht is sé pínne air;
Chuir mé sa tsac é agus dúirt mé gur margadh maith é,
Agus go mbeadh sé chun díol na Féil' Bríde.

Ag dearcadh dom tharam fuair mé an sac folamh,
Bhí an banbh sa gcaladh is é ag síonaíl,
Mar bhí Dia le mo leanadh is a chuid ar an mbanbh,
Ní raibh ann ach lag is sruth líonta.

Bhí Anna is *Sally* ina seasamh sa gcladach,
Ceit Mhór ins an doras mar oifigeach *peelers*,
Is é dúirt sí le Jeaicín 'Faigh tusa an *galley*,
Is bhéarfaidh tú an banbh chun tíre.'

Le Gradam Is Le Spraoi

'Dar mh'anam, a *Ghranny*, ní sháithfidh mé an *galley*,
Ar fhaitíos nach dtarraingeofaí arís í,
Ach dá dtigeadh mo Dheaidí ag dul go teach *Phaddy*,
Ní thiocfadh go n-ólfaidh sé pá na míosa.'

1.11. *Nóra Ceannaí*

Tá ceannaithe an bhaile seo anois buailte síos,
Ó chuaigh Nóra Ceannaí ag imeacht faoin tír;
Tá siúcra aici chomh garbh agus tae aici chomh mín,
Agus dhá scadán gharbha go n-íocfadh sé a cíos.

1.12. *Barr an tSléibhe*

Is a Mhailí atá díchéillí, an dtiocfaidh tú chun an tsléibhe?
Ná fulaing mise im aonraic liom féin ins an oíche;
Tá do theach dá dhéanamh beidh seomraí deasa ina éadan,
Beidh againn siamsa is pléisiúr agus beidh muid ar bheagán cíos.

Is deas é Barr an tSléibhe nuair a bhíonns an ghrian ag éirí,
Gan duifean ar na spéartha ná gaimh ar bith sa ngaoith;
Tá an broc ar thaobh na habhna ann, tá sionnach rua na ngéabh ann,
Tá an giorria ag déanamh pléisiúir ann ag bocléimneach ins an bhfraoch.

Tá úth na bó ag pléascadh ag teacht abhaile ag géimneach,
Is binn deas ceol na n-éan ann, san ghleann ag teacht na hoíche;
Bíonn an fear is an bhean in éineacht, bíonn rudaí eile go téagrach,
Agus an seanduine atá céad bliain ní chrapann sé le haois.

Tá an cadhan agus an naosc ann, tá an creabhar agus tá an chearc fhraoigh
    ann,
Tá sméara glasa ar chraobh ann agus na measa uilig faoi bhláth;
Beidh an leanbh i gceann a mhíosa ann, ag rince ar fud an tí ann,
Bíonn macnas ag teacht na hoíche ann ar fir agus ar mhná.

Tá an abhainn lenár dtaobh ann, is binn é an tuaim san oíche,
Bíonn bradán uirthi ag síolrú agus bric go leor ag snámh;
Gabhair bhána is caoirigh bhreacaithe ar gach taobh di,
Ní baol dúinn a choíche go rachadh ceann ar bith chun fáin.

Tomás Ó Gallchóir, Ros Dumhach   *Bríd Ní Ghallchóir, Ros Dumhach*

Bríd Uí Ghallchóir, Ros Dumhach

Má théann do bhó thar teorainn, ní baol duit fear na comharsan,
Ní fheicfidhear sneachta aduaidh ann na síoc in éis na hoíche;
Bíonn siamsa ag taos óg ann, agus fir ag seinm ceoil ann,
Poitín is fíon dá n-ól ann agus gan pínn ar bith dá íoc.

Tá an poitín ag rith go síoraí agus biotáilte dá thaomadh,
Ól ag fir an tsaoil ann, an gloine i gcónaí lán;
Dá dtéitheá ag déanamh tí ann, chruinneodh ort an tír ann,
Go bhfeiceadh siad an tuí, ní thógfadh de a lámh.

Tá coirce bán is eorna, fataí agus rud leo ann,
Le fáil ag fear an bhóthair agus fáilte roimh gach aon;
Tá na sagairt ann is córtha ann dar shiúl ar an dióisean,
Agus a Mháire, déan mo chomhairle go luath agus tearaigh liom.

1.13. *Seoirse Ó Máille*

An chéad lá de mhí an Fhómhair, chrochamar ár seolta,
Ag tarraingt ar na cóstaí ó Thóin an Mhionnáin thiar;
Thart anseo le Cliara agus Acaill Bheag taobh thiar de,
Beidh iarraidh orainn ann.

Thart le Rinn na Maoile, síos ag Cró na Caoile,
An Cloigeann lena thaobh agus Trá Bhríde inár ndiaidh;
Chrochamar le fána trí fharraige cháite.
Ag déanamh ar an Rátha mar is ann a bhí ár dtriall.

Ag síneadh dúinn thar teorainn neartaigh orainn an gála,
Bhí cúrsa istigh le trá againn agus níor mhór de fhaillí é;
Neartaigh sé chun feothain, as sin chun gaoithe móire.
Chrochamar ár seolta is níor mhór dúinn é in am.

An fharraige gur ghéim sí ina maidhme geala gléigeal',
Chruinnigh na spéartha agus mhéadaigh an ceo;
Dá mbeadh caint ag na clártha d'inseodh siad scéal cráite,
A ghiorracht is chuaigh an bás dúinn is muid lag cloíte ina ceann.

Bhí criú na loinge ar aon chor ag faire clár m'éadain,
Ag feitheamh ar chúnamh uaim agus gan aon mhaith dóibh ann;
Ach dúirt mise leo ar aon chor go ndéanfainn maith dá bhféadfainn,
Go n-iompródh sí a cuid éadaigh chomh fada is bheadh sí in ann snámh.

Tá mo lámha bochta stróicthe go síoraí ag tarraingt rópaí,
An craiceann is an fheoil tógtha amach ón gcnámh;
Más é seo an bás a gheall mac Dé dúinn cén gar atá dá shéanadh,
Ag dul go flaitheas Dé dúinn in aon stáid amháin.

Ag teacht dúinn go hÉirinn bhí fíon, branda is tae linn,
Tobac agus *Jamaica* agus gach sórt dá raibh ann;
Píosaí fada síoda den scoth a bhí ba daoire,
Ag cibé cailín ba mhian linn is di a shínfeas muid ár lámh.

Tá an soitheach bocht seo brúite ó iarnacha go glúine,
A chuid boltaí gur lúb siad is tá siad uilig cam;
Anois ó lagaigh an feothan agus go bhfuair muide an chóir mhaith,
Críochnóimid an t-amhrán agus ólfaidh muid *dram*.

Nár mhór an clú is t-ádh dúinn an bealach seo a shárú,
Gan ann ach ár namhaid romhainn agus inár ndiaidh,
Bhí *water guards* na háite, píolótaí salach leofa,
Agus gach spíodóir dá raibh ann.

Bhí *cutters* bheaga is mhór' ann, agus namhaid na háite,
Bhí uilig ag tóir orm féin;
Ach mise Seoirse Ó Máille, fear maith de chineál Ghráinne,
A chuirfeadh ar bruach lucht go tapa agus a d'imeodh mar an t-éan.

1.14. *Sean-Mhaigh Eo*

Tá an t-earrach imithe is an samhradh i láthair,
Agus tá an bláth bán ar gach tom is gach craobh;
Tá an féar is na duilliúir trí huaire fásta,
Ó d'fhág mé céad slán ag Oileán na Naomh.
Is é mo chroí atá cráite agus a Dhia, cén t-ionadh,
Faoi bheith i bhfad ó mo ghaolta agus mo thír deas féin?
Go síoraí ag smaoineadh gach lá is gach oíche
Ar an oileán is aoibhne dá bhfuil faoin ghréin.

Is iomaí bard a rinne trácht ort,
Is iomaí scoláire a chuir é i gclú,
Nó go dté mé i dtalamh idir chorp is anam
Beidh greann is gradam agam do shean-Mhaigh Eo.
Is í an chontae is deise í atá in Éirinn,

Níl ar an tsaol seo aon áit is fearr;
Is tú is léir dom gach áit dá dtéimse,
Céad beannacht Dé leat ó bhun go barr.

Níor scal an ghrian is níor shoilsigh aon réalta
Ar aon áit is féile ná tú amháin;
Is a Mhaigh Eo mhilis, agus a chontae uasail,
Tá riamh in uachtar agus a bheas go bráth.
Tá sé scríofa le dúch sa mBíobla,
Agus tá sé mínithe ón altóir fíor,
Gur chaith Naomh Pádraig dhá fhichead lá agus dhá fhichead oíche,
Ag guí go dílis ar son Chlainne Gael.

Ar chruach Phádraig, atá anois i láthair,
Beidh a cáil chomh fada agus a bheas aon neach beo;
Tá sí ag seasamh mar atá an Tríonóid
Fé theampall Chríosta, i lár Mhaigh Eo.
Dá mbeadh oideas agamsa mar a bhí ag Hóimear,
Ní rachainn faoi chónaí ar feadh bliain is lá,
Ná go ndéanfainn dearfa gach áit dá dtéinn,
Gurab í an áit is naofa í dá bhfuil le fáil.

Ach faraor cráite ní raibh sin in ann dom,
Agus chaithfead trácht air gan mhórán gleo;
Is í an tír is breátha í dar chum an tArd-Rí,
Agus Dia go bráth leat, a shean-Mhaigh Eo.

Chaithfead stad anois, trom tuirseach cloíte,
Is a Dhia cén t-ionadh mé bheith faoi bhrón;
Go síoraí ag smaoineamh ar spórt is ar siamsa,
Agus na cairde dílse a bhíodh liom ag ól?
D'imigh sin agus rinne mé a dtréigsint,
D'fhág mé Éire, mo chreach is mo bhrón;
Ach tá mo shúil le Íosa nach rachad i gcré
Nó go sínfear síos mé ins an gCill Mhór.

1.15. *Col na Binn*

Dá mbeinn féin i Mám an Ghárrtha,
Dúch is páipeár a bheith agam ann,
Is maith a scríobhfainn i ndubh is i mbán,
Ar *Molly* álainn atá ar an ngleann;

Is é a n-iarrfainn d'impí ar Rí na nGrásta,
Intleacht Hóimear a bheith in mo cheann,
Is gur lena mhaitheas ba mhian liom tráchtadh,
Ach faraor géar tá m'intinn fann.

Tá litir scríofa ar thóin mo phóca,
Le cur amárach go Col na Binn,
Ach go bhfuil mé i mo luí le tinneas ráithe,
Le aicíd áirid de thinneas cinn;
Dá mbeadh a fhios ag buachaillí is ag cailíní atá ar cúl Chnoc Néifinn
Go bhfuil mé i ngéibheann is i mo luí tinn,
Is maith a thiocfadh siad le eachra gléigeala is le cóistí cinn.

Is é an rud a dúirt fear Acla liom 'Ná bíodh ort buaireamh
Ag gol nó ag géarghol in éis Chol na Binn,
Bhéarfad bean duit is dhá chéad bó léi,
Is acra móinéir in aghaidh an chinn;
Bád is eangacha is beidh muid in aon bhonn,
Is bhéarfaidh muid éadáil isteach ón toinn,
Is déarfainn féin gur fearr an méid sin,
Ná bheith ag gol is ag géarghol in éis Chol na Binn.'

Dá dtabharfá bean dom is dhá chéad bó léi,
Is acra móinéir in aghaidh an chinn,
A bhfuil de bháid is eangacha ar easa Fódhla,
Saibhreas Sheoirse is an foiméad cruinn.
B'fhearr liomsa acra den bhogach báite,
Atá idir an Mháimín is an t-Iníon Droighean,
Is cead rince ar chailíní lá saoire is Domhnach,
I measc na ngróbhanna i gCol na Binn.

Tá daoine uaisle ar bharr an tsléibhe,
Ag déanamh pléisiúir ar chearca fraoigh,
Tá an bradán broinngheal ag teacht ón tsáile,
Ag feara Éireann le fáil gan phínn;
Ní cháinfead Acaill cé gur maith liom a fhágáil,
Is maith an áit é ag strainséaraí,
Tá bia is leaba ann is míle fáilte,
Is comhrá fáilteach ag fear is ag mnaoi.

Ach mar an t-iasc a thigeanns ar an nádúr,
In aois a dháta amuigh faoin toinn,
Is é a fhearacht agamsa dá bhfaighinnse pálás,
B'fhearr liom áras beag i gCol na Binn;

Shiúil mé Sasana, is an Fhrainc le chéile,
An Ghréig is an Spáinn is an Ghearmáin,
Chuas go hAlbain, gur chaitheas téarma ann,
Anonn chun na Fraince is ar ais don Spáinn.
Déanfad seanchas – dar liom nach bréag é,
Gur shiúil mé Éire faoi dhó gan roinn,
Is ar feadh an méid sin ní fhacas féirín,
Mar *Mholly* álainn atá i gCol na Binn.

1.16.1. *Oileán Éadaigh*

In Oileán Éadaigh tá mo rún is mo chéadsearc,
An bhean ar lig mé léi mo rún is mé óg;
Ba chumhra féin is ba lách í a méin mhaith,
Agus a súil mar an réalt maidne a thig roimh lá.

Mo ghrá do bhéilín nár chan na bréaga,
Is do bhráid ghléigeal mar an eala ag snámh;
Do dhá chíoch gléasta le do leanbh a bhréagadh,
Agus a ghrá, níor éirigh liom do thabhairt ón mbás.

Agus in aois a sé déag fuair mé féin í,
Agus nár dheas an féirín í ag fear le fáil;
Bhí triúr ar aon chéill ag gol ina diaidh ann,
Agus bean a mbréagtha ní raibh le fáil.

Ach níl mé ach tréithlag, is níl gar dá shéanadh,
Agus níl mé ar aon chor ach mar an ceo;
Is a stór mo chléibh, is tú d'fhág liom féin mé,
Agus a chuaigh sa gcré uaim in do chailín óg.

Is ní shíleann leath mar bhíonn mé,
Tráth dá smaoiním ar mo mhíle grá;
A bhíodh sínte síos liom dá mba fhada í an oíche,
Agus idir a dá chíoch gheala bhíodh mo lámh.

Caitlín Ní Chorrdhuibh, Ros Dumhach

Áine Ní Roithleáin, Ros Dumhach   *Mairéad Ní Ghionnáin, Ros Dumhach*

An tráth dá smaoiním nach bhfaighidh mé choíche í,
I mbun mo thí nó i gceann a leanbáin;
Fuil mo chroí istigh bhíodh ag taomadh,
Agus a Dhia, cén t-ionadh bheith i ndiaidh mo ghrá?

B'fhearr liom go mór mhór i mo dhiaidh sa ród í,
Ag bleán mo bhó agus ag gléas mo bhídh;
Ná saibhreas Sheoirse agus faghaim é in' ór bhuí,
Agus a ghrá, ní beo mé le cumha in do dhiaidh.

Agus nuair a théinnse go haifreann an Domhnaigh,
Is bhíodh mo stóirín liom abhaile arís,
Ní ar ghrásta Dé a bhínn ag cuimhneamh,
Ach ar an lasadh aoibhinn a bhí ina grua.

Dá mbeadh sí i bpríosún in íochtar tíre,
Nach dorcha an oíche nach rachainn ann,
Ach a Oileáin Éadaigh agus a thalaimh Éireann,
In éis mo chéad ghrá ní bheidh mé beo.

1.16.2. *Oileán Éadaigh*

In Oileán Éadaigh atá mo rún is mo chéad ghrá,
An bhean ar lig mé léi mo rún is mé óg,
Tá triúr ar aon chéill ag gol ina diaidh orm,
Is bean a mbréagtha níl beo le fáil.

Mo ghrá do bhéilín nár chan na bréaga,
Is do bhráid ghléigeal mar an eala ag snámh,
Do bhrollach gléigeal le do leanbh a bhréagadh,
Is a Dhia níor fhéad mé do thabhairt ón mbás.

Níl a fhios ag daoine chomh cloíte is bímse,
Nuair a smaoiním ar mo mhíle grá,
Nuair a smaoiním nach bhfaighidh mé choíche í,
I mbun mo thí nó mo leanbán.

Fuil mo chroí a bheadh dá thaomadh,
Is a Dhia cén t-ionadh dom a bheith i ndiaidh mo ghrá.

In aois a sé déag fuair mé féin í,
Nár dheas an féirín í ag fear le fáil;

Ba deas a méin gheal is lár a héadain,
Bhí dhá shúil uirthi mar an réalta a ghealaíonns roimh an lá.

Níl mé ach tréithlag is níl gar dá shéanadh,
Níl mé ar aon chaoi ach mar an ceo;
A stór mo chléibh is tú a d'fhág liom féin mé,
Is chuaigh tú sa gcré uaim in do chailín óg.

1.17. *Sagart na Cuaile Báine*

Thug mise an ruaig go tobar an Dumhaigh
Chugat anuas le fána,
Go Contae na Mí, go Loch Dearg na Naomh,
Agus chugat anuas Cruach Phádraig;
Ar shiúil mé go fóill níor chualas aon cheol,
Ar orgán, fliúit, nó cláirseach,
Mar bhí i gCill Loinn, i dTeach Phobail Mhaigh Eo,
Ag sagart na cuaile báine.

Go Contae Mhaigh Eo má théann tú go deo,
Cuir fáirnis an t-aon mhac Seoigheach,
Feicfidh tú é ag teacht ort ins an ród,
Mar a bheadh aingeal as Ríocht na Glóire;
Aithris do rún dó gur peacach tú anois agus gach ceard,
Ar uair ár mbáis, i bhFlaitheas go bhfaighe muid,
Sagart na cuaile báine.

Éirígí suas, go dté muid chun siúil,
Go bhfaighe muid siúd ón bPápa,
Go bhfaighe muid léas ar Theach Phobail Mhaigh Eo
Do shagart na cuaile báine;
Éirígí suas go dté muid chun siúil,
Go bhfaighe muid sagart na cuaile báine,
A d'imigh aréir is nach bhfillfidh go héag
An fhad is atá Loch Éirne báite.

Tá Contae Mhaigh Eo faoi leatrom go deo,
Ó d'imigh an t-aon mhac Seoigheach,
Chuirfeadh sé bród ar aon duine fadó,
A d'fheicfeadh é ins na héadaí Dé Domhnaigh;
Chuirfeadh sé aithne ar an té nach mbeadh cóir,

Agus gheobhadh sé fáilte ó Chríosta,
Chuirfeadh sé séala ar an té bheadh sa gcré,
Agus mhúinfeadh sé treoir don díreach.

Níorbh ionadh liom féin dá lasadh an spéir,
Agus an ghealach chomh dubh leis an airne,
Dealramh ón ngréin agus an ghealach í féin,
Ó cailleadh ceann seasta na háite.

1.18. *Suirí Mhic Suibhne*

B'olc an talmhaí mé i dtús na Márta,
Ní chaithfinn an láí go ceann seacht mblian;
Ní raibh láimh i ngunna agam ná i maide rámha,
Ní raibh mé fátalach ar muir ná ar thír.

Ní bhainfinn an punann in am a ghearrtha,
Ná go sileadh an grán aisti leis an ngaoith aniar,
Óró, a chailín deas, más mise atá i ndán duit,
Is fada fánach a bheas do shaol.

Deir mo mhuintir, de réir a dtuairim,
Go dtabharfad ruaig go *Newfoundland*,
Níl mé fulangach ar iompar ualaigh,
In obair tua ná i ngearradh crann.

Dá dtigeadh an stoirm is an teach á fhuadach,
Ní ligfeadh an fuacht dom dul ón splanc,
Ach dá mbeadh teach tábhairne ag bun na cruaiche,
Ba é mo dhualgas tarraingt ann.

D'iarrfainn bean ins an am nach bhfaighinn í,
Nuair nach gcuirfinn an síol san earrach romham,
Ach istigh ag cailleacha ag caitheamh an phíopa,
Ag troid is ag bruíon is ag déanamh gleo.

B'fhuirist aithne dóibh nach raibh mé críonna,
B'olc mo bhríste is níor mhaith mo bhróg,
Óró, a chailín deas, más mise atá i ndán duit,
Beidh mala an tsaoil ort chomh fada is bheas tú beo.

Máire Ní Chorrdhuibh, Ros Dumhach

'Chun na farraige síos'
Ó chlé: John Aindí Ó Gionnáin, Antaine Ó Gionnáin, Seán Ó Roithleáin (Rabhlaí),
Micheál Ó Corrdhuibh (Michael Mhicheáil), Ros Dumhach. Fótó le Roinn
Bhéaloideas Éireann

Dá mbeadh gunna agam, grán agus púdar,
Mharóinn cúpla agus lacha ar an Muaidh,
Dhéanfainn iascaireacht leis an tslat nach lúbfadh,
Agus b'olc mo chúnamh dá dtabhairt chun bruaich.

Dhéanfainn cupán a mharódh cúig chéad,
Níorbh fhearr ná dhúnfainn búclaí bróg,
Bhréagfainn cúileann go croíúil lúfar,
Agus dhéanfainn súgradh le cailín óg.

Anois a chailíní, sin fios mo théithre,
Tugaígí spéis dom nó ligígí dó,
Mo chrá má cheilim é ar ord na hÉireann,
Mar is dom féin táid léir go leor.

Níl de mhaoin agam ná saibhreas saolta,
Ach coróin breá gléigeal le haghaidh an óil,
Más seo é an fortún a gheall mac Dé dom,
Cá bhfuil fios mo chéadsearc go maith go fóill.

1.19. *Seán Bán*

Chugaibh Seán Bán, an forránach measúil ón tsliabh,
Is gurbh fhéidir liom a rá leis gur áilne é an ghealach ná an ghrian;
Níl gile níl breáichte níl áilne dá raibh i bhfear ar bith riamh,
Nach bhfuil páirt de in mo Sheánsa, is tá a mháithrín trom tuirseach ina
  dhiaidh.

Bliain is an oíche aréir is ea réab na caiple an fál,
Is é mo chreach ghéar, ní mé a bhí ag faire na mná;
Chnap sí a cuid éadaigh is scoith sí Loch Éirne,
Den léim sin gan choite ná bád.

Cuir litir uaim síos chun an tí atá i ngarraí na gcrann,
Ag an ógánach caoin atá ina luí ar leaba clumhach sámh;
Is ormsa atá an phian mhór, is go bhfuil mo chroí dhá lagú,
Ach ní chodlaím féin aon néal ach ag smaoineamh ortsa, a ghrá bán.

Go dtuga Dia don lá amárach a bheith chomh breá 's nach mbeidh smeach
   ins an ngaoith,
Go dtige thar sáile an bád bán agus inti mo mhian;
Más é sin cúl álainn, bláth bán agus rún searc mo chroí,
Is é thóigfeas díom an ceo is an brón atá le fada ar mo chroí.

1.20. *Bean an Fhir Rua*

Tráth dá dtéimse thart síos bím i bpríosún ceangailte crua,
Bíonn na boltaí ar gach taobh díom is na mílte glais as sin suas;
Is go n-éireodh. . . mar d'éireodh an eala den chuan,
Is go sínfinn féin mo thaobh geal le bean an fhir rua.

Tháinig bean an fhir rua ar cuairt chun an bhaile seo aréir,
Is gur gheit mo chroí suas nuair a mhothaigh mé binneas a béil;
Séard dúirt sí – 'Teanam suas tá fuacht ort in do luí leat féin,
Is go bhfuil bean an fhir rua ag cur do thuairisc' ó mheán oíche aréir.'

A ainnir gan smál a bhfuil na dealraithe deasa in do ghrua,
Agus gurb é an buachaillín bán, is é mo chrá, tá leatsa dá lua;
Níl a fhios ag cách cén fáth a bhfuil orm gruaim,
Ach d'ainneoin feara Fáil, is í mo ghrá-sa bean an fhir rua.

1.21. *Is fada ó gheall tú éaló liom*

Is fada ó gheall tú éaló liom,
Cé dearfadh nárbh é do leas é?
D'aithris tú ina dhiaidh sin,
Gur bréag a bhí tú ag canadh seal;
Bhí do shúil ní ba ghlaise ná an féar,
Agus do bhéilín bhí tanaí tais,
Ó d'imir tú an cluiche claonach
Is é mo bhrón gan mé pósta leat!

Nach ait nach dtigeann tú, a bhuachaillín,
Agus mé a fháil ó mo mhuintir féin?
Nach ait nach dtigeann tú, a bhuachaillín,
Is mé a fháil uathu uilig go léir;
Mura bhfuil sibh uilig sásta
Ar an gcás seo a fheiceáil réidh,

Gléasfaidh sibh tuamba is cónra cláir,
Is fágaí amárach sa teampall mé.

Nach i gCorcaigh a cuireadh líon liom,
Is ins an bpríosún a ghlantar é,
Cuireadh isteach arís mé,
Faoin ní úd nach ndearna mé.
Dá dtigeadh agam mo bhuachaillín,
I lár na hoíche nó i lár an lae,
Ní mhairfinn beo ach mí,
Mura bhfaghad cead síneadh le grá mo chléibh.

Go ndéantar dúch den fharraige,
Is an talamh mar an páipéar bán,
Cleití míne is garbha,
Mar an eala ar an toinn ag snámh;
Dá mba liomsa Éire is Albain,
Sasana, an Fhrainc is an Spáinn,
Mo chailín deas ní thabharfainn,
Ar mhaoin ná ar ghrá.

Lig de do chuid cluainíochta,
San uasal, níl maith duit ann,
Is a liachtaí cailín stuama ag iompar ualaigh,
Is dá ghol go trom;
B'fhearr liom baint na luachra
Is a thuaradh ó thom go tom,
Ná do leanbh a bheith ar mo ghualainn,
Ag cur do thuairisc' is gan maith dom ann.

Seán Ó Roithleáin agus Ainde Beag Ó Gionnáin, Ros Dumhach:
Fótó le Roinn Bhéaloideas Éireann

1.22. *Sléibhte Chonamara*

Is iomaí lá breá aerach a chaith mé ar shléibhte Chonamara,
Ag amharc ar na réalta a bhí go hard os cionn an bhaile;
Tá dúil agam le Rí na nGrásta is le Muire Máthar atá i bhFlaitheas,
Go gcroithfidh muid lámh le céile is muid in aon ranc ag teacht abhaile.

A dheartháracha dhílse, ná bíodh sibh ar meisce,
Ná ag síorsiúl na hoíche, nó déanfar sibh ciontach;
Dá mbeadh sibh chomh saor leis na haingle atá i bhFlaitheas,
Tá an bhean rua ar an *green table* ag mionnú bréag is dár gcaitheamh.

A dheartháracha na páirte, má tá sibh ag dul abhaile,
Tugaí mo bhróga in bhur lámh libh, agus mo chóta donn daite;
Tugaí scéal uaim ag mo mháithrín atá go brónach in mo dhiaidh sa
    mbaile,
Gur ar bhóithre Bhaile an Róba atá an rópa le mo cheangal.

'Antaine, bíodh an *still* agat, nó go ndéana sibh an t-uisce beatha,
Nuair nach é an pósadh é, go bhfaighe na comharsana an bhainis;
Bíodh againn tobac go leor leor, clártha chónra is coinnle geala,
Ná go ndéana sibh mo thórramh ag mo mháithrín i bhfad ó bhaile.

Tá mo chleamhnas dá dhéanamh go haerach amuigh i nGaillimh,
Mo chónra dá réiteach ag an sconsa taobh amuigh de;
Beidh an t-aturnae céanna ann agus an Cabhansailéirí 'Cheallaigh,
Agus Liam 'ac Éil a rinne an méid sin, agus dá mhéid é do dhéanfadh
    tuilleadh.

Tiocfaidh Conall abhaile amárach le cúnamh an Ard-Rí atá i bhFlaitheas,
Beidh mo phardún ina phóca is a Rí na Glóire, nach beag an mhaitheas,
Dá ndéanfainn an chuid ba mhó riamh – cé nach ndearna mé riamh ná tada –
An Caiptín Ó Domhnaill dar ndóigh, a gheobhadh amach mé.

'Casadh an tSúgáin'
Seán Ó Gionnáin (John Aindí), a iníon Mairéad agus clann a mhic Seán agus
Máire Ní Ghionnáin, Ros Dumhach

'Sos Ceamara'
Antaine Ó Gionnáin, Aindreas agus Donncha Ó Corrdhuibh, Ros Dumhach

1.23. *Triúr Mac*

Nach agam a bhí an triúr mac a bhí múinte tógtha,
Agus ba ghearr ba lón dom iad céad faraor géar!
D'fhág siad a ndeirfiúr ina ndiaidh go brónach,
Ag déanamh dóláis agus ag gol ina ndiaidh.

Ní suim ar bith a bhí sa bhfear ab óige agam,
Gí go mba lách an stócach le mealladh é;
Ach an fear ba sine acu, a chráigh go deo mé,
Agus ní beo mé le cumha ina dhiaidh.

Nuair a théann mná an bhaile agus a gclann uilig le chéile,
Caillim mo léargas agus mo mheabhair cinn,
Agus tá deireadh le mo sheanchas is mo chomhrá déanta,
Agus ní labhróidh mé aon smid go dté mé i gcill.

Níl aon trua in Éirinn is mó ná mé,
I ndiaidh an chéad mhic a chráigh mo chroí;
Ag guí Dé is ag déanamh déirce,
Agus gan mé ag dréim leat go huair na haithrí.

Dá bhfanthá sa mbaile i mbun do mháthar,
Gheobhainn áras is bean duit féin;
Thar a bheith id sheasamh san arm ghránna,
Agus gan dá bharr agat ach bia do bhéil.

Chuir mé scoil romhat agus beagán múinte,
Agus de réir mo chumhachta ná go mór níos fearr;
Nach bocht nach go ngoilleann mo ghalar dubhach ort,
Cibé cúige a mbíonn tú ann, a ghrá.

Nach dona an cion a bhíonn ag mac ar mháthair,
Nach dtiocfadh ar cuairt aici de ló nó d'oíche;
A chaith trí ráithe gan spás dod' iompar,
Is ag dul i gcontúirt leat aon oíche amháin.

Dá mba ins an reilig bheannaithe a bheadh do chnámha,
Ní bheinn chomh cráite ná leath in do dhiaidh;
Ach cuirim mo chúig chéad beannacht leat go Cuan na nGrásta,
Agus níl sé i ndán agam do fheiceáil choíche.

1.24. *Gabhfaidh mé chun Aifrinn amárach*

Gabhfaidh mé chun an Aifrinn amárach go bhfeice mé grá mo chroí,
Is inseoidh mé i gcogar dá máithrín, go ndeachaidh a grá in mo chroí;
Nach shin í sa bpobal mo ghrá-sa is cá bhfuil an bhean bhreá lena taobh,
Le finne, le gile is le breáichte, is go seasfadh sí os comhair an rí.

Bíonn a cuid súilíní ag gáire ag tabhairt dealraimh tríd lár an tí,
Is ba ghile liom cruth a dhá láimh ná an sneachta dá charnadh i gcraobh;
Más rud nach bhfuil sí le fáil agam agus nach mbeidh go bráth, faraor,
Scaoilimse an súgradh le fána agus beannacht le grá mhná an tsaoil.

Déanfaidh me cuilt de mo bhríste a mhairfeas le saol na bhfear,
Ní bhainfidh mé an fhéasóg seo díomsa dá bhfásadh sé míle ar fad;
Beidh mé mar sin go deo díle agus imeoidh mé mar an chaora ghlas,
Agus mura bhfaighe mé mo bhean ar an gcaoi sin tréigfidh mé an tír ar fad.

Nach é mo chreach mhaidne is mo chrá nach bhfeicim do scáile ag teacht,
Anuas ó mhala an tSléibhe Bháin nó trasna an Mháim aniar;
Nach é mo chroí atá marbh in mo lár agus gur faide liom lá ná bliain,
Agus a stóirín, má théann tú thar sáile beidh mise ar an gclár in do dhiaidh.

Nach trua gan mé in Inis na Bó Báine agus mo tharraingt ón Mhám aniar,
Mo stóirín bheith amuigh ar an trá romham agus chuirfinn mo bhád ina
      dhiaidh;
Throiscfinn naoi n-oíche is naoi lá, naoi seachtaine, naoi mí, naoi mbliain,
Agus nár fhulaing tú mé do mo cháthadh ar mhalaí an tSléibhe Bháin aréir.

Nuair a théim go teach cruinnithe nó tórraimh agus fiafraíonn an t-aos óg
      seo díom,
'Go cén chaoi a n-airíonn tú an pósadh nó an n-airíonn tú an óige dá
      chlaoí?'
Abraímse leo, dar ndóighe, gur orm atá brón an tsaoil,
Is gur b'iad an mhuintir nach ndearna go fóill é gur acu atá spórt an tsaoil.

1.25. *Fóchoill*

Maidin Domhnaigh is mé ag triall ar Fóchoill
Casadh an óigbhean orm sa tslí;
Bhí a grua ar lasadh mar rós i ngáirdín,
Go mba bhinne a béilín ná na ceolta sí;
Leag mé lámh ar a bráid le mórtas,
Agus d'iarr mé póigín ar stór mo chroí,

Séard dúirt sí – 'Stad, agus ná stróic mo chlóicín,
Níl fios na dóiche seo ag bean do thí.'

'Seo mo lámh duit nach bhfuil mé pósta,
Agus gur buachaill óg mé thug gean do mhnaoi;
Dá bpillfeá abhaile liom ar ais go Fóchoill,
Go dtabharfainn duit ómós mar gheobhadh bean tí;
Chuirfinn culaith síoda i gceart is i gcóir ort,
Gúna, clóca is capaisín,
Bheadh siopa *dram* againn den bhfíon is den bheoir ann,
Leanbh dóighiúil ag tarraingt dí.'

'Tá mé in amhras go bhfuil tú pósta,
Ná cuir aon stad orm ag siúl na slí,
Pill abhaile chun do thíre is cóir dúinn,
Is ann is dóichí liom atá do mhian;
Leath dá ngeallann tú ní thig leat a chomhlíonadh,
Ní shiúlfá an ród liom ach seal den oíche,
Scaoilfeá abhaile mé gan fiú na bróga,
Agus fuair mé comhairle gan a bheith in do líon.'

PAIDREACHA

1.26. *Ag dul isteach san eaglais*

Is beannaithe thú, a Theampaill Dé agus umhlaím féin duit ar dhúil go mbeannódh Íosa agus na haspail dom.

1.27. *Ag luí ar an leaba*

Tá ceithre coirnéil ar mo leaba,
Agus go raibh aingle Dé uirthi scartha,
Agus má fhaghaimse bás anocht nó ar maidin,
I bhflaitheas Dé go raibh mo leaba.

1.28. *Coigilt na Tine*

Coiglím mo thine mar choigleas cách,
Bríd ina bun agus Muire ina barr,
An dá aspal déag i bhflaitheas na ngrást,
Ár ndaoine beo agus marbh,
Agus an méid atá ann go lá.

CAIBIDEAL 2

Trí cinn déag ar fhichead d'insintí – seanscéalta, scéalta Fiannaíochta, finscéalta agus scéilíní eile (2.1. - 2.23.) agus bailiúchán de 234 seanfhocal (2.24. – 156) agus de 45 tomhaiseanna (2.25.1. - 45.) atá sa chaibideal seo. Déantar na seanscéalta a chur i láthair de réir tíopanna *AT* (= Aarne-Thompson) + *Uimhir* agus *Teideal* an scéil agus leantar ord na dtíopanna in A. Aarne agus S. Thompson, *The Types of the Folktale*, Helsinki 1961, (FF Communications No. 184) agus in S. Ó Súilleabháin agus R.Th. Christiansen, *The Types of the Irish Folktale*, Helsinki 1967 (FF Communications No. 188), go dtugtar *TIF* air anseo síos feasta (ach amháin i gcás 2.9. anseo thíos). Muid féin a sholáthraigh na teidil do scéalta 2.1., 2.5., 2.6., agus 2.8. Déantar a bhfuil d'fhinscéalta taistealacha i measc na bhfinscéalta atá anseo a chur i láthair de réir liostáil na dtíopanna in R.Th. Christiansen, *The Migratory Legends* (=ML), Helsinki 1958 (FF Communications No. 75) agus in B. Almqvist *Crossing the Border, A Sampler of Irish legends about the supernatural* (*Béaloideas* Iml. 59 [1991] l. 209-78). Muid féin a sholáthraigh na teidil do 2.13.1., 2.16.1. agus 2.16.2., 2.19. – 2.23. Tá mionsonraí na dtíopanna seo agus tagairtí eile a bhaineann leis na scéalta agus l'ábhar eile an chaibidil seo le fáil ins na Nótaí ar l.159-169. Is fiú a thabhairt faoi deara gur i gcóipleabhair na ndaltaí amháin seachas in imleabhar mór oifigiúil na scoile a fuarthas formhór mór na scéalta seo agus gurab iad daltaí na *dtrí* scol atá i gceist anseo a bhailigh iad.

Liostáltar na seanfhocail de réir eochrach agus ord na haibítre. Tagairt is ea na huimhreacha idir lúibíní do na leaganacha de na seanfhocail seo a bhfuil fáil orthu in T. Ó Máille, *Seanfhocla Chonnacht I*, (Baile Átha Cliath 1948) agus II, (Baile Átha Cliath 1952). De réir chosúlachta is ar S.N. Phort Durlainne amháin a rinneadh seanfhocail a bhailiú is a chur in ord is in eagar. Ní i gcóipleabhar na ndaltaí, áfach, a fuarthas aon cheann acu seo (mar nach bhfuil fáil ar aon cheann acu ansin) ach as S130 ar fad iad.

Liostáltar na tomhaiseanna faoina gcuid freagraí de réir ord na haibítre agus tugtar idir lúibíní uimhir na dtomhaiseanna de réir chórais V. Hull agus A. Taylor, *A Collection of Irish Riddles*, Folklore Studies 6, Berkeley and Los Angeles 1955. Seisear dalta de chuid S.N. Phort Durlainne agus beirt dhalta de chuid S.N. Ros Dumhach a sholáthraigh na tomhaiseanna seo. As cóipleabhar na ndaltaí ar fad iad seachas na cinn a bhailigh Éabha Ní Chorrduibh.

SCÉALTA

2.1. AN GASÚR NAOFA

Ins an tseanam, bhíodh na sagairt ag dul thart ag tógáil a dtuarastal. Nuair a thiocfadh sé mall orthu, d'fhanfadh siad ins na tithe go maidin. Oíche amháin, chuaigh sagart isteach i dteach agus d'iarr sé lóistín ar bhean an tí agus dúirt sí go dtabharfadh agus fáilte ach go mb'olc léi an áit a bhí aici dó agus go raibh brón uirthi nuair nárbh fhéidir léi déanamh go maith dó. Is é an freagra a thug sé di – 'An rud atá sách maith duit, tá sé maith go leor domsa.'

Réitigh sí a shuipéar dó chomh maith is bhí aici agus shuigh an sagart isteach chuige. Bheannaigh sé é féin agus bhí pleidhce de ghasúr sa teach agus thoisigh sé ag gáire nuair a chonaic sé an sagart dá bheannú féin. D'fhiafraigh an sagart de cén fáth go raibh sé ag gáire agus níor thug an gasúr freagra dó. Tháinig an mháthair i láthair agus dúirt – 'A Athair, ná bac leis an bhuachaill sin, níl ciall aige. Níor fhág sé an teach riamh agus is amadán é.' 'Is cuma liomsa,' arsa an sagart, 'imeoidh mé muna n-inseoidh sé domh tuige a ndeachaidh sé ag gáire!'

'Inseoidh mé duit,' arsa an gasúr, 'tuige a ndeachaidh mé ag gáire. Nuair a bheannaigh tú do shuipéar, bhí aingeal ag do láimh chlé agus ceann eile ag do láimh dheis agus thoisigh siad ag troid agus chuir aingeal na láimhe deise aingeal na láimhe clé isteach sa tine agus thoisigh mise ag gáire ansin.'

'Tá go maith,' arsa an sagart, 'ní amadán thú ach naomh.'

Dúirt sé leis an mháthair – 'Caithfidh tú é a ligean liom amárach.'

'Tá brón orm,' arsa an mháthair, 'ach níor fhág sé an teach riamh agus níl éadaí ná tada aige.'

'Gléasfaidh mé é,' arsa an sagart – agus bhí sé leis lá arna mhárach.

Tá sé ráite go ndearnadh easpag de.

2.2. BRÉAG ÉIREANN

Bhí rí ann fadó a bhí agus bhí iníon amháin aige. Chuir sé gairm
scoile amach nach bhfaigheadh aon duine le pósadh í ach an duine a
bhainfeadh trí éitheach aisti. Is iomaí mac rí agus prionsa a d'fhéach é ach
sháraigh orthu an gnó a dhéanamh. Ar deireadh tháinig mac baintrí agus d'fhiafraigh sé de cén fáth a
thurais. Tugadh a shuipéar dó ansin agus chuaigh sé a chodladh. Ar
maidin thug an rí amach chun a gharraí é agus d'fhiafraigh sé de an bhfaca
sé aon chruach coirce riamh ba mhó ná é sin agus dúirt sé go bhfaca.
'Nuair a bhí mise sa mbaile ag m'athair, bhí Éire bheag agus Éire mhór
curtha faoi choirce againn. Ar maidin, nuair a d'éirigh muid, lig muid
amach na cearca agus léim an coileach suas ar an gcruaich agus bhí
sí chomh hard go raibh sí ag piocadh na réalta den spéir. Mar sin,' ar
seisean, 'níl ann ach go ndéanfadh do chruachsa croí di!'

2.3. AN GOBÁN SÁOR

Bhí fear ann fadó agus bhí sé pósta. Ní raibh ach aon iníon amháin
aige. An lá seo, dúirt Gobán go maródh sé a bhean muna mbeadh buachaill
aici. Nuair a fuair a bhean imithe é, chuaigh sí go dtí bean a bhí taobh
thiar den teach agus d'fhiafraigh sí di an dtabharfadh sí gasúr ar an gcailín
agus dúirt an bhean léi go dtabharfadh agus fáilte. Ansin nuair a tháinig
Gobán abhaile, dúirt an bhean leis go raibh mac aici dó agus bhí sé an-
sásta.
     Nuair a d'fhás an mac suas ina bhuachaill óg, chuir Gobán é go dtí an
t-aonach a bhí ar an mbaile le craiceann caorach agus dúirt sé leis gan a
theacht abhaile gan an craiceann is a luach a bheith leis. D'imigh an
buachaill go dtí an t-aonach leis an gcraiceann a dhíol. Tháinig fear chuige
agus d'fhiafraigh sé de cé mhéad a bhí sé ag iarraidh ar an gcraiceann agus
dúirt sé leis go raibh sé ag iarraidh an craiceann is a luach. D'imigh an fear
sin leis agus tháinig cailín óg chuige agus d'fhiafraigh sí de cé mhéid a bhí
sé ag iarraidh ar an gcraiceann agus dúirt sé léi go raibh sé ag iarraidh an
craiceann is a luach. Céard a rinne sí ach an olann a bhaint de agus an
craiceann a thabhairt dó agus a luach.
     Nuair a tháinig an buachaill abhaile, d'fhiafraigh Gobán de ar dhíol sé
an craiceann agus dúirt sé nár dhíol ach gur tháinig cailín óg chuige agus
bhain sí an olann de agus gur thug sí an craiceann agus an luach dó.
     'Tá go maith,' arsa Gobán, 'gabh go dtí an cailín sin agus abair léi –
'Is tusa an bhean a bheas agamsa.'
     Ansin phós an cailín óg mac Ghobáin agus bhí siad an-saibhir ar feadh
na mblianta. Ansin chuir Rí Shasana fios ar Ghobán a ghabháil go

Sasana, é féin is a mhac, le teach a dhéanamh dó. Nuair a bhí leath den teach déanta acu, dúirt an Rí go maródh sé Gobán is a mhac nuair a bheadh an teach déanta acu ionas nach mbeadh aon teach eile chomh maith leis an teach a rinne sé dó féin.

Dúirt Gobán go raibh oirnéis aige sa teach agus nárbh fhéidir leis an teach a dhéanamh gan é. Dúirt an Rí go gcuirfeadh sé duine dá bhfir féin go hÉirinn go dtí teach Ghobáin le é a fháil. D'inis Gobán dó an t-ainm a bhí air – 'Cam in aghaidh an choir agus cor in aghaidh an chaim' agus d'inis sé dó an áit a raibh sé ann.

Nuair a tháinig an fear go dtí teach Ghobáin, d'fhiafraigh an bhean de an raibh an teach déanta go fóill aige agus dúirt sé nach raibh, go raibh oirnéis ag teastáil uaidh agus nach mbeadh sé in ann an teach a dhéanamh gan é agus d'inis sé di an t-ainm a bhí air – 'Cam in aghaidh an choir agus cor in aghaidh an chaim' – agus d'inis sé di an áit a raibh sé ann.

Nuair a fuair an bhean an fear istigh sa gcófra, dhruid sí an cófra air agus dúirt sí leis – 'Ní fhágfaidh tusa sin nó go gcuirfidh an Rí mo mhuintirse abhaile chugamsa.' Lig an Rí abhaile Gobán is a mhac agus lig an bhean an fear abhaile chuig an Rí agus bhí siad an-saibhir ar feadh na mblianta nó go bhfuair siad bás.

2.4. CLAINN AINDRIÚ NA MAOILE

Bhí Clainn Aindriú na Maoile ina gcónaí i gContae Mhaigh Eo. Bhí dháréag acu sa teach. Cineál amadáin a bhí iontu. Teach ceann tuí a bhí acu agus bhí féar ag fás thuas ar bharr an tí. Dúirt duine acu leis an duine eile é a bhaint agus é a chaitheamh chuig na ba. Dúirt duine eile go raibh sé níos fearr dóibh an cloigeann a bhaint den bhó agus é a chaitheamh suas ar an teach go n-íosfadh sí é.

Bhain siad an cloigeann den bhó agus chaith siad suas ar an teach é agus bhí an cholann ar an talamh. Ar maidin nuair a chuaigh siad suas leis an chloigeann a thabhairt anuas, bhí sé leis na madaidh.

Uair eile, bhí siad ag dul go Sasana agus ag Baile Átha Cliath thoisigh siad á gcomhaireamh féin agus ní bhfuair siad ach aon duine acu imithe amú. Tháinig fear an lá seo agus chuir sé ina líne iad agus bhí an dáréag ann.

2.5. AN LÁNÚIN AMAIDEACH

Bhí beirt ann fadó shin. Bhí gairdín breá gabáiste acu. Dúirt Seán le Máire go raibh sé chomh maith acu an bhó a mharú. Mharaigh siad an bhó. Dúirt Seán le Máire go raibh sé chomh maith acu an bhó a ghearradh suas ina píosaí beaga. D'imigh Seán agus leag sé píosa in aghaidh gach crann a bhí aige sa ngairdín. Tháinig na madaidh lá arna mhárach agus an bheirt ina gcodladh. D'ith siad an fheoil agus an gabáiste ar fad. Bhí siad chomh bocht is a bhí riamh agus b'éigean dóibh an seanteach a fhágáil. D'imigh Seán lá roimh Mháire. D'imigh Seán an bóthar mór agus dúirt sé le Máire a ghabháil a bóthair féin. Céard a rinne Máire ach comhla an tí a tharraingt ina diaidh. Ní raibh aon ghardaí amuigh an uair sin ach *Revenue*. Nuair a chonaic caiptín an *Revenue* Máire cheap sé í. Bhain sé an rópa den chomhla agus chuir sé ar a dhroim é. Chuir sé na fir ina seasamh ar an mbóthar agus thug sé orthu scilling an fear a thabhairt di.

Tháinig Máire abhaile ansin agus céard a bhí roimpi ach Seán agus gan aon comhla ar an teach ach mata chocháin mar chomhla ar an teach. Bhí cúpla cloch de mhin eorna le Seán agus bhí an t-airgead le Máire.

'Is fearr mise ná thú,' arsa Máire, 'nuair atá an t-airgead liom, a Sheáin.'

2.6. AN FEAR A FUAIR LÓISTÍN NA hOÍCHE

Bhí beirt fhear ann fadó shin agus bhí siad ina gcomrádaithe. Thit an fear ab óige díobh darbh ainm Mac Aonghusa i ngrá le bean agus ba í an bhean í iníon an Ghiolla Dhuibh.

Nuair a bhíodh Mac Aonghusa ag imeacht go dtí an cailín, chaitheadh sé a dhul trasna abhna. Nuair a bhíodh sé ag imeacht, ghabhfadh sé trasna na habhna de léim agus nuair a bhíodh sé ag teacht, chaitheadh sé siúl tríd an uisce mar bhíodh sé lag. Ach ina dhiaidh sin, phós sé iníon an Ghiolla Dhuibh.

Faoin am seo, bhí a fhios ag a chomrádaí, Mac Mánach, go mbíodh Mac Aonghusa lag ag teacht abhaile dó agus shocraigh sé leis féin go bhfiafródh sé de Mac Aonghusa cén fáth a mbíodh sé lag. An lá seo, d'fhiafraigh sé de é agus dúirt Mac Aonghusa gurb é an rud a bhí air nuair a bhíodh sé ag imeacht go mbíodh a sháith ite aige agus nuair a théadh sé go dtí an teach, d'fhágfadh seanbhean an tí suipéar isteach di féin agus don Ghiolla. D'abródh an fear leis an mnaoi nuair a bhíodh siad réidh an bia a thógáil agus é a chur i dtaisce agus 'ní fhaghainnse aon ghreim le n-ithe agus sin é an fáth go mbínn lag ag teacht abhaile dom.'

'Dar Dia,' arsa Mac Mánach, 'gabhfaidh mise leat anocht agus gheobhaidh muid neart bídh le n-ithe, creid thusa mise.'

Nuair a tháinig an oíche, d'imigh siad beirt leo agus léim siad thar an abhainn. Nuair a tháinig siad chomh fada le teach an Ghiolla, chuir an Ghiolla fáilte rompu, mar dh'ea. Nuair a tháinig scathamh den oíche, dúirt an Giolla leis an mnaoi an suipéar a réiteach. Nuair a bhí an bheirt acu réidh, dúirt an seanfhear leis an mnaoi – 'Tóig an bia seo agus cuir i dtaisce é mar tá mé féin agus tú féin sách.'

'Níl,' arsa Mac Mánach, 'níl muide réidh go fóill' – agus thoisigh sé féin agus Mac Aonghusa ag ithe ar a ndícheall. Nuair a bhí a ndóthan ite acu, ní raibh greim fágtha. Ach dúirt siad ansin, go raibh sé in am dhul a chodladh agus chuaigh Mac Mánach a chodladh i leaba dó féin.

Nuair a bhí siad scathamh imithe a chodladh tháinig ocras ar an nGiolla agus dúirt sé leis an mnaoi na ba a bhleán agus brachán a dhéanamh dó. D'éirigh sise amach agus thosaigh sí ag bleán. Sula ndeachaidh sí amach, mhothaigh Mac Mánach an chaint idir í féin agus an fear agus nuair a bhí sí scathamh amuigh, chuaigh seisean amach agus lig sé air féin gurab é an Giolla a bhí ann, agus ar seisean leis an mnaoi a bhí ag bleán –

'An bhfuil aon bhraon blite agat go fóill?' Agus dúirt sise go raibh. 'Tabhair dom é,' arsa seisean, agus d'ól sé an méid bainne a bhí blite aici. 'Anois,' a deir sé, 'ná taraí isteach go ceann scathaimh ar eagla go mothaíodh an seanghadaí sin istigh thú.'

D'imigh seisean isteach a chodladh. Nuair a tháinig a bhean isteach, ní raibh deoir aici le haghaidh an Ghiolla agus dúirt sí leis:

'Nár thug mé duit cheana é!'

'Níor thug,' arsa an fear, 'agus níl a fhios agam anois céard a dhéanfas mé.'

'Anois,' arsa seisean, 'nuair nach bhfuil tada fágtha, deán cáca min choirce dom agus déanfaidh sé mé.'

Thosaigh sí ag déanamh an cháca agus nuair a bhí sé déanta aici chuir sí faoin luaith é le bácáil. Mhothaigh Mac Mánach an méid sin go léir agus d'éirigh sé amach sa gcistineach.

'Is é an cás céanna é,' arsa seisean, 'ní thig liom codladh ach inseoidh mé scéal díbh.'

Thosaigh sé air.

'Bhí mé féin and 11 comrádaithe ann uair amháin,' arsa seisean, 'fan go bhfeice sibh.'

Rug sé ar an tlú agus thosaigh sé ag tarraingt líne anseo agus líne ansiúd ná go raibh 11 líne tarraingte aige trasna an cháca a bhí faoin luaith agus 'ansin,' arsa seisean, 'thosaigh bruíon agus achrann ag teacht eadrainn agus ar deireadh, rinne muid fudar fadar de mar seo,' – agus rinne sé fudar fadar den cháca leis an tlú.

Bhí an Giolla bocht brónach go leor agus fuair sé bás an nóiméad sin le hocras. Nuair a chonaic a bhean go raibh sé marbh, d'éag sí féin agus mhair Mac Mánach agus a chomrádaí socair as sin amach.

Éamonn Mac Gearraí, Gleann na Muaidhe

Áine Nic Gearraí, Gleann na Muaidhe

2.7.   'THREAD, THREAD!'

Tháinig táilliúir nach raibh aon Ghaeilge aige, tháinig sin ag déanamh éadaí lá amháin go teach tuatha nach raibh aon Bhéarla ann ach beagán a bhí ag na páistí. Chuir an táilliúir cóir oibre air féin agus é thuas ar bhord. Bhí gach rud aige - siosúr, miosúr, méaracán agus cailc, gach rud ach snáth.

Nuair a thug sé faoi deara go raibh an snáth in easnamh air, níor mhaith leis theacht anuas den bhord. Bhí muintir an tí taobh amuigh den doras ag déanamh rud éigin. 'Thread, thread,' arsa an táilliúir. Amach leis an mnaoi agus ar sise lena fear – 'Troid, troid atá ag teastáil ón táilliúir.'

'Troid?' arsa an fear agus ionadh air. 'Más ea, gheobhaidh sé é agus fáilte!'

Isteach leis agus buaileann air ag tomhas dorn leis an táilliúir bocht ach tháinig gasúr beag isteach go tráthúil agus ó bhí tuiscint ar Bhéarla aige, mhínigh sé an scéal don athair agus rinneadh réiteach.

'Is fearr an troid ná an t-uaigneas.'

2.8.   AN BUACHAILL A SHLOG AN MÍOL MÓR

Bhí long ag dul go Meiriceá uair amháin agus nuair a bhí sé tamall ar an bhfarraige, chonaic sí míol mór ag teacht ina diaidh. Bhí faitíos ag teacht ar an gcaiptín agus chaith sé amach cathaoir. Shlog an míol mór é ach ní raibh sé sásta. Chaith sé amach gabhar. Shlog an míol mór é ach níor imigh sé. Ansin chaith sé amach naigín. Shlog an míol mór é ach níor imigh sé. Chaith sé amach buachaill an chábáin. Shlog an míol mór é agus d'imigh sé.

Nuair a bhí sé ag teacht i dtír i Meiriceá, chonaic sé go leor daoine thíos ag an gcladach agus céard a bhí ann ach an míol mór agus é marbh. 'Fosclaí é,' arsa an caiptín. D'fhoscail siad é agus céard a fuair siad ach an buachaill ina shuí ar an gcathaoir agus é ag bleán an ghabhair isteach sa naigín. Bhí iontas ar an gcaiptín agus is beag nár thit sé marbh.

2.9.   OISÍN AGUS AN GABHA

Chuaigh Oisín isteach go dtí gabha lá amháin go bhfaghadh sé a chlaíomh géaraithe agus ní raibh sé i bhfad istigh gur thoisigh an gabha ag seanchas leis.

'Tá mé cinnte,' arsa an gabha, 'gur iomaí cath crua a chuidigh tú ag troid leis an chlaíomh ansin agus ba mhaith liom dá n-inseofá domh cuid de do chuid eachtraí.'

'Déanfaidh mé sin,' arsa Oisín, 'inseoidh mé duit an scéal is greannmhaire a chuala tú riamh ach níl cead ag bean ar bith a bheith ag éisteacht liom.'

'Níl aon bhean anseo le bheith ag éisteacht leat,' arsa an gabha.

Thoisigh an gabha ag géarú na claimhe ansin agus bhuail Oisín air ag inse an scéil. Ní raibh mórán den scéal insithe aige gur iarr an gabha air gan níos mó a inseacht go dtige sé ar ais. D'imigh an gabha go dtí an seomra agus dúirt sé lena mhnaoi nach bhfaca sé aon trua riamh níos mó nó 'gan tú a bheith thíos ins an chéarta ag éisteacht leis an scéal atá Oisín ag inseacht domh.'

'Maise,' arsa an bhean, 'ó tharla gur inis tú dom é, rachaidh mise síos agus cuirfidh tusa mé isteach i bpunann coirce.'

Thug an gabha leis í mar seo agus nuair a chuaigh sé chun na ceárta níor lig Oisín air go bhfaca sé an punann ach bhuail sé air ag inseacht an scéil.

'Bhí mé féin agus Goll amuigh ag seilg lá amháin agus mharaigh sinn tarbh mór breac. Nuair a tháinig muid abhaile chuir muid síos i bpota mór é ar an tine agus bhruith muid é agus d'ith muid ár sáith de.'

'Bhail,' arsa Goll ansin liom féin, 'tá mise ag dul a chodladh anois agus ar do bhás ná lig duine ar bith orm gan mo mhúscailt.'

Thit sé ina chnap codlata ansin agus shuigh mé féin síos lena thaobh ag buachailleacht dó.

'Ní raibh mé i bhfad ansin go bhfaca mé an fear ag tarraingt orm a ba mhó a chonaic mé riamh. Scairt mé le Goll go raibh duine éigin ag teacht ach dá mbeinn ag scairtigh ó shin ní mhúsclódh sé. Dheamhan dath a rinne mé ach barra iarainn a bhí agam a dheargadh sa tine agus a sháthadh isteach ina shúil. Mhúscail sé ansin ach má mhúscail, bhí sé ró-mhall mar bhí an fear mór lena thaobh. Thoisigh an bheirt acu ag troid agus bhí siad i ngreamanna le chéile in áit na mbonn.

Nuair a chonaic mé go raibh ag éirí níos fearr leis an bhfear mór mheas mé go mba cheart dom cuidiú le Goll. Mar sin, tharraing mé orm mo chlaíomh – an ceann céanna sin atá tusa dá géaru anois agus thoisigh mé ag scrios na feola anuas de loirgneacha an fhir mhóir. Labhair sé liom ansin agus d'iarr sé orm stad nó go ndéanfadh sé bia míoltóg díom ach níor stad mise. Níor mhothaigh mé aon dath ansin go raibh mé ceangailte thuas faoin bheilt mhór a bhí thart air. Lean seisean den troid i gcónaí agus le a mhéad agus bhí sé á chroitheadh féin, thit mise anuas as faoin bheilt. Chuaigh mé i gceann na claimhe arís agus rug sé greim orm thart fá mo bhásta agus chaith sé ar an talamh mé agus cén áit ar thit mé ach isteach in adharca an tairbh a bhí sa bpota. Leis sin labhair an bhean a bhí sa bpunann – 'Maise, is dá bharr a baisteadh "Cú na nAdharc" ort,' arsa sise.

Nuair a chuala Oisín ise ag labhairt, stad sé den scéal agus d'iarr sé go feargach ar an ghabha: 'Nár shíl mé,' arsa seisean, 'nach raibh bean ar bith ag éisteacht liom ach cé bith í féin atá sa bpunann íocfaidh sí go daor ar seo.'

Leis sin bheir sé greim ar a chlaíomh amach as lámha an ghabha agus bhí sí ansin géar go maith aige. Tharraing sé ar an bpunann í agus rinne sé dhá leath den bhean. Ansin d'imigh Oisín agus níor chríochnaigh sé an scéal.

2.10. OISÍN I dTÍR NA hÓÍGE

Lá amháin, bhí Oisín agus a athair amuigh ag fiach agus chonaic siad bean ag teacht chucu agus í ag marcaíocht ar chapall bán. D'fhan siad ansin nó go dtáinig sí chomh fada leo. D'iarr sí ar Oisín a dhul léi go Tír na hÓige. Ní raibh an t-athair sásta ach ar deireadh chuaigh sé léi. Bhí sé i dTír na hÓige ar feadh trí chéad bliain agus shíl sé nach raibh sé ann ach seachtain. Dúirt sé go dtiocfaidh sé abhaile go bhfeicfeadh sé a mhuintir. . . Ansin thug sí capall dó agus dúirt sé leis gan é a theacht anuas den chapall.

D'imigh sé agus tháinig sé go dtí an áit a raibh a mhuintir ann. Ní raibh teach nó duine roimhe. Bhí siad uilig curtha. Ansin chonaic sé scata fear ag iarraidh cloch a chur suas ar bhalla agus ní raibh siad in ann. Dúirt Oisín go gcuirfeadh sé féin suas é. Tháinig sé anuas den chapall agus nuair a bhí sé ar an talamh, d'éirigh sé chomh sean agus chomh lag nach raibh sé in ann corrú. D'imigh an capall go Tír na hÓige agus d'fhág sé Oisín ansin ina dhiaidh.

2.11.1. BRIAN RUA Ó CEARBHÁIN

Rugadh agus tógadh Brian Rua ar an bhFál Rua in aice an Inbhir. Bhí sé in ann fios a dhéanamh agus lá amháin, rinne sé fios go raibh pota óir i bhfolach ag fear darbh ainm Cruán agus nach raibh a fhios ag an úinéaraí cén áit ar chuir sé é mar nach dtiocfadh leis cuimhneamh air.

'Ach,' arsa Brian leis féin, 'beidh an pota sin agamsa gan mhoill.'

Shiúil sé roimhe go dtáinig sé go dtí an áit a raibh an pota. Thosaigh sé ag cuardach nó go bhfuair sé an pota. Dhearc sé ann agus bhí sé líonta go béal le hór agus chroch sé ar a dhroim é agus abhaile leis.

Roimhe seo bhí naimhde ag Brian agus ba mhaith leis drochrud éicínt a dhéanamh orthu sula bhfaigheadh sé bás. Bhí sé ag cuimhneamh ar feadh i bhfad agus ar deireadh thiar, chuimhnigh sé air féin nár chomhair sé an t-ór ar chor ar bith go fóill. Ansin thosaigh sé ag comhaireamh nó go raibh an méid a bhí sa bpota comhairithe aige agus fuair sé amach go mb'fhiú an t-ór £11,000. Ina dhiaidh sin, chuimhnigh sé go gcuirfeadh sé an t-ór i bhfolach sa mBarra in Iorras agus chuir. D'inis sé dá chuid naimhde go raibh an t-ór ann agus dúirt sé leo dá mba mhian leo ór agus airgead a bheith acu go raibh neart le fáil acu sa mBarra. Dúirt sé nach dtiocfadh leo é a fháil gan snámh chuige.

Is iomaí duine a chuaigh ag snámh chuige agus níor éirigh le duine díobh teacht as riamh ach fear amháin agus ba é an scéal a d'inis an fear sin ná nuair a chuaigh sé ag snámh go bhfaca sé pota mór óir ach go raibh péiste chomh mór le tarbh dá fhaire. Is amhlaidh ansin gur shlog an phéiste chuile namhaid a bhí ag Brian.

2.11.2. Rugadh Brian Rua Ó Cearbháin in Inbhear agus d'fhás sé suas ina bhuachaill óg. Nuair a bhí sé óg, bhí sé mar aon ghasúr eile agus ní raibh fios aige ach mar aon ghasúr eile.

Lá amháin, chuaigh sé go Crois Mhaoilíona go dtí teach an tiarna talún ag íoc cíosa. D'íoc sé an cíos leis an tiarna talún agus bhí bean ann agus bhí sí ag iarraidh cairde ón tiarna talún leis an gcíos a íoc mar nach raibh an t-airgead aici. Dúirt Brian Rua Ó Cearbháin go n-íocfadh sé an cíos agus ghuigh sí na seacht mbeannacht air agus chuaigh sé abhaile.

Nuair a bhí sé ag dul abhaile, thit a chodladh air agus nuair a dhúisigh sé arís, fuair sé leabhrán istigh ina mhuinchille agus as sin amach, bhí fios aige.

2.11.3. Bhí fear ann fadó a dtugadh siad Brian Rua air. Bhí sé ina chónaí in áit arbh ainm dó Cuan an Inbhir. Bhíodh longa ag teacht ann chun foscadh a fháil.

Bhí Brian ag ceannacht beithígh lá agus nuair a bhí sé ag teacht abhaile, chonaic sé go leor daoine ag faire air. Bhí siad chun a chuid talaimh a bhaint de. Dúirt siad le bean Bhriain dá bhfaghadh siad beirt fhear nach mbainfeadh siad an talamh de. Dúirt Brian go seasfadh sí féin in áit ceann acu dá bhfaghadh sí fear eile. Níor fhéad sí fear eile a fháil ach Brian. Chuimhnigh Brian agus thug sé an t-airgead dóibh.

Bhí sé mall san oíche an uair sin. Shuigh Brian síos agus chuir sé seanchóta faoina cheann. Nuair a dhúisigh sé ar maidin, fuair sé leabhar in aice leis. Ní raibh aon oideas an uair sin ach thóig sé an leabhar agus léigh sé a raibh ann.

Bhí a fhios aige go dtiocfadh long isteach ag Cuan Inbhir le ór. Cheannaigh sé go leor beithígh ansin. Dúirt sé lena mhac a dhul amach an chéad oíche go bhfeicfeadh sé an raibh an long ag teacht ach ní raibh nó an dara hoíche. Bhí sí ann an tríú hoíche. Thug Brian an t-airgead do na daoine, an méid a bhí siad in ann a thabhairt leo.

Bhí siad ag dul amach thar Shliabh tSoingean agus dúirt siad go gcuirfeadh siad é in áit a bhfaighfeadh siad arís é, go dtiocfaidh siad le ualach eile. Chuir siad marc ar an ngealaigh ach nuair a tháinig siad ar ais bhí an ghealach imithe as an áit sin.   Ní raibh siad in ann é a fháil agus deir siad go bhfuil sé ann go fóill agus go bhfuil cuid de i bhfolach i gCuan an Inbhir.

2.12.1.   CISTÍ ÓIR

Fadó shin, tháinig long isteach i gCuan an Inbhir agus tháinig stoirm agus báitheadh í. Bhí trunca óir uirthi agus chuaigh an trunca síos go tóin na farraige agus chuaigh na daoine in Inbhear amach i mbáid le haghaidh an tronca óir ach sháraigh sé orthu é a fháil mar bhí péiste mhór ag tabhairt aire dó agus ní ligfeadh sí dóibh é a thabhairt leo.

Fadó shin chomh maith, tháinig long isteach i nGreamhchoill agus bhí sí líonta d'ór agus d'airgead geal agus chuir siad i bhfolach é ar áit a dtugtar Sliabh an Ime air. Lá amháin, bhí daoine ag baint móna in aice na háite agus fuair siad cuid den ór i bhfolach. Deir siad go bhfuil cuid eile ann go fóill.

2.12.2.   Tá ciste óir le fáil i bPollán an tSamhaidh.   Tá sé ann le cúpla céad bliain. Bhí fear ag baint maide uair amháin agus chonaic sé an pota óir faoi agus eascoinn mhór thart air.   Bíonn faitíos ar éinne é a fháil ar fhaitíos go ndéanfaidh an eascoinn aon rud air.

2.12.3.   Fear de Chlainn Tuathail a bhí ina chónaí i Sraith an tSeagail a rinne trí bhrionglóid ar chiste óir a bheith amuigh i gCorrach an Aisléim agus bhí sé inste dó go mbeadh an rud a bhí ag tabhairt aire dó imithe ar uair a dó dhéag san oíche agus dá mb'fhéidir leis é a bheith tugtha leis sula dtéadh sé go mbeadh leis ach ina dhiaidh sin féin níor lig an eagla dó a dhul dá bhaint.

2.12.4.   Deirtear go bhfuil ciste óir i bhfolach taobh thíos de theach Aindrias Uí Mhaoldhomhnaigh faoi bhun crainn.   Thimpeall is dhá scór bliain ó shin, bhí triúr fear taobh istigh de Bhéal an Mhuirthead ag brionglóid faoi agus tháinig sé chucu sa mbrionglóid go raibh ciste óir i bhfolach faoi chrann áirithe faoi bhruach na habhna i dtalamh Aindrias Uí Mhaoldhomhnaigh i Spada i nGleann na Muaidhe agus bhí sé ráite sa mbrionglóid go dtiocfadh báirseoir darbh ainm Tomás Ó hÉalaí an bealach sin – is é sin athair Aindrias Ó hÉalaí, Bun Abhna – agus nach namhaid dóibh é agus dá n-imeodh siad chun bealaigh nach mbeadh aon mhaith ann.

Tháinig siad an cheathrú hoíche agus thoisigh siad ag cartadh agus gach preab a chartaigh siad, bhí sé cosúil le ualach capaill. Agus bhí torann air mar airgead dá rúscadh agat agus nuair a bhí sé beagnach faighte acu, tháinig Tommy an bealach agus d'imigh siad agus d'fhág siad an ciste mar bhí sé.

Nuair a tháinig siad ar ais, bhí an poll mar a bhí sé i dtosach. B'éigean dóibh a dhul abhaile trom tuirseach brónach in éis na hoíche.

2.12.5. Bhí pota óir i bhfolach fadó shin curtha i Leargain. Bhí sé curtha ansin ag na seandaoine. Bean den chlann chéanna, bhí brionglóid aici, í féin agus bean eile an pota a thógáil agus ní raibh siad ina gcomharsanaí maithe.

Chuaigh sí go dtí an áit a raibh an pota curtha agus ní raibh ann ach dearga daol. Chuaigh sí go dtí an bhean eile agus chuaigh an bheirt go dtí an áit a raibh an pota ann agus thóg an bheirt acu an pota óir agus bhí siad saibhir go deo ón lá sin amach.

2.12.6. Fadó, dúirt fear liom go mbíonn cistí óir i bhfolach faoin talamh. Cuireadh ansin iad fadó. Bhí m'athair mór, Micheál Mac Graith, ag brionglóideach dhá oíche in éis a chéile go bhfuair sé pota óir. Chuaigh sé go dtí an áit in éis é a bheith ag brionglóideach an dara hoíche. Fuair sé poll ins an talamh ach ní raibh aon airgead ann ach péiste. Is é péiste an chiste a bhí ann. Dá bhfhanfadh sé go mbeadh sé ag brionglóideach an tríú hoíche gan a insint d'éinne ar bith, gheobhadh sé oiread airgid is dhéanfadh é fhad is bheadh sé beo, agus a chlann ina dhiaidh.

2.12.7. Bhí fear ann fadó agus rinne sé brionglóid go raibh ciste óir ins an áit ar a dtugadh siad Sián Chaitlín. Níor inis sé an scéal d'éinne áit go bhfeiceadh sé an ndéanfadh sé brionglóid faoi an dara hoíche. Chuaigh sé a chodladh an dara hoíche agus rinne sé an bhrionglóid chéanna go raibh an ciste óir ansin agus cloch ar a bhéal agus go raibh cat dá fhaire. Níor inis sé an scéal do dhuine ar bith ar fhaitíos go bhfaigheadh éinne an ciste roimhe.

Ar a dó a chlog, chuaigh sé go dtí an sián agus thóg sé an chloch ach nuair a chonaic sé an cat tháinig faitíos air agus rith sé abhaile agus ní ligfeadh an fhaitíos dó a dhul i ngaobhar na háite sin ar feadh bliana.

D'inis sé an scéal do gach éinne ar an mbaile agus chuartaigh siad an sián ach ní bhfuair siad ann ach pota folamh.

2.13.1. BEIRT FHATHACH

Bhí fathach ina chónaí i gCeathrú Thaidhg agus fathach ina chónaí i nGleann an Ghad uair amháin. Ní raibh ach an pota amháin eatarthu le haghaidh a gcuid bídh a ithe. Gach lá, chaitheadh an fathach a bhí i gCeathrú Thaidhg an pota anonn go dtí an fathach a bhí i nGleann an Ghad.

Lá amháin, chaith an fathach a bhí i nGleann an Ghad an pota go dtí an fathach a bhí i gCeathrú Thaidhg ach thit sé ar chloich agus briseadh é. Ansin thosaigh an bheirt acu ag troid agus mharaigh fear acu an fear eile agus chuir sé a chuid fola amach agus tugadh Lag na Fola ar an áit sin ó shin.

2.13.2. Bhí fathach ina chónaí i mBaile na Cille uair amháin agus loisc sé bodóg dhá bhliain agus chuir sé í cúig mhíle farraige gur chuir sé isteach í ar an oileán atá ag Ceann Iorrais. Tháinig naomh ansin go Baile na Cille agus dhíbir sé an fathach agus chuir sé le halt é ag Céide atá an taobh seo de Bhaile Chaisil agus ba é an fathach is mó a bhí san áit.

2.14. AN MHAIGHDEAN MHARA

Lá amháin, bhí fear as Dún Fhíne ag baint leathaigh agus chonaic sé an bhean thuas ar charraig agus í ag cíoradh a gruaige. Rith sé agus bhain sé di an cochall agus lean sise an cochall go dtí an teach. Phós sí an fear agus bhí triúr clainne acu.

Chuir an fear an cochall i bhfolach uirthi agus níorbh fhéidir léi é a fháil. An lá seo nuair a bhí an fear ag déanamh cruach ghráin, an ceann ba sine den chlann chonaic sé an t-athair ag cur rud deas isteach i gcroí na cruaiche agus d'inis sí don mhaighdean mhara é.

Nuair a fuair sí an fear imithe go dtí an t-aonach, leag sí an chruach agus fuair sí an cochall agus d'imigh léi amach sa bhfarraige mhór ar ais agus d'fhág an chlann ansin. Ní fhaca siad an mhaighdean mhara ó shin.

2.15. EACH UISCE

Tá an t-each uisce san bhfarraige, an phéist mhór agus an míol mór agus an rón.

. Lá amháin bhí curach as Port Durlainne amuigh ag iascaireacht agus chonaic siad an rud ag cur suas a cheann os cionn an uisce agus bhí sé cosúil le capall agus d'iomair siad chomh maith agus ab fhéidir leo gur tháinig siad go dtí an cladach agus bhí siad dá inseacht do mhuintir an bhaile go bhfaca siad an rud ag cur siar a cheann agus go raibh sé cosúil le capall.

Bhí a fhios ag na daoine gur each uisce a bhí ann. . .

2.16.1.   AN MADAR ALLA

Níl ach dhá theach sa mbaile seo – Muintir Bhaoilligh agus Clann 'ac Aindriú. Tá sé suite i measc na sléibhte ar an mbóthar ó Phort Durlainne go Béal Deirg. Teach ceann tuí agus teach ceann slinneach atá ann. Níl aon seanduine ann agus ní raibh teach ann rompu seo le cuimhneamh na ndaoine.

Fadó bhí teachín beag amháin ann ag fear arbh ainm dó Murcha. Fíodóir a bhí ann agus duine ar bith a ghabhfadh an bealach, bhainfeadh sé an méid airgid a bhí aige uaidh. Bhí craiceann faolchon aige anuas ar a chloigeann agus chuirfeadh sé faitíos ar aon duine. Deirtear go raibh fios aige chomh maith agus nuair a bhíodh sé ag dul ag marú duine go bhfiafraíodh sé de cén uirlis a bhí aige leis féin a chosaint agus ansin go mbainfeadh sé acmhainn na huirlise aisti le draíocht.

Lá amháin casadh fear an bealach agus tháinig an faolchú roimhe. D'fhiafraigh sé de céard a ghlaofadh sé air leis féin a chosaint agus dúirt an fear nach raibh aige ach a mháthair mhór a bhí thiar sa bhFál Mhór. 'Bhail, níl maith ar bith inti duit,' arsa an faolchú agus rinne air lena mharú ach thóig an fear amach scian agus tholl sé agus réab sé an faolchú. Ba shin í a mháthair mhór, an scian.

Cuireadh ansin é agus tóigeadh leacht os a chionn agus go dtí an lá inniu, tugtar 'Leachta Mhurcha' ar an áit.

2.16.2.   Baile fearainn é seo. Bhí fear ina chónaí ann cúpla céad bliain ó shin arbh ainm dó Murcha. Fíodóir a bhí ann agus bhíodh sé dá ghléasadh féin i gcraiceann madaidh allta agus ag marú agus ag robáil na ndaoine a bhíodh ag dul an bhealaigh. Mharaigh foghlaeir lá é agus cuireadh san áit seo é. Tá an leacht os cionn a uaighe le feiceáil go fóill agus uaidh sin a thugtar Leacht Murcha ar an áit.

2.17.   AN tALP LUACHRA

Tá sé cosúil le heascoinn ach tá dath donn air. Lá amháin bhí fear ag siúl sa tsliabh agus shuigh sé síos agus thit a chodladh air. Chuaigh an t-alp luachra isteach ina bhéal. Tháinig an dochtúir chuige agus dúirt sé leis a sháith murlas goirt a ithe. Nuair a bhí sé dá n-ithe ar feadh seachtaine, chuaigh sé go dtí an portach agus sheas sé os cionn poll uisce. Tar éis tamaill, tháinig an t-alp luachra amach ar a bhéal agus seacht gcinn eile agus isteach leo sa bpoll. Ina dhiaidh sin bhí an fear chomh maith agus bhí sé riamh roimhe.

Deirtear dá gcuimleofá do theanga den alp luachra go mbeadh leigheas inti – tá leigheas i dteanga an mhadaidh rua.

2.18. AN EASÓG

Ní ceart an easóg a mharú. Má mharaíonn éinne aon easóg, tiocfaidh siad ort san oíche agus maróidh siad thú.

Lá amhain bhí daoine ag baint féir agus fuair said nead easóige sa bhféar. Thóig siad amach an nead agus chonaic an easóg iad agus tháinig an easóg go dtí cainnín agus chaith sí smugairle isteach sa gcainnín a mharódh na daoine. Ansin chuir na daoine an nead isteach san áit cheart arís agus tháinig an easóg go dtí an cainnín agus chaith sí an t-uisce amach as.

2.19. BÓ MHÍORÚILTEACH

Ar bharr Chnoic Léana, tá scoilt ann a nglaoitear 'Bearnaí' air agus ar an gcaoi a tharla sé atá mé ag insint.

Bhí bó an-mhór ag dul thart amuigh i mbuaile agus bhí cúig ghamhain déag inti. Oíche amháin, bhí sí leis na daoine maithe. Casadh an fear sin 'Bearnaí' orthu agus thóg siad féin agus an bhó Bearnaí leofa isteach go dtí an cnoc. Bhí na daoine imithe an uair sin. Tharla sin cúig oíche i ndiaidh a chéile agus an cúigiú hoíche, thóig sí píosa den chnoc léi.

Ar maidin lá arna mhárach, bhí an fear sa mbaile arís agus bhí an bhó marbh amuigh ina ghairdín. An oíche ina dhiaidh, tháinig sí isteach sa stábla agus dhá ghamhain aici. D'fhan sí aige cúig bhliain déag agus bhí dhá ghamhain aici gach bliain ar feadh an ama.

2.20. FUADACH

Tá áit in aice le Port Durlainne ar a dtugtar Inis Mór. Lag i measc na sliabh atá ann agus bhí cónaí amháin ann tuairim 80 bliain ó shin. Teachín beag a bhí ann agus an bhuaile a thug siad ar an áit mar bhíodh siad ag tabhairt aire do na ba seasca agus dá gcur isteach anseo lena mbleán.

Oíche amháin, chuaigh fear an tí agus a bhean go cleamhnas ar an gCorrán Buí. Ní raibh fágtha sa teach ina ndiaidh ach cailín óg agus gasúr agus páiste sa gcliabhán.

Tháinig an fuadach i gcóir an chailín. Fadó bhí an nós sin ann agus dá dtiocfadh fear ar lorg mná le pósadh agus muna bhfaigheadh sé í, thiocfadh sé *turn* éicínt eile le slua leis an gcailín a fhuadach. Bhí a fhios ag an gcailín an fáth ar tháinig siad agus níor mhaith léi an fear, mar sin bhí sí i sáinn céard a dhéanfadh sí ach chuimhnigh sí ar an bplean seo.

Thoisigh sí ag amhránaíocht don bpáiste sa gcliabhán agus séard a dúirt sí san amhrán ná a chur i gcéill don ghasúr a dhul go dtí an Corrán Buí agus cúnamh a thabhairt leis go raibh fir sa mbuaile le í a fhuadach. D'imigh an gasúr agus lean sise den amhrán gur tháinig lucht an chleamhnais dhá mhíle trasna an chnoic agus bhí na fir eile ag cur an oiread spéise sa gceol nár airigh siad an t-am ag imeacht. Seo chuid den amhrán:

Éirigh a Aoidh agus fág an bhuaile,
Téirigh chun an tseanbhaile agus tabhair leat cúnamh;
Aithris dófa go dtáinig fuadach,
Ceathrar fear, cú agus buachaill.

2.21. BEAN MHÍN AGUS FEAR BORB

Nuair a bhí an Mhaighdean Mhuire ag dul go dtí *Jerusalem*, bhí sioc agus sneachta ar an talamh. Chuaigh sí isteach go dtí teach ag iarraidh lóistín ar feadh na hoíche. Ní raibh insan teach ach fear agus bean. Dúirt an fear nach raibh aon áit aige di. Dúirt an bhean go raibh scioból acu agus nach raibh ann ach asal agus bullán.

Chuaigh an Mhaighdean Mhuire go dtí an scioból agus d'fhan sí ann ar feadh na hoíche. I lár na hoíche tháinig daigh ar fhear an tí agus dúirt a bhean leis go rachadh sí amach chuig an bhean siúil go bhfeicfeadh sí an mbeadh leigheas aici. D'fhiafraigh sí di an raibh aon leigheas aici agus dúirt an bhean siúil: 'Bean mhín, fear borb, mac Dé ina luí sa gcolg' agus thug sí greim den bharrach di agus dúirt sí léi é a chur lena bholg.

2.22. 'MAC NA hÓIGHE SLÁN!'

Nuair a mharaigh na Giúdaigh Dia, chuir siad é agus tháinig siad abhaile trom tuirseach agus chuir siad síos pota coileach agus dúirt fear acu leis an fhear eile go mb'fhéidir go n-éireodh sé, nár chuir siad neart os a chionn. Agus dúirt fear eile acu nach n-éireodh sé nó go n-éireodh na coiligh a bhí ag bruith ins an bpota. D'éirigh na coiligh agus sheas siad ar bhord an phota agus chroth siad a gcuid sciatháin. 'Is fíor sin,' arsa na Giúdaigh, 'tá Sé ina shuí anois.' Chuaigh siad amach ar a thóir agus chonaic siad réalt ins an spéir agus dúirt siad go raibh Sé faoin réalt sin. Chonaic siad go leor réalta. Ansin b'éigean dóibh teacht abhaile.

2.23. SAGART MÍORÚILTEACH

Bhí sagart paróiste ina chónaí sa bparóiste seo uair amháin agus bhí sé in ann a phíopa a lasadh lena mhéar. Ní raibh air ach a mhéar a sháthadh síos ina phíopa agus bhí an píopa lasta. Bhí sé in ann siúl ar bharr an uisce chomh maith. Deirtear gur shiúl sé trasna an chaladh cúpla uair.

SEANFHOCAIL

2.24.1. *Achrainn*
Seachain fear an achrainn (4154).

2.24.2. *Ádh*
Is minic a bhí an t-ádh ar an bhfear a bhí ólta.

2.24.3. *Aicearra*
Más cam díreach an ród is é an bóthar mór an t-aicearra (1655).

2.24.4. *Aifreann*
Go dté Fionn ar Aifreann na Gine.

2.24.5. *Aimsir*
Is maith an scéalaí an aimsir.

2.24.6. *Aire*
Is maith an focal Béarla an té a thuganns aire dó féin.

2.24.7. *Airgead*
Is féidir le hairgead a lán díobhála a dhéanamh.

2.24.8. *Aithne*
Más mian leat aithne a chur ar do chairde, dearmad rud éicínt.

2.24.9. *Am*
Go mbeirimid beo ar an am seo arís.

Mícheál Mac Dhomhnaill, Bun Alltaí

Bríd Ní Dhomhnaill, Bun Alltaí

2.24.10. *Anlann*
An fata beag leis an bhfata mór nuair nach mbíonn aon anlann agat.

2.24.11. *Aonach*
Mura mbí agat ach pocaide gabhair bí i lár an aonaigh leis (1708).

2.24.12. *Arán*
a. Is fearr leathbhuilín ná bheith gan arán (378).
b. Ní chuimhnítear ar arán a itear (704a).

2.24.13. *Bádóir*
Is maith an bádóir an té atá ar an talamh (2112).

2.24.14. *Baile mór*
Ní hionann dhul sa mbaile mór agus é a fhágáil.

2.24.15. *Bás*
a. Níl luibh ná leigheas in aghaidh an bháis.
b. Ní fhaghann sinn bás faoi dhó (358a).

2.24.16. *Beagán*
a. Bíonn blas ar an mbeagán.
b. Is fearr beagán den ghaol ná mórán den charthanas (2501).
c. Is fearr beagán cúnta ná mórán truaighe.

2.24.17. *Béal*
a. Is binn béal ina thost (4003).
b. Ba mhinic a bhris béal duine a shrón (829).
c. Ní théann cuileog sa mbéal atá dúnta (4016).
d. Ní dhéanfaidh an béal gan bia.

2.24.18. *Bean*
a. Is fearr bean ná spré (3415).
b. Bean gan scríste, bean gan leanbh gan . . .

2.24.19. *Bia*
Is fearr bia ná ciall (3415).

2.24.20. *Bó*
a. An bhó a bhíonns beo, gheibheann sí an fuarán.
b. Faghann na ba bás fhaid is bhíonn an féar ag fás (2932).
c. Is fada ó bhaile bó gan lao. . .
   Is fada ó bhaile a ghéimeann sí (4186).

2.24.21. Bodhar
Cluas bhodhar ag fear na feabhrach.

2.24.22. Bothán
Dá dhonacht é an bothán is fearr é ná an seachrán.

2.24.23. Breac
Éist le fuaim na habhann agus gheobhaidh tú breac (2455).

2.24.24. Bréagach
Geallfaidh an giolla bréagach gach a bhféadfaí a chroí,
Agus sílfidh an giolla santach má gheallann sé go bhfaighidh.

2.24.25. Buile
Síleann fear na buile gurab é féin fear na céille.

2.24.26. Caint
a. Ní hí an chaint a dhéananns an obair.
b. Ní dhéanfaidh caint an obair.

2.24.27. Caipín
Mura bhfeileann an caipín duit, ná caith é (1287).

2.24.28. Caonach
a. Ní thigeann caonach ar chloch reatha (582).
b. Ní thigeann aon chaonach ar an gcloich a bhíonns ag rith (2339).

2.24.29. Caora
a. Ba mhinic a mhill caora amháin tréad (2750).
b. Ní bhíonn aon tréad gan caora dhubh (2750).

2.24.30. Cara
a. Lá an éigint is ea a fheictear an chara is fearr (859).
b. Is fearr cara sa gcúirt ná bonn sa sparán (864).
c. Is fearr focal sa gcúirt ná bonn sa sparán (864).

2.24.31. Cat
a. Níor dhóigh an seanchat é féin riamh (1530).
b. Tá an oiread cion ag an gcat ar a phisín is tá ag an rí ar a mhac (1910).
c. Briseann an dúchas trí shúile an chait (1956).
d. Céard a dhéanfadh cat ach luchóg a mharú (1958).
e. Céard a dhéanfadh pisín cait ach luch a mharú (1958).
f. Nuair is crua ar an gcat caithfidh sí rith a dhéanamh (2086).

g. Ar a mhaithe féin a dhéanann an cat crónán (2674).
h. Tá cead ag an gcat an rí a fheiceáil agus níl cead ag an rí é a stopadh (3113).
i. Is mór an babhta le cat pisín (3699 & 1356).
j. Nuair a bhíonns an cat amuigh bíonn na luchóga ag rince (3814).

2.24.32. *Cearc*
a. Ná díol do chearc lá fliuch (4045).
b. Is maith an chearc a scríobann di féin.

2.24.33. *Ceird*
Is namhaid an cheird gan í a fhoghlaim (979).

2.24.34. *Ciaróg*
Aithníonn ciaróg ciaróg eile (1945).

2.24.35. *Cloch*
a. An té atá saor caitheadh sé cloch.
b. Is fearr cloch in do phóca ná airgead fir eile.
c. Nár éire tú go n-éire na clocha.

2.24.36. *Conlach*
Ar chonlach an fhómhair ná raibh tú.

2.24.37. *Cnoc*
Is glas iad na cnoic i bhfad uainn ach ní féarmhar (1434).

2.24.38. *Comhairle*
a. Ag coigilt tine faoi loch,
   Nó ag caitheamh cloch le cuan;
   Geall chomh maith le bheith ag cur,
   Comhairle ar bhean bhoirb (1206).
b. Ba mhinic a bhí comhairle mhaith ag amadán (1217).

2.24.39. *Comharsa*
Is fearr duit do chomharsa i ngar duit ná do dheartháir i bhfad uait (865).

2.24.40. *Comhluadar*
I ngrá don chomhluadar a théanns na madaidh ar Aifreann.

2.24.41. *Cóngar*
Teach i mbéal bóthair,
Ní haistear é ach cóngar.

2.24.42. *Creideamh*
An fear atá gan chreideamh is cosúil le haerlong gan inneall é –ní féidir leis
éirí.

2.24.43. *Crua*
Ná bí crua agus ná bí bog (739).

2.24.44. *Cuan*
Casann na daoine ar a chéile ach ní chasann na cuain ar na sléibhte (854).

2.24.45. *Cuid*
An té a bhíonns amuigh fuaraíonn a chuid.

2.24.46. *Cuideachtain*
Seachain droch-chuideachtain.

2.24.47. *Dall*
Is minic a cheap dall giorria.

2.24.48. *Dearmad*
Dearmad bean an tí ag an gcat (2856, & féach 2294 & 4122).

2.24.49. *Deifir*
Nuair is mó an deifir is mó an mhoill.

2.24.50. *Deireadh*
Níl cogadh dá mhéid nach síocháin a dheireadh,
Agus níl tuile dá mhéid nach dtráigheann (feach 2.24.91. agus 2.24.150.
thíos).

2.24.51. *Dia*
a.   Fear níos láidre ná Dia a chuireann fad siar ar a theach (23).
b.   Ní fada siar an rud nach gcuirfidh Dia aniar (1739).
c.   Is fada anonn an rud nach gcuirfidh Dia anall (féach 1739).
d.   Níor dhún Dia bearna riamh nár fhoscail sé ceann eile (1902).
e.   Más moch mall a éireos an ghrian mar is toil le Dia a bheas an lá.

2.24.52. *Díobháil*

Do chos ar na taobháin agus do dhíobháil ar do mhuintir.

2.24.53. *Dorn*

a. Is fearr dreoilín sa dorn ná cat ar cairde (1050).
b. Is fearr éan in do láimh ná dhá cheann ar an tom (1050).

2.24.54. *Dúchas*

Is treise dúchas ná oiliúint (1979).

2.24.55. *Dúil*

a. Bíonn dúil le muir ach ní bhíonn dúil le cill (1868).
b. Bíonn súil le béal an chuain ach ní bhíonn súil le béal na huaighe (1868).

2.24.56. *Duine*

a. Ag an duine féin is fearr fios cá luíonn an bhróg air (2689).
b. Is fearr duine sa chlúid ná beirt ag an mbaiscéid.
c. Gach duine ag iarraidh a bheith ag tochardú a cheirtlín féin.
d. Gach duine ag iarraidh a bheith ag tarraingt uisce ar a mhuileann féin.
e. Seachain an droch-dhuine agus ní baol duit an duine macánta.

2.24.57. *Eagla*

Bíodh eagla ort agus ní baol duit.

2.24.58. *Earrach*

a. Mura gcuirfidh tú san earrach, ní bhainfidh tú sa bhfómhar (3640).
b. An rud nach gcuirtear san earrach ní bhainfear sa bhfómhar (3640).

2.24.59. *Fad*

a. An rud a théanns i bhfad, téann sé ar seachrán.
b. An rud a théanns i bhfad, téann sé i righneas.
c. Dá fhaid é an lá, tiocfaidh an tráthnóna (2484).

2.24.60. *Fada*

Is minic an fear fada ag ceannacht fataí ón bhfear ghearr (387).

2.24.61. *Faire*

Is fearr faire amach ná faire isteach.

2.24.62. *Fáirnéis*

a. Is fearr lá ag cur fáirnéis ná trí lá ag iarraidh.
b. Is fearr lá ag cur fáirnéis ná seacht lá ag iarraidh.

2.24.63. *Feadaíl*
Ní féidir a bheith ag ithe mine agus ag feadaíl (247 & 1454).

2.24.64. *Fearg*
An uair is mó a bhíonns fearg ort cuir do phíopa in do bhéal.

2.24.65. *Focal*
a. Níor bhris focal maith fiacail riamh (426).
b. Bíonn marú duine idir dhá fhocal.

2.24.66. *Fiach Dubh*
Is geal leis an bhfiach dubh a chuid cleite féin.

2.24.67. *Fírinne*
Níor creideadh an fhírinne ón duine bréagach riamh.

2.24.68. *Fiúntach*
Is fiúntaí poll ná paiste (3359).

2.24.69. *Flaitheas*
a. Is tréan chuile shórt ach glór flaitheasa.
b. Téann ar gach uile shórt rud ach ar ghlór flaithis.

2.24.70. *Foighid*
Is dona í an fhoighid nó is fearr í ná an fhaillí (2146).

2.24.71. *Folamh*
Bíodh rud agat féin nó bí folamh.

2.24.72. *Fómhar*
a. Fómhar gan aon sméar (féach 1719).
b. Ní le fir mhaithe a bhaintear an fómhar uilig (3015).
c. Fómhar go Nollaig.
d. Idir is eatarthu mar a bhíonns na fataí ar an gcéad fhómhar.

2.24.73. *Fuil*
a. Is ramhaire fuil ná uisce (2506).
b. Is furast fuil a bhaint as cloigeann corrach (3995).

2.24.74. *Fuineadh*
Is furasta fuineadh in aice na mine (1704).

2.24.97. *Mall*
Is fearr go mall ná go bráth (2941).

2.24.98. *Maol*
Is maol máthair gan bráthair agus is mairg a bhíonns gan deartháir (2503)

2.24.99. *Marcach*
Is maith an marcach an té a bhíonns ar an talamh (2112).

2.24.100. *Marcaíocht*
Is fearr marcaíocht ar ghabhar ná coisíocht dá fheabhas.

2.24.101. *Máthair*
Síleann gach máthair gur ar a páiste féin a éiríonns an ghrian.

2.24.102. *Meabhair*
Tá mé gan meabhair nuair nár léigh mé an leabhar,
Agus tá mé i mo bhaileabhar gan Béarla (2421).

2.24.103. *Mochéirí*
An té go dtéann cáil mochéirí amach air ní miste dó codladh go tráthnóna (713).

2.24.104. *Mórán*
An té a bhfuil mórán aige, is é a gheibheann.

2.24.105. *Nós*
Ná déan nós agus ná bris nós.

2.24.106. *Nocht*
Nocht mo theacht agus nocht m'imeacht (4723).

2.24.107. *Namhaid*
Le linn don namhaid a bheith ar buile leat, ná déan thusa ach meangadh gáire.

2.24.108. *Ocras*
Is maith an t-anlann an t-ocras (3159).

2.24.109. *Oíche*
Níl idir dhá lá ach oíche amháin (2484).

Antaine Ó Domhnaill, Port Durlainne

Máire Ní Earcáin, Port Durlainne

2.24.110. *Óige*

a. Is ioma craiceann a chuireann an óige di (3181).
b. Mol an óige agus tiocfaidh sí (3189).
c. Bíonn ceann caol ar an óige (3197).

2.24.111. *Óinseach*

a. Is é airgead na hóinsí a chuireanns bróga ar bhean an phíobaire.
b. Dá mbeadh abhras ag an óinseach bheadh cótaí ar na soip.

2.24.112. *Ól*

Is milis dá ól agus is searbh dá íoc (3232).

2.24.113. *Ólachán*

Is é bua an ólacháin, maidin bhrónach, cóta salach, agus pócaí folamha (4116).

2.24.114. *Olann*

a. Is deacair olann a bhaint de ghabhar (4182).
b. Aithníonn fear na holna fear a cheannacht.

2.24.115. *Olc*

a. Ní thigeann olc i dtír nach fearrde duine éicínt é.
b. Is mairg a bhíonns go holc agus go bocht ina dhiaidh (576).

2.24.116. *Onóir*

Ní fhaghann minic onóir (1931).

2.24.117. *Paidrín*

Is í an chloch is mó ar mo phaidrín í.

2.24.118. *Páiste*

Is ioma páiste gléigeal a tháinig as bothán suarach.

2.24.119. *Port*

Port ar bith ar stoirm.

2.24.120. *Pósadh*

a. Is dona é an pósadh nó is fearr é ná an aimsir.
b. Ní hiad na fir mhaithe a bhíonns ag pósadh i gcónaí.

2.24.121. *Púca*

An rud a scríobhann an púca, léann sé féin é (2092).

2.24.122. *Réiteach*
Is mór é ceannacht an réitigh.

2.24.123. *Rith*
Is fearr rith maith ná droch-sheasamh (2828).

2.24.124. *Rún*
Ní scéal rúin é
Ó mhothaíos triúr é (4018).

2.24.125. *Sách*
a. Ní airíonn sách seang (2697).
b. Ní airíonn sách seang
    Ní airíonn riamh ní in am (2697).

2.24.126. *Saibhir*
Is é an fear saibhir dáiríre an té nach bhfuil uaidh ach beagán.

2.24.127. *Saoi*
Ní bhíonn saoi gan locht (2749).

2.24.128. *Scéal*
a. Is túisce deoch ná scéal (3234).
b. A scéal féin scéal gach éinne (2858).

2.24.129. *Scuab*
a. Scuabann scuab úr go glan (4930).
b. An scuab nua is fearr a scuabanns an teach.

2.24.130. *Sean*
a. Ceannaigh seanrud, bí gan aon rud (1810).
b. An t-ólachán fada agus droch-bhróga,
    A dhéanann seandaoine de dhaoine óga.

2.24.131. *Seo*
Is fearr 'Seo é!' ná 'Cá bhfuil sé?'

2.24.132. *Sionnach*
Dá fhaid a rithfidh an sionnach, ceaptar sa deireadh é (2802).

2.24.133. *Sláinte*
a. Is fearr sláinte ná ór (3779).
b. Is fearr an tsláinte ná na táinte (3779).

2.24.134. *Slat*
a. Is minic a bhain duine slat a bhuailfeadh é féin (652)
b. Spáráil an tslat agus mill an páiste (1136).
c. Nuair a chruaíonns an tslat is deacair a díriú.

2.24.135. *Smacht*
Ní bhíonn an rath ach mar a bhíonn an smacht (3811).

2.24.136. *Sona*
a. Is minic a bhíonns cú mall sona,
Ach is ag an gcú is luaithe a bhíonn an giorria (féach 2946).
b. Is minic a bhí cú mall sona (2946).

2.24.137. *Stuaim*
a. Is fearr stuaim ná neart (3856).
b. Is fada ón stuaim an stocaire.

2.24.138. *Suí*
Is fearr suí ina bun ná suí ina háit.

2.24.139. *Teach*
Teach gan cat gan cú gan leanbh,
Teach gan greann gan gáire.

2.24.140. *Teanga*
Ní chaitheann an teanga an t-éadach (827).

2.24.141. *Thíos*
An té a bhíonns thíos leagtar cos air,
An té a bhíonns thuas óltar deoch air (2775).

2.24.142. *Thuas*
Tá an roth ag dul thart – an té atá thuas inniu, beidh sé thíos amárach.

2.24.143. *Tine*
Dhá fhód agus caorán ní dhéanann sé tine.

2.24.144. *Tinteán*
Níl aon tinteán mar do thinteán féin (3177).

2.24.145. *Tír*
Cabhraigh le do thír féin.

2.24.146. *Toiseach*
Ná bí i dtoiseach sa mbogach nó ar deireadh sa gcoill.

2.24.147. *Trá*
a. Ní thig leis an ngobadán an dá thrá a fhreastal (251).
b. Idir an dá thrá a chaill sé é mar a chaill an gobadán (féach 251).

2.24.148. *Trócaire*
Ní lúide an trócaire a roinnt.

2.24.149. *Trua*
a. Is beag an mhaith trua gan tarrtháil (1636).
b. Is trua é fear gan bó,
    Dhá thrua é fear gan caora,
    Agus fear gan beithíoch capaill
    Is doiligh dó maith a dhéanamh (2330).

2.24.150. *Tuile*
a. Níl tuile dá mhéid nach dtráigheann (661 & féach 4864. Féach
    2.24.50. agus 2.24.91. thuas).
b. Ní fios tuile go dtráigheann.

2.24.151. *Tuitim*
Is furasta tuitim ná éirí (3294).

2.24.152. *Uachtaráin*
Na huachtaráin is fearr ní dhéanann siad ach cúpla dlí.

2.24.153. *Uaigh*
Is minic a ligeann béal na huaighe rud ag béal na truaighe (341).

2.24.154. *Uaigneas*
Is fearr an troid ná an t-uaigneas (4143).

2.24.155. *Uibh*
Is fearr uibh inniu ná dhá uibh amárach.

2.24.156. *Uisce*
Ná caith amach an t-uisce salach nó go dtóga tú an t-uisce glan isteach
(1059).

TOMHAISEANNA

2.25.1. *A chuid clumhaigh féin* (515)
Cén rud atá níos duibhe ná an fiach dubh?

2.25.2. *Anraith* (169d)
Tá sé sa gclúid agus dhá chéad súl air?

2.25.3. *Asal agus pardóga air* (féach 121)
Molt mór dubh teann,
Istigh idir dhá ghleann:
Nuair a bhogann an molt mór dubh teann,
Bogann an dá ghleann?

2.25.4. *Beach* (106)
  a. Gearráinín beag sceadálta babáilte donn,
      Shiúlfadh sé Éirinn agus ní fhliuchfadh sé bonn?
  b. Gearráinín babáilte donn,
      A shiúlfadh an domhan agus nach bhfliuchfadh a chos?

2.25.5. *Brosna fraoigh*
Chuaigh mé suas an cnoc agus thug mé an cnoc liom ar mo dhroim?

2.25.6. *Casán* (147)
Teachtaire beag ó theach go teach, agus bíonn sé amuigh san oíche?

2.25.7. *Ceann agus an chuid eile*
Cé mhéid galún uisce a rithfeas le fána idir Droichead Átha agus Béal Átha
na Slua?

2.25.8. *Cearc agus uibh aici* (féach 34, 430)
Seo é isteach mo mháthair mhór agus mo bhricfeasta léi ina tóin?

2.25.9. *Cleite* (3966)
Ní fuil ná feoil agus as fuil agus feoil a d'fhás sé?

2.25.10. *Cnó sceathach* (182a)
Saighdiúir dearg ar bharr an chrainn, cloch ina bholg agus maide ina láimh?

2.25.11. *Cónra* (471)
An duine a rinne é, níor chaith sé riamh é, agus an duine a chaith é, ní
fhaca sé riamh é?

Pádraig Ó Domhnaill, Port Durlainne

'*Ag gléas chun tarrthála.*'
Ó chlé: An Máistir Rigney, Tomás Óg Ua Aindriú, Tomás Mac Aindriú agus Pádraig Ó hEarcáin, Port Durlainne

2.25.12. *Creabhar in éis bó*
Ceathrar ag Raifteirí, ceathrar ag Scaifteirí, agus mac *Billy* Raifteirí ag reathaí ar an méid sin?

2.25.13. *Criathar* (168)
Sin sa gclúid é agus dhá chéad súl air?

2.25.14. *D'ainm* (412)
a. Tá sé istigh ort, tá sé amuigh ort, tá sé ort agus ní trom leat é?
b. Níl sé istigh ort, nó níl sé amuigh ort agus tá sé ort i gcónaí?

2.25.15. *Dealg* (462c)
Chuaigh mé suas an bóithrín agus thug mé liom rud nach raibh mé ag iarraidh?

2.25.16. *Dhá cheann* (667)
Cé mhéid cos ar ucht muilt?

2.25.17. *Dréimire* (308a)
Chuaigh mé suas an bóithrín agus tháinig mé anuas an bóithrín is thug mé an bóithrín ar mo dhroim liom?

2.25.18. *Druilleoga*
Scata muc rua ag dul suas cnoc dubh?

2.25.19. *Fata* (19)
Cén rud is mó a bhfuil súile air agus nach bhfeiceann?

2.25.20. *Fear agus pota ar a cheann* (13)
Trí cosa in airde, dhá chois ar talamh, cloigeann an duine bheo ag dul suas i dtóin an duine mhairbh?

2.25.21. *Fearthainn*
Céard a chuirtear agus nach mbaintear?

2.25.22. *Flaitheas* (332)
Teach mór é, coinnleoir óir é, faire i gceart é agus ná lig thart é?

2.25.23. *Fiacla agus teanga* (142b)
Scata uainín ag dul go Cluainín agus uainín dearg eatarthu?

2.25.24. *Fuinneog* (408)
Níl sé istigh sa teach ná níl sé amuigh agus tá sé sa teach?

2.25.25. *Gas gabáiste* (193a)
Tá fear ar an ngairdín agus dhá chéad cóta air?

2.25.26. *An ghealach* (27b)
Tá sé ann ó thús an tsaoil is níl sé ráithe d'aois?

2.25.27. *An ghrian* (492)
Tá sé sa móinéar agus ní bhaintear é,
Tá sé sa tsiopa agus ní dhíoltar é?

2.25.28. *An ghrian agus an ghealach* (76b)
Dhá thaobh ar Chnoc na Maoile,
Ceann san oíche agus ceann sa lá;
Má théann an dá thaobh le chéile,
Ní bheidh Éirinn mar atá?

2.25.29. *Leac oighre* (304a)
Droichead ar loch gan adhmad ná cloch?

2.25.30. *Méaracán* (féach 328a)
a. Tá teachín beag agamsa agus tá oiread fuinneoga air is atá ar theach an rí?
b. Tá teach beag agam féin agus ní shuífeadh an luch ann, agus ní chomhairfeadh a bhfuil sa mbaile mór an méid fuinneoga atá air?

2.25.31. *Méaracán ar do mhéir* (314a)
Stainín iarainn agus a lán d'fheoil ann?

2.25.32. *Mí Feabhra* (579)
Cén mhí is lú a dhéanann na mná caint?

2.25.33. *Seilmide* (383)
a. Cnap saille faoi bhun coille is gan aon easna ann?
b. Cnap geireach ar bharr coille?

2.25.34. *Snáthaid agus snáth* (133)
Muiltín iarainn is driobaillín olna?

2.25.35. *Speal* (420)
Tá sé thoir agus tá sé thiar,
Tá sé i ngairdíní Bhl' Áth' Cliath;
Is mó a ghreim ná greim capaill,
Agus ní itheann sé greim ar bith?

2.25.36. *Splancacha tine* (122)
Scata muca rua ag dul suas an simléir?

2.25.37. *Súil* (296)
Tobairín fíoruisce ar fíorbharr an tsléibh'
Fuinneoigín gloine is doras cré air?

2.25.38. *Tairne bróg* (29a)
Cén rud a dhéanann siúl ar a chloigeann?

2.25.39. *Tairní in do bhróg* (féach 29d)
Thart ar an teach, thart ar an teach agus chuile chloigeann faoi?

2.25.40. *Tairseach* (410)
Tá sé amuigh agus tá sé istigh agus bíonn sé amuigh san oíche?

2.25.41. *Toireasc*
Dá mhéid a chuid fiacla, ní itheann sé tada?

2.25.42. *Túirne* (100a)
a.   Capall sa stábla agus a dhá chois in airde?
b.   Cailleach sa chlúid, bior ina súil agus í ag útamáil?

2.25.43. *Uibh* (338a)
a.   Baraille ar an trá agus a dhá cheann dúnta?
b.   Máilín bán agus a dhá cheann dúnta?

2.25.44. *Uibh* (398)
Chuaigh mé suas le fáinne an lae,
Fuair mé rud beag ina luí sa bhféar,
Níorbh iasc é nó feoil, fuil nó cnámh,
Agus choinnigh mé é gur shiúil sé uaidh féin?

2.25.45. *Uibh* (féach 456)
Choinneoinn i mo ghlaic é is ní sheasfadh sé ar chlár chónra?

Pádraig Ó Máille,
Sraith an tSeagail

Mairéad Ní Mháille,
Sraith an tSeagail

Seanteach Thuathail, Sraith an tSeagail: Fótó le Roinn Bhéaloideas Éireann

CAIBIDEAL 3

Ábhar ilchineálach go maith faoi chreidiúintí agus a bhaineann le gnéithe éagsúla de shaol na ndaoine atá sa chaibideal seo. Tá cuntas ar roinnt mhaith d'fhéiltí na bliana ó Lá Fhéile Bríde go Nollaig (3.1.1. – 3.16.2.) mar aon le cur síos ar chúrsaí áidh agus mí-áidh (3.17.1. – 3.31.) ina thús leis. Leigheasanna, luibheanna agus aicídí (3.32.1. – 3.56.), comharthaí aimsire (3.57.1. – 3.57.6.) caithimh aimsire agus ábhar ilghnéitheach eile (3.58.1. – 3.60.2.) atá sa chuid eile.

Ba iad daltaí S.N. Phort Durlainne a sholáthraigh trom an ábhair seo agus ina gcuid cóipleabhar siúd *amháin* atá fáil ar sciar réasúnta mór dá bhfuil anseo san iomlán. Rinne múinteoir S.N. Phort Durlainne liostáil ar an bhunábhar seo agus chuir sé beagán eile dá chuid féin leis chomh maith ins an tiomsú de phisreoga atá aige in S130:271-83.

FÉILTÍ NA BLIANA

Lá Fhéile Bríde agus Lá Fhéile Muire na gCoinneal

3.1.1.   Titeann Lá Fhéile Bríde roimh Lá Fhéile Muire na gCoinneal mar ins an am sin bhí sé déanta de dhlí ag an eaglais na mná a bheadh le coisreacan cliath choinnle a iompar ar a gceann lasta isteach i láthair an phobail agus bhí náire ar an Mhaighdean Ghlórmhar a n-iompar agus d'iompair Naomh Bríd ar a ceann féin iad leis an náire a thógáil di agus sin é an fáth go dtigeann Lá Fhéile Bríde roimh Lá Fhéile Muire na gCoinneal.

3.1.2.   Fadó shin dhéanadh siad Cros Bhríde an oíche sin agus chrochthaí ar thaobháin an tí é le chuile olc a choinneáil ón teach ar feadh na bliana agus le beannacht Bhríde a bheith ar an líon tí.

Aoine an Chéasta

3.2.1.   Nuair a bhíonn na daoine ag cur fataí, fágann siad cuid dóibh le haghaidh Aoine an Chéasta le iad a chur an lá sin.

3.2.2.   Má thigeann Aoine an Chéasta go luath, sin é an lá a chuireann siad na fataí luatha.

Laethanta na Riabhaí

3.3.   Tugtar Laethanta na Riabhaí ar an dá lá deiridh de Mhárta agus an chéad lá d'Aibreán.   Bíonn na laethanta sin an-gharbh agus doineanta.   Ba é an fáth a tugadh Laethanta na Riabhaí orthu ná go raibh bó riabhach ann fadó agus nach raibh aon bhia aici ón bhfiche naoú lá de Mhárta agus go bhfuair sí bás ar an chéad lá d'Aibreán.

Lá na n-Amadán

3.4.   Tugtar Lá na n-Amadán ar an chéad lá d'Aibreán agus bíonn gach duine ag iarraidh amadán a dhéanamh den duine eile an lá sin.

Domhnach Cincíse

3.5.1.   Deir na seandaoine go dtugtar Lá Crosta na Bliana ar Domhnach Cincíse.   Deirtear nár chóir do dhuine ar bith bonn a chosa a fhágáil ar an talamh an lá sin.   Deirtear go mbeadh an duine a bhéarfar an lá sin an-doshásta ar feadh a shaoil.

3.5.2. Deirtear nár cheart do dhaoine bonn a gcosa a fhliuchadh ar Lá Crosta na Bliana.

3.5.3. Domhnach Cincíse – Lá Crosta na Bliana – ní ceart dul ag snámh an lá sin. Páistí a bhíonns beirthe an lá sin, bíonn siad an-chrosta.

3.5.4. Ní ceart dul ag snámh an lá sin agus ní ceart dul sa leaba in do chodladh an lá sin mar má tharlaíonn tada duit agus tú in do chodladh is mar sin a bheas tú i rith na bliana.

Lá Bealtaine
3.6. Ní ceart uisce a ól go moch maidin Bealtaine.

Lá Fhéile Eoin
3.7.1. An treas lá a thugtar mar ainm ar Lá Fhéile Eoin. Ciallaíonn sé Naomh Eoin Baiste mar is é a bhaist Ár Slánaitheoir an lá sin.

3.7.2. Titeann an fhéile seo ar an 24ú Meitheamh agus an oíche roimhe sin, sin é Oíche Fhéile Eoin. Ar fud na tíre an oíche sin, bíonn tinte móra cnámha lasta agus bíonn daoine cruinnithe thart orthu go dtí uair a 12 nó níos deireanaí go minic. I dtoiseach, cruinníonn muintir an bhaile cruach bheag mónadh ar thaobh an bhóthair nó sa mbogach agus soláthraíonn duine cnámh. Roimh dhul faoi na gréine, tugtar tine don mhóin agus na crompáin agus bíonn gach taobh ag iomaíocht féachaint cé acu ab fhearr a bheas tine acu. Bíonn breacsholas go fóill ann nuair a chruinníonn na buachaillí agus na cailíní óga agus corr-sheanduine ar an tine chnámh. Suíonn siad thart agus déanann a gcomhrá agus nuair a bhíonn an tine faoi lán tseoil, téann siad ar a nglúna agus deireann siad paidreacha do Naomh Eoin iad a chosaint agus guí orthu agus go mórmhór barr maith a thabhairt dóibh sa bhfómhar. Fhad agus bhíonn siad ag paidreoireacht bíonn siad ag gluaiseacht ar a nglúna thart timpeall na tine go mbíonn timpeall amháin tugtha acu.
     Ansin toisíonn an chleasaíocht agus cleasa lúth – léimeadh thart ar an tine, caitheamh meáchain, caitheamh léim agus chuile shórt mar sin. Nuair a bhíonn siad ag dul abhaile tógann gach fear fód dearg lasta as an tine agus ar a bhealach abhaile, caitheann sé isteach i lár an phíosa fataí nó coirce é ionas go gcabhródh Naomh Eoin leis na bairr. Ní chleachtaítear na nósa seo chomh hiomlán anois ach tá siad ann go fóill.

3.7.3. Nuair a bhíonn tine chnámh agat, ba cheart duit aithneacha a chaitheamh i bpíosa fataí.

Domhnach Chrom Dubh

3.8. Seo an Domhnach deiridh de mhí Iúil. Bhí Crom Dubh ina chónaí i mBaile an Chaisil in aimsir Phádraig Naofa agus tá an domhnach seo mar chuimhneamh air. An lá seo téann an taos óg amach go dtí na gleannta sléibhe agus na haltracha ag piocadh fraochóg. Ba mhór an lá é fadó san áit mar bhíodh daoine ó gach áit bailithe le chéile agus bhíodh fleá agus féasta, ceol agus spórt acu chomh maith leis na fraochóga.

Lá an Logha

3.9. Seo an 15ú lá de Lúnasa. Bíonn aonach an lá sin i mBéal an Mhuirthead agus cruinníonn an taos óg ar fad air. Bíonn na fir óga an lá sin ag féachaint amach le haghaidh céile mná agus is iomaí cleamhnas a socraíodh an lá sin mar sin tugadh Lá an Logha .i. Lá 'an labhartha' air. Níl an nós sin ann anois, ach seasann an t-ainm.

Lá Fhéile Muire Mór agus Lá Fhéile Míchíl

3.10 Bíonn aonach i mBaingear ar an dá lá seo agus téann go leor de na daoine óga ar an aonach le cleamhnais a shocrú mar a dhéanann siad i mBéal an Mhuirthead Lá an Logha. Níl aon cháil eile ar na laethe seo thart anseo.

An tSamhain

3.11. Tigeann Oíche Shamhna roimh an lá agus bailíonn na buachaillí óga le chéile le dul isteach i ngarraí éicínt agus gabáiste agus turnaipí a thabhairt leo agus a bheith dá mbriseadh ar an mbóthar agus uaireanta dá gcaitheamh le doirse. Is iomaí troid agus clampar a tharraing an nós seo idir chomharsana ach tá an nós féin ag fáil bháis – nílthear chomh drochmhúinte agus a bhí.

Istigh sa teach is iomaí nós a bhíonns dá chleachtadh agus is iomaí cleas dá fhéachaint. Más daoine iad go bhfuil a sáith den tsaol acu, bíonn úlla agus cnóite acu agus bíonn siad ag tomadh i ndiaidh an úill agus ag cur na gcnó ar an mbac te, ainm faoi leith ar gach cnó acu, féachaint cé acu a scoiltfeas i dtoiseach – sin é an fear a bheas tú pósta leis. Ach ní bhíonn na daoine bochta féin thiar sna cleasanna. Tugann an bhean isteach crann gabáiste agus crochann os comhair an dorais é agus an chéad fhear a thiocfas isteach ar maidin sin é an fear a bheas mar fhear chéile aici. Tamall de bhlianta ó shin bhí nós eile acu: bean a dhul amach le ceirtlín snátha, greim a choinneáil ar dheireadh na snáithe agus an ceirtlín a chur isteach in áithe; labhairt ansin agus fiafraí cén fear céile a bheas aici; labhródh an guth as an áithe léi agus inseoidh sé di.

Deirtear go mbíonn na sióga amuigh an oíche seo agus go salaíonn siad na sméara dubha ionas nach bhfuil sé ceart ag aon duine saolta baint leo ó shin amach i rith na bliana sin.

Lá Fhéile Mártain

3.12.1.   Ní ceart gan fuil a tharraingt Lá Fhéile Mártain.

3.12.2.   Nuair a thagann Oíche Fhéile Mártain is maith le gach duine fuil a tharraingt. Mar sin, maraíonn bean an tí coileach agus bíonn féasta beag acu ar an lá ina dhiaidh – Lá Fhéile Mártain.

Oíche Nollag

3. 13.1.   Ní ceart an doras a dhúnadh Oíche Nollag.

3.13.2   . . . Oíche Nollag bíonn coinneal lasta in gach fuinneog sa teach agus bíonn na doirse foscailte ionas go ligfí faoi dhídean an tí aon fhánaí bocht a bheadh amuigh an oíche sin.

Lá Fhéile Stiofáin

3.14.1.   Is é sin an lá tar éis Lá Nollag. Téann na daoine óga amach leis an dreoilín agus bíonn fear ceoil leo le haghaidh seinm in 'ach aon teach a rachaidh siad agus nuair a bheas siad ag fágáil an tí, déarfaidh siad an rann:

> Dreoilín, dreoilín, Rí na nÉan,
> Is mór a mhuirín, is beag é féin,
> Éirigh suas a bhean an tí, agus beir ar láimh na scine buí,
> Is gearr an builín trína chroí, is tabhair a chuid féin don dreoilín.

3.14.2.   . . .Tugann bean an tí arán nó píosaí airgid do na gasúir ansin. Bíonn pota gloine leis na buachaillí agus nead ann agus istigh sa nead, deir siad, atá an dreoilín. . .

Máire Ní Éalaí, Sraith na Pláighe *Caoimhín Ó Beoláin, Bun Abhna*

Séan Ó Moráin, Barr Alltaí

An Nollaig Bheag

3.15.1.	Sin an lá a baisteadh É agus déantar féastaí mar a gcéanna mar chomóradh an lá sin.

3.15.2.	Ní ceart d'aon pháiste a dhul ar a chuairt Oíche Nollag Beag.

3.15.3.	Ní ceart duit canna uisce a thabhairt isteach Oíche Nollag Beag.

Domhnach Aindí

3.16.1.	Seanfhear a bhí in Aindí. Fuair sé bás agus ar an Domhnach a bhí an tsochraid. D'éirigh stoirm mhór, chomh mór sin nár fágadh stuca sna páirceanna nár séideadh i bhfad ó bhaile agus ní raibh teach sa gceantar nár feannadh an tuí de. Deireann na seandaoine nach raibh stoirm lena gcuimhne chomh mór léi. Tá sé trí scór bliain anois ó tharla sé sin.

3.16.2.	In 1888, bhí mo theach féin scuabaithe leis an ngaoith mhór. Bhí m'athair ina ghasúr bheag an uair sin nuair a thit an oíche. Bhí na daoine bochta fliuch báite an oíche sin. Ní raibh teach nó stábla nach raibh briste leis an ngaoith mhór. Bhí mo sheanathair agus mo sheanmháthair ann an uair sin. Ní raibh tada nach raibh scuabaithe an oíche sin leis an ngaoith mhór.

CREIDIÚINTÍ AGUS NÓSANNA

Ádh

3.17.1.	Dá mbeadh na daoine fadó ag dul in áit ar bith agus bean le sciorta dearg a chasadh leo, phillfeadh siad abhaile arís.

3.17.2.	Nuair a bhíonn na daoine ag dul ag iascaireacht, caitheann muintir an tí an tlú ina ndiaidh. Ní maith leis na daoine bean a chasadh orthu nuair a bhíonn siad ag dul ag iascaireacht . . . Is ceart duit 'Bail ó Dhia' a chur ar bheithígh.

3.17.3.	Ní maith le fear casadh ar bhean nuair a bhíonn sé ag dul go dtí an t-aonach le bó mar ní bheidh an t-ádh air an lá sin.

3.17.4.	Cuireann siad na pisleoga (smugairlí) ar airgead le haghaidh ádha agus ar rud nuabheirthe ionas nach mbeadh cumhacht a bhreith leo ag na sióga.

An Drochamharc
3.18.1.   Cuireann na daoine giota de shnáth dhearg ar ruball na bó a mbíonn gamhain aici ionas nach bhfeicfeadh drochshúil í.

3.18.2.   Nuair a bhíonn siad ag féachaint ar bheithígh nó ar dhaoine agus dá moladh nó ag caint futhu, cuireann siad i gcónaí 'Bail ó Dhia' orthu agus is iomaí uair a chaitear trí smugairle orthu ar fhaitíos go gcuirfí drochamharc orthu nó go dtabharfaí leis na sióga iad. Deireann siad go bhfuil daoine ann go bhfuil an drochshúil nó an drochamharc acu agus má fhéachann siad ar bheithígh nó ar dhaoine le drochmhian ina gcroí go n-éireoidh an beithíoch nó duine tinn agus go bhfaighidh sé bás muna gcuireann an té a chuir an drochamharc orthu 'Bail ó Dhia' orthu arís.

Seo scéal faoi rud a tharla in Iorras tuairim 50 bliain ó shin. Bhí fear ar an Doirín in aice le Loch na Ceathrúna Móire ag tabhairt aire do chapall breá lá amháin. Ní raibh sé ceannaithe aige ach cúpla lá agus bhí sé ar féarach aige ar an gcaolóid. Bhí fear eile ag dul an bóthar agus bheannaigh siad dá chéile. Thoisigh siad ag caint ar an gcapall agus mhol an fear eile é go mór ach níor chuir sé 'Bail ó Dhia' air. Ní raibh sé ach imithe siar an bóthar nuair a luigh an capall agus shín amach agus d'at go raibh sé i riocht báis.

Bhí an fear bocht ina bhaileabhair gan a fhios aige céard a dhéanfadh sé ar chor ar bith. Ní bhlaisfeadh sé a dhath dó agus níorbh fhéidir leis a dhath a dhéanamh dó mar na laethanta úd, ní raibh caint ar *vet* nó rud ar bith mar sin. Ar deireadh, chuimhnigh sé ar an bhfear a bhí dá mholadh agus b'fhéidir nár chuir sé 'Bail ó Dhia' air agus d'imigh se leis ina sheanrith go bhfuair sé é agus thug sé ar ais é agus gur chuir seisean 'Bail ó Dhia' air. Ansin d'imigh an t-at, d'éirigh an capall agus bhí sé chomh slán agus bhí sé riamh.

Maistreadh
3.19.1.   Nuair a thoiseos duine ag déanamh maistridh is ceart gráinnín beag salann a chur ar an gcuinneoig i dtoiseach sula dtoiseoidh siad ar an maistreadh agus is ceart aithinne a chur siar faoin gcuinneoig mar deireann na daoine nach mbeidh go leor ime ar an maistreadh nuair a bheas sé déanta mura ndéana siad sin.

3.19.2.   Nuair a bhíonn do mháthair ag déanamh maistridh, ní ceart duit uisce a ól.

3.19.3.   Nuair a bhíonns duine ag déanamh maistridh, cuireann siad sméaróid faoin gcuinneoig.

3.20.8. . . . Nuair a bhíonn siad ag dul ag pósadh, téann fear go dtí teach na mná agus má bhíonn a hathair agus a máthair sásta le hí a thabhairt dó, fágann siad oíche amach leis an gcleamhnas a dhéanamh. Bíonn buidéal uisce beatha leis an té a iarrann an bhean agus ní hé an fear atá le hí a phósadh a iarrann í. An oíche sin, gheibheann an cailín an spré. Gheibheann sí airgead nó b'fhéidir beithígh. Ansin fágann siad lá amach lena bpósadh . . . Tá an nós seo (cleamairí) coitianta go maith sa cheantar seo go fóill . . . Buaileann siad (cleamairí) ar an doras. Téann an cailín amach agus ligeann sí isteach iad ina mbeirteanna. Is iad an chéad bheirt a dhamhsaíonn, an caiptín agus an *sergeant* agus beireann siad leo an cailín a phós agus an cailín a sheas léi. Ansin damhsaíonn chuile bheirt eile de na cleamairí cúpla *turn* leis na mná eile a bhíonn sa teach. Tairgíonn an fear a phós uisce beatha dóibh ansin ach is minic nach nglacann siad é. Nuair a bhíonn siad ag imeacht deireann an caiptín cúpla focal buíochais agus guíonn sé na beannachta ar an lánúin phósta. Uaireanta ardaíonn siad an fear agus an bhean a phós i gcathaoir agus déanann siad trí gháir molta dóibh. Fadó ba mhinic a tháinig dhá dhream de chleamairí go dtí bainis agus is ansin a bhíodh an cleathadh taobh amuigh ag féachaint cé acu dream a ghabhfadh isteach i dtoiseach. Ba mhinic a chuirtí na maidí cromóige ag obair.

Ní théann an bhean ar aifreann an chéad Domhnach i ndiaidh a pósta ar chor ar bith mar ceapann na daoine nach ádhúil an rud é.

3.20.9. Ní raibh aon sagart paróiste taobh istigh de Bhaingear timpeall caoga bliain ó shin agus b'éigean do gach duine a bhí ag pósadh imeacht go Baingear. Ach lá amháin, bhí daoine ó Bhéal an Átha Buí ag pósadh agus ar theacht abhaile dófa, b'éigean dófa teacht trasna na haibhne ag Béal an Átha Buí agus bhí tuile ann. Bhí an bheirt a bhí ag pósadh ar aon chapall amháin agus ag teacht trasna dófa, leagadh an céile agus báitheadh é, agus tá sé ráite go raibh an bhean ina baintrigh agus ina maighdean agus ina bean nuaphósta in aon lá amháin.

3.20.10. Ins an tseanaimsir, bhí na daoine líonta le pisreoga. Ní sheasfadh éinne leis an lánúin ach na daoine a bheadh muinteartha dófa i dtaobh a n-athar mar nach mbeadh an t-ádh orthu dá mbeadh siad muinteartha dófa i dtaobh a máthar. Chaithfeadh an cailín a bheadh ag pósadh culaith iasachta a fháil ar fhaitíos go ndéanfaí drochamharc uirthi. Tar éis an phósadh, chaithfeadh an lánúin a shiúl amach an doras le chéile. Dá siúlfadh duine amach roimh an duine eile, déarfadh na daoine gurab é an chéad duine a gheobhadh bás. Níl na piseoga sin ann anois, buíochas le Dia.

Bualadh Saighead

3.21.   Bíonn aicíd eile ar bhó ar a dtugtar bualadh saighead. Deirtear go mbuaileann na daoine maithe iad. Is é an leigheas atá air sin píosa dhá scilling agus trí pínneacha rua a chur i gcanna uisce agus an t-uisce a thabhairt don bhó trí huaire i ndiaidh a chéile le n-ól.

Uisce na gCos

3.22.1.   Ní ceart uisce salach a chaitheamh amach san oíche ar fhaitíos go mbeadh sióga ar an mbealach.

3.22.2.   Ní ceart uisce salach a chaitheamh amach san oíche agus más gá an rud sin a dhéanamh is ceart a rá mar fuagradh do na daoine maithe a bhíonn ag dul thart – 'Chugaibh, chugaibh, uisce salach!'

3.22.3.   Ní bhíodh na daoine ag caitheamh aon bhróg fadó shin ach ag imeacht cosnochta mura gcaitheadh siad troithíní. Séard a bhí ins na rudaí seo ná stocaí gan aon bhonn fúthu agus ceangal do na méir iontu. Bhíodh a gcuid cosa ataithe le oighreach agus gaga agus bonnbhualacha.

Nuair a stopadh siad óna gcuid oibre tráthnóna, chuireadh siad síos pota uisce ar an tine agus nuair a bhíodh sé te, thóigeadh siad é agus *bath*eáilfeadh siad a gcuid cos. D'fhágadh siad an t-uisce istigh go maidin. Ní chaitheadh siad amach é ar fhaitíos go mbuailfeadh siad na daoine maithe leis.

Bhí gréasaí thart anseo fadó darbh ainm dó Séamas de Bhanaí. Bhíodh sé oíche in 'ach uile theach. Bhíodh sé ag déanamh bróga úra agus ag deisiú seanbhróga.

Anois má tá páiste nach bhfuil a muintir go sócúil b'fhéidir go mbíonn sé in aois a sé nó seacht de bhlianta sula dtéann bróg ar a chois ach is fánach an páiste é mar muna mbíonn bróga troma acu, bíonn na *sandals* acu agus is iad is deise. I rith an tsamhraidh agus an fhómhair, ní bhíonn bróga dá gcaitheamh ag na páistí ag tíocht go dtí an scoil seo ach ag na cailíní móra agus go minic ní bhíonn acu sin ach chomh beag.

Féar Gortach

3.23.   Is ceart do dhuine nuair a bheas sé ag ithe aráin amuigh cuid de a chaitheamh uaidhe, mar deireann siad go mbeidh féar gortach ins an áit sin arís a choíche.

An Teach

3.24.1.   Nuair a bhíonn duine ag déanamh teach úr, deirtear go mbíonn na sióga ann.   Seo é an fáth nach maith leis na daoine na huirlisí a fhágáil amach san oíche – na casúir agus rl.   Nuair a fágadh amach iad ag an teach a bhí dá dhéanamh cluineadh an obair ar siúl san oíche ach nuair a d'éirigh siad ar maidin, ní raibh tada déanta nó na huirlisí corraithe.

3.24.2.   Ní ceart fad siar a chur sa teach.   Beidh tú ag dul níos láidre ná Dia.

LAETHE NA SEACHTAINE

Dé Luain

3.25.1.   Níor mhaith leis na seandaoine tada a thoisiú Dé Luain mar deirtear go mbíonn mí-ádh ar an lá sin.

3.25.2.   Ní ceart gruaig a bhearradh nó fuil a tharraingt Dé Luain.

3.25.3.   Ní phósann siad Dé Luain.

Dé Máirt

3.26.   Ní ceart toisiú ar obair úr Dé Máirt mar tá Máirt amháin sa mbliain nach bhfuil aon ádh ag baint léi.

Dé Céadaoin

3.27.   Ní ceart flainín a dheilbh Dé Céadaoin.

Dé hAoine

3.28.   Dé hAoine a thoisíonn na daoine ag déanamh teach úr.   Dé hAoine lá an ádha.   Dé hAoine a théann siad ina gcónaí i dteach úr.

Na Siáin

3.29.1.   Ní ceart sián a bhaint.

3.29.2.   Is iomaí scéal a instear in Iorras faoi na siáin.   Seo scéal faoi rud a tharla tuairim 15 bliana ó shin.

Bhí fear i mBaingear – Denny Murphy – agus bhí sé de nós aige capall a chur ar féarach ar cheann d'oileáin Loch na Ceathrúna Móire.   Bhí sceachanna ar an oileán agus bhí sé ráite nach raibh aon cheart baint leo mar go raibh siad faoi dhraíocht.

Bhí bóthar faoi uisce ag dul go dtí an t-oileán agus bhí eolas maith ag an bhfear seo ar an mbóthar. Ní raibh sé domhain mar sin shiúil sé an capall isteach mar a rinne sé go minic cheana agus bhí sé féin lena shiúl amach arís.

Bhain sé cuid de na sceacha fhad is bhí sé ar an oileán agus ag tíocht amach dó cuireadh amú ar an mbealach é agus báitheadh é. Tá amhrán déanta faoin mbáthadh céanna.

3.29.3.   Seo scéal eile a tharla do dheartháir fir a fuair bás anuraidh. Chuaigh fir as an Doirín go dtí an cnoc ag baint fraoigh agus bhí gasúr beag in aois a 6 bliana leo. Bhí sián in aice leis an áit a raibh siad ag baint agus bhí faidhf Fhéile Eoin ag fás air. Chuaigh an gasúr go dtí an sián agus bhain sé faidhf Fhéile Eoin go ndéanfadh sé faidhf as nó fideog. Bhí go maith nó go raibh siad ar a mbealach abhaile. Thosaigh an gasúr ag rith i measc na bhfear agus ag screadaíl go raibh fear ina dhiaidh ag iarraidh é a cheapadh. Níorbh fhéidir leis na fir é a fheiceáil ach bhí a fhios acu nach bréag a bhí ar siúl ag an ngasúr ón chuma a bhí air.

Fear acu a bhí níos tuisceanaí ná an chuid eile, ghearr sé comhartha na croise idir an áit a bhí an spioraid agus an gasúr agus sheas an spioraid ansin agus níorbh fhéidir leis teacht níb fhaide.

Nuair a chuaigh siad abhaile, d'inis siad gach a tharla d'athair an ghasúir agus bhí 'An Cheist' aigesean agus tar éis mórán bladair, d'éirigh leis an gasúr a thabhairt leis go dtí an áit.

Nuair a shroich siad an áit bhí an spioraid ansin go fóill agus chonaic an gasúr é ach níorbh fhéidir leis an athair é a fheiceáil. Ansin d'ordaigh sé don ghásúr a lámh dheas a chur ar a ghualainn dheis. Thóg an gasúr lámh a athar agus chuir sé ar a ghualainn féin é agus chonaic sé an spioraid.

Ansin chuir sé 'An Cheist' air agus ruaig sé é ach nuair a bhí sé ag imeacht dúirt an spioraid go bhfaigheadh sé seans go fóill ar an ngasúr. Chuaigh an bheirt abhaile agus thug an t-athair éideadh don ghasúr agus dúirt leis í a chaitheamh i gcónaí go bhfaigheadh sé bás.

D'fhás an gasúr suas ina fhear bhreá dhóighiúil agus chuaigh sé anonn go Meiriceá agus rinneadh dearmad ar eachtraí an spioraid. Oíche amháin, tháinig sé isteach óna chuid oibre i Nua Eabhrac agus bhain sé de go dtabharfadh sé folcadh maith dó féin. Rinne sé dearmad an t-éideadh a chur air agus chuaigh sé amach ar fud an bhaile mhóir ach má chuaigh, tugadh isteach é marbh – díoltas an spioraid as an faidhf Fhéile Eoin a baineadh ar an tsián!

Pisreoga Ilchineálacha

3.30. Ní ceart duit caora dhubh a dhíol nó a cheannacht.

Ba cheart duit an dá dhoras a fhoscailt nuair a bhíonn tú ag tógáil amach corp.

Deireann siad go mbíonn mallacht Cholm Cille ort má chuireann tú ort bróg agus stoca le chéile .i. gan bróg ná stoca a bheith ar an gcois eile.

Ní ceart aithinne a thabhairt as an teach nuair a bhíonns duine tinn.

Má bhíonn arán leat amach san oíche is ceart duit giota de a chaitheamh do na daoine maithe.

Má bhíonn sméaróid leat sa teach, nuair a théann tú go teach eile is ceart duit é a chaitheamh amach ag an doras.

Má bhíonn píosa tuí ag sileadh ó thóin circe sin comhartha báis do dhuine éicint ar aithne agat.

Ní ceart duit an doras a dhruid go mbeidh tú ag dul a chodladh.

Ní cóir an t-urlár a scuabadh síos san oíche.

Má bhíonn éisc gan salann cuireann tú gráinne orthu sula dtugann tú d'éinne iad.

Ní ceart scuabadh thart ar an tine san oíche.

Bhíodh na seanchailleacha ag cur sméaróid i lámha na bpáistí nuair a bhíodh siad ag dul amach san oíche.

Ní ceart cártaí a bheith leat amach san oíche.

Níl sé ceart luaith a chaitheamh amach san oíche nó ar maidin.

Seán Ó Móráin, Baile an Mhuilinn

Scoláirí óga de chuid Ghleann na Muaidhe

Tórramh

3.31.   Fuair fear bás ar an mbaile seachtain ó shin. Bhí sé tinn ar feadh míosa ach ní raibh súil ag na daoine go bhfaigheadh sé bás. Nuair a tháinig an dochtúir, dúirt sé nach dtiocfadh sé as an tinneas sin go deo. Bhí muid uilig ag an tórramh. Bhí daoine as gach ceard ann. Bhí a ghaolta féin uilig ann; bhí cuid acu ina suí in aice na leapa a raibh an corp inti agus iad ag caoineadh an duine a bhí marbh.

Timpeall a 12 a chlog, nuair a bhí na seandaoine imithe, thosaigh na daoine óga ag imirt cleasanna. Bhí duine amháin ag dul thart agus dallóg air.

LEIGHEASANNA

Borrphéist

3.32.1.   Tigeann borrphéist ar dhaoine. Meacan an dá the an leigheas atá air. Bristear idir dhá chloich é agus cuirtear ar an mborrphéist é.

3.32.2.   Níl dochtúir ar bith in ann a leigheas ach an seachtú mac. Caithfidh sé a lámh a chuimilt air trí huaire Dé Luain nó Déardaoin. Is é an leigheas eile atá air, seanchorrán a fháil agus an bhorrphéist a scríobadh leis agus ansin uisce goirt a chur air.

3.32.3.   Má thigeann borrphéist ar dhuine nó beithíoch is é an seachtú mac nó an seachtú hiníon a leigheasódh é agus má fhágann sé a lámh ar an áit a mbíonn an bhorrphéist beidh an duine leigheasta.

An Bhruitíneach

3.33.1.   Is é an leigheas atá ar an bhruitíneach an té a bhfuil an bhruitíneach air a dhul trí huaire faoi bholg asail. Deirtear gur leigheas eile ar an bhruitíneach é bainne asail a ól.

3.33.2.   Is é an leigheas atá air píosa súiche a chur isteach i mála agus é a chrochadh ar do chluais.

3.33.3.   Bruitheann siad na neantóga ar fhíoruisce agus bruitheann siad arís iad ar leamhnacht agus ólann siad é le haghaidh na bruitíní.

3.33.4.   Tugann siad an chuid is fearr d'fhíoruisce mar leigheas le haghaidh na bruitíní.

Bó i ndiaidh lao

3.34.   Má tá bó i ndiaidh lao gan glanadh, tugtar nóiníní di agus glanann sí.

Bonnbhualadh

3.35.   Má tá bonnbhualadh ar chois duine, cuirtear seilmide leis an lot.

Casachtach ar bhó

3.36.   Dá mbeadh casachtach ar bhó is é an leigheas atá air mianach. Faghtar é ar thaobh na haibhne, bristear é agus cuirtear isteach i bpota uisce é.   Cuirtear an pota ar an tine.   Nuair atá sé fiuchta, faghann an bhó an t-uisce le n-ól.

Cos/lámh ghortaithe

3.37.   Nuair a ghortaíonn éinne a chos nó a lámh, téann sé go dtí an fíodóir agus tugann seisean snáithe an leonta duit lena chur air.

Daitheacha fiacaile

3.38.1.   Is é an leigheas atá ar dhaitheacha fiacaile, frog a chuimilt taobh istigh ar an bhfiacail.

3.38.2.   Is é an leigheas a bhíodh ag daoine póg a thabhairt do shearrach óg sula ndiúlfadh sé ar an asal.

Dó

3.39.   Má dhónn duine áit ar bith de féin, cuirtear caileannógach leis an lot.

Dúradán

3.40.   Is é an leigheas a bhíodh ag na daoine don dúradán, Araid an Bhraoinín.

Easbhaí

3.41.1.   Deirtear gur leigheas ar easbhaí é sú bhláth ar a dtugtar bainne bó bleachtain a ól naoi maidne i ndiaidh a chéile.

3.41.2.   Tá neart daoine thart san áit atá in ann easbhaí a leigheas. Gheibheann siad ceiríní agus cuireann siad leis é.

3.41.3.   Má gheibheann tú nead dreoilín agus má bhíonn na lóipíní beaga amuigh agus má cheapann tú an seandreoilín agus má bhaineann tú trí bhraon fola as cos gach dreoilín acu agus má chuireann tú isteach an fhuil in éadach dearg agus ansin é a chur thart faoi do mhuinéal agus tá sé go maith le haghaidh easbhaí.

Eitinn

3.42.   Is é an leigheas a bhíodh ag na daoine don eitinn, seilmide a bhruith agus an sú a ól.

Faithne

3.43.   Is é an leigheas a bhíodh ag daoine don fhaithne uisce an chloch gan iarraidh.

An Galar Buí

3.44.1.   Deirtear gurab é an leigheas atá ar gharla buí dul thart ar chró cearc trí huaire i ndiaidh a chéile.

3.44.2.   Is é an leigheas a bhíodh ag daoine don ghalra buí luibh a bhíonns ag fás sa talamh agus é a bhruith agus an sú a ól.

3.44.3.   Is é an leigheas atá ar an ngalra buí a dhul thart ar scioból trí huaire in éis a chéile agus dallóg ort.

3.44.4.   Is é an leigheas atá air seanghiobal a chur thart ar do mhuinéal agus a cheangal le ribín dearg.

3.44.5.   Leigheas eile atá ar an ngalra buí píosa éadaigh a cheangal thart ar do cheann agus é a fhágáil ansin ar feadh seachtaine.

Gearradh

3.45.   Nuair a ghearrann éinne a mhéar cuireann siad slánlus leis agus muna stopann sin an fhuil, cuireann siad téadracha duán alla leis.

Neascóid

3.46.1.   Má tá neascóid ar dhuine, gearrtar píosa de bhuilín, cuirtear síos in uisce te é, tógtar amach as an uisce é agus cuirtear leis an neascóid é.

3.46.2.   Má tá neascóid ar dhuine, líontar buidéal le uisce te.   Tiontaítear an buidéal bun os cionn agus fágtar é ar an lot agus tarraingeann an teas an nimh amach.

3.46.3.   Fásann luibh eile agus an t-ainm atá air, an lus mór, agus tá sé go maith le haghaidh cneasú neascóid nuair a bhaintear é agus nuair a bhruitear é.

An Rua

3.47.   Dhéanadh Dúgáin araid do dhuine nuair a bhíodh an rua air.   Tá bean eile ar an gCorrán Buí atá in ann a dhéanamh.

Scoilteach

3.48.   Is é an leigheas a bhí ag na daoine don scoilteach ola róin.

Sine siain

3.49.   Tógann an bhean chéanna ('Bean Cheathrú Thaidhg') sine siain. Nuair a bhíonn sí dá thógáil, deireann sí cúpla focal.

Sleamhnán

3.50.   Má tá sleamhnáin ar do shúile, cuirtear tae dubh orthu.

Tine Dhia

3.51.   Is é an leigheas atá air, píosa óir a chuimilt air in ainm na Tríonóide ar uair an mheán oíche.

Tinneas cinn

3.52.1.   Is é an leigheas a bhíodh ag na daoine don tinneas cinn sop cocháin a chur thart ar do cheann Oíche Fhéile Bríde.

3.52.2.   Tá bean i gCeathrú Thaidhg atá in ann tinneas cinn a leigheas. Tomhasann sí do cheann agus ansin éiríonn tú níos fearr.

An Triuch

3.53.1.   Is é an leigheas atá air trí bhlogam de bhainne asail a ól.

3.53.2.   Is é an leigheas atá ar thriuch, trí ribe de ghruaig pháiste nach bhfaca a athair riamh a chur thart ar mhuinéal an té go bhfuil an triuch air.

3.54.   Tá go leor luibheanna ag fás ins an talamh agus déantar úsáid díobh in go leor caíonna. Féar an talaimh nuair a fhásann sé, baintear é sa bhfómhar le haghaidh úsáid bó agus capall.   Tá luibheanna eile chomh maith agus bruitear iad agus déanann go leor daoine úsáid díobh agus mar a gcéanna díoltar iad leis na dochtúirí le haghaidh drugaí a dhéanamh díobh.   An slánlus, tá cneasú ann le cur le gearraíocha.   Na capóga gaisearbháin, tá siad go maith le bruith le haghaidh tógáil bó agus muc. Tá luibh eile ann agus an t-ainm a thugann siad air an glasair léana agus cuireann sé na héanacha géabha chun báis.   Fásann ceann eile agus an t-ainm atá air an lus mór agus tá sé go maith le haghaidh cneasú neascóid nuair a bhaintear é agus nuair a bhruitear é.   Fásann an lofarnach ins na fataí agus tá sé go h-an-olc dóibh.   Lobhann sé na gais agus ní ligeann sé dóibh fás a dhéanamh.   Tá luibh eile sa bhfarraige chomh maith – tá dileasc ann agus itheann na daoine é uaireanta.   Tá bairnigh ann agus carraigín chomh maith.

3.55.   Deirtear go bhfuil leigheas ar gach rud i lámh an duine mhairbh. Deirtear go bhfuil leigheas ar gach rud i lámh an tseachtú mac clainne.

3.56.   Tá seanráiteacha thart anseo gur dhá aicíd déag a bhíonns ag dul don duine agus gurab í an fhalsacht an ceann is measa.   Ceann eile go bhfuil aicíd ann in aghaidh gach lá sa mbliain agus luibh a leighis in aghaidh gach aicíde.   Seanrá eile nach bhfuil luibh ná leigheas in aghaidh an bháis . . .

Nuair a airíonn an bhó tinn, deireann siad gurab iad na sióga a bhuail í le saighead – sin cloch bheag dhubh agus mianach crua inti.   Tá mála beag de na clocha seo acu agus cuireann siad in uisce iad chomh maith le airgead geal agus airgead rua agus tugann siad trí deochanna den uisce sin don bhó. Tugann siad purgóid do na ba le haghaidh an tart bruithleacháin.

Fadó shin, bhíodh araideacha ag na daoine do gach galar díobh sin ach ní chleachtaíonn siad anois iad ach go hannamh.   Tá cúpla duine nó triúr a dhéanann araideacha go fóill ach an fear a chleachtaigh iad níos mó ná éinne eile, tá sé san uaigh le bliain anuas – Micheál Ó Dúgáin.

Seo araid a dhéanadh siad don mún fola:

'Bó Int is ainm don bhfear,
A scoilt croí an choirp ghil;
Ní bhfuair sé ina thaobh dheas,
Ach fuil, fíon agus fíoruisce;
Domine patria ar a staid,

Thit *Filio* dá chabhair,
Sanctus spiritus, Áiméan,
Stop an fhuil atá ag tíocht go tréan.'

An té a déarfas an araid, cuirfidh sé snáth olna ina bhéal fhad is bhíonn sé dá rá. Ansin fíonn sé trí bhuarach í agus cuireann an buarach ar an mbó. Deireann sé gnáthphaidreacha leis, mar trí phaidreacha agus trí hAve Mháire.

COMHARTHAÍ AIMSIRE

3.57.1. Ceo ar an gcnoc, comhartha doininn, ceo ar an abhainn comhartha soininn. Nuair a fheiceann na daoine na sléibhte i ngar dóibh, deireann siad go mbíonn drochaimsir ann. Nuair a thigeann an Mháire Fhada ón bhfarraige, bíonn drochaimsir ann. Nuair a thigeann an ghaoth ón taobh thoir, bíonn comhartha go mbíonn ceo, sioc agus sneachta ann an bhliain sin. An ghaoth aduaidh, bíonn sí crua agus cuireann sí fuacht ar dhaoine. Nuair a fheiceann na daoine na lachain ag breathnú agus ag eitilt go dtí an taobh dheas, deireann siad go mbíonn drochaimsir ann agus go dtigeann gaoth ón áit sin.

3.57.2. An ghealach leathbháite, sin comhartha báistí. Ceo ar an abhainn comhartha soininn, ceo ar an gcnoc comhartha doininn. An ghaoth aduaidh sin comhartha sneachta. Nuair a bhíonns an cat in aice na tine, sin comhartha fearthainne. Nuair a bhíonns an fharraige ag déanamh torainn, sin comhartha fearthainne. Nuair a bhíonn an ghrian ró-the, sin comhartha fearthainne.

3.57.3. Má bhíonn fáinne thart ar an ngealach, sin comhartha fearthainne. Nuair a bhíonn ceo ar bharr na gcnoc, sin comhartha gaoth mhór. Má fhanann na duilleoga ar na crainnte ró-fhada sa mbliain, bíonn an geimhreadh fuar agus crua. Má thigeann na faoileáin ón bhfarraige go dtí an talamh, bíonn drochaimsir air. Má bhíonn Mí Lúnasa te agus tirim sin comhartha go mbeidh sneachta ann sa gheimhreadh.

3.57.4. Bíonn na néalta dubh nuair a bhíonn fliuchras ag teacht. An oíche nach mbíonn aon réalt sa spéir, bíonn aimsir mhaith ann. Nuair a bhíonn ceo ag teacht isteach ón bhfarraige, bíonn aimsir mhaith ann. Nuair a bhíonn gaoth mhór ag teacht isteach ón taobh thuaidh, bíonn aimsir chrua ann. An ghaoth anoir aneas, déarfadh na daoine go mbíonn fliuchras ag teacht. Nuair a bhíonn torann mór ag an abhainn bíonn aimsir mhaith ann. Nuair a bhíonn an cat ag scríobadh, bíonn stoirm ag teacht.

3.57.5.   Nuair a bhíonn na néalta dubha ins an spéir, deireann na daoine go mbíonn an bháisteach ag tíocht.   Nuair a bhíonn torann deas ag an abhainn, deireann na daoine go mbíonn aimsir mhaith ag tíocht.   Nuair a bhíonn torann mhór ag an bhfarraige, deireann siad go mbíonn stoirm mhór ag tíocht.   Nuair a bhíonn an cat ag scríobadh, deireann siad go mbíonn stoirm ag tíocht.

3.57.6.   Nuair a bhíonn súiche ag tuitim, deirtear gur fearthainn é.
Nuair a bhíonns bó dá croitheadh féin, deirtear gur fearthainn é.
Deirtear go mbíonn fearthainn air nuair a luíonns préachán ar an tsimléir.
Nuair a bhíonns fáinne in aice na gealaí, bíonn fearthainn air.
Nuair a bhíonns cúr ar an bhfarraige, bíonn fearthainn air.
Nuair a fheictear an cat ag ní a éadain deirtear go mbíonn fearthainn air.
Nuair a bhíonn ceo ag teacht anuas na cnoic bíonn fearthainn air.
Nuair a bhíonns éan ag scríobadh, bíonn stoirm air.
Nuair a bhíonns dath gorm ar an tine, deirtear gur comhartha stoirme é.
Nuair a fheictear madadh ag ithe féir, deirtear gur comhartha stoirme é.
Nuair a níonns an lacha í féin faoin uisce bíonn stoirm air.
Nuair a shíneann an madadh é féin os comhair na tine, bíonn stoirm air.
Nuair a shíleann muid go bhfuil na cnoic i ngar dúinn deirtear gur comhartha stoirme é.
Nuair a bhíonns stoirm mhór le teacht bíonn na tonntracha ag dul in airde ar an bhfarraige.
Nuair a bhíonns na ba ag géimnigh deirtear go mbíonn stoirm air.
Nuair a fheictear na géabha fiáine ag dul thart ar an talamh, bíonn stoirm air.
Nuair a bhíonns go leor néalta gorma sa spéir, bíonn sneachta air.
Nuair a bhíonns Bealach na Bó Finne ag gluaiseacht go mear tríd an spéir, bíonn sneachta air.
Nuair a bhíonns an spéir dearg san áit a dtéann an ghrian faoi, deirtear go mbíonn sneachta air.
Nuair a bhíonns na réalta ag caitheamh solais uathu, bíonn sneachta air.
Nuair a thigeanns na smugairlí róin isteach leis an lán mára, bíonn sneachta air.
Tigeann na rónta isteach an-ghar don gcladach, nuair a bhíonns sneachta air.

CAITHEAMH AIMSIRE

3.58.1.   Fadó shin, ní raibh aon bhábóg dá ndíol ins na siopaí ach bhíodh siad dá ndéanamh ag na páistí féin sa mbaile.   Dhéanadh siad iad as páipéar agus olann.   Dhéanadh siad gunna as an gcnámh a bhíonns i sciathán an ghé. Chuirfeadh siad dhá phíosa d'fhata isteach ann ansin agus moll adhmaid agus scaoilfí an t-urchar. Bhíodh suairseáin dá ndéanamh acu as giota leathair agus stáin. Dhéanadh siad an leabhar timpeallach agus chuirfeadh siad dhá pholl ann agus giota sreangáin nó snáithe olna. Chasfadh siad thart é agus tharraingeodh siad óna chéile é agus dhéanfadh sé 'suairseán'.

3.58.2.   Seo iad na cluichí a bhíonn na daoine ag imirt: bíonn siad ag imirt dallóg agus ag dul i bhfolach agus lúrpóg.

An chaoi a dhéanann siad dul i bhfolach: cuireann duine amháin éadach ar a cheann agus bíonn na daoine eile ag dul i bhfolach. Téann sé dá gcuartú agus an chéad duine a gheibheann sé caithfidh sé an t-éadach a chur air féin.

An chaoi a dhéanann siad dallóg: cuireann duine amháin éadach ar a cheann ionas nach féidir leis na daoine eile a fheiceáil. Ansin téann sé ag ceapadh na ndaoine eile agus an chéad duine a cheapann sé cuireann sé an t-éadach air féin.

An chaoi a dhéanann siad lúrpóg: deireann duine amháin 'Lúrpóg, larpóg, Cois i buí, Buián suí, Na seinche seince, Na míle sclaim, Lachaige briste flachaige.'; Bíonn sé ag rá sin go mbíonn gach cos curtha isteach ach cos amháin; ansin cuireann sé a cheann síos ar a ghlúna agus deireann sé 'Cé mhéid adhairc ina seasamh suas?' agus má bhíonn a fhios aige, ligfidh siad amach é.

3.58.3.   Bailíonn na páistí uilig thart ar an tine le Lúrpóg Larpóg. Síneann siad uilig a gcuid cosa amach agus deireann duine an rann seo: 'Lúrpóg, larpóg, Cosa buí buián, suigna sicne, Seicne mille, Slaomán la laice, Briste flaice.' Bíonn slat ag an duine a deireanns an rann agus bíonn sé ag bualadh buille ar gach cois le gach focal. An chos go dtiteann an focal deiridh den rann uirthi is í a bheas 'istigh'. Agus leanann siad de mar sin go mbíonn gach cos istigh ach ceann. Caithfidh fear na coise sin a cheann a fhágáil béal faoi ar ghlúna an duine a deireanns an rann agus buaileann seisean gach re buille dá uillinn agus dá dhorn ar dhroim an fhir a bhíonns sínte agus deireann sé an rann seo.

DÍOL AGUS CEANNACHT

3.59.   Níl aon bhaile mór níos giorra dúinn ná Beannchor agus Béal an Mhuirthead atá fiche míle uainn ach fadó ní raibh Béal an Mhuirthead féin ann. An uair sin, bhíodh aonach ar an nGeata Mór, baile beag atá tuairim trí mhíle ó Bhéal an Mhuirthead. Bhíodh aonach i mBeannchar i gcónaí agus tá go fóill gach mí, cé nach raibh aon bhaile mór ann ach beagán teach. Aonach Bhaile Chathail a bhíodh mar ainm air agus tugtar sin go fóill air ag cuid de na seandaoine mar ba é Baile Chathail ainm an bhaile san am sin. Bhíodh na daoine ón cheantar seo ag fáil bídh as agus go leor daoine eile chomh maith agus d'fhás baile mór ann.

Ní raibh aonach riamh níos giorra dúinn ach bhíodh na ceannaitheoirí ag dul thart ar fud na háite ag ceannacht beithíoch agus déanann siad sin go fóill roimh aonach. Anois chomh maith, cuirtear ar ghluaisteán mór iad go dtí an baile mór nó fágann siad an teach an tráthnóna roimh lá an aonaigh agus siúlann leis na beithígh go baile eile atá gar don aonach agus fanann ansin go dtigeann maidin lá an aonaigh.

I gcónaí nuair a dhíoltar beithíoch tugtar airgead an ádha leis. Tugtar 'pínn an ádha' air agus an méid ó 6d go 5/ - de réir luach an bheithígh. Tugtar é seo ionas go mbeadh an t-ádh ar an mbeithíoch . . . Nuair a bhíonn an bhó ceannaithe, más gnáthdhuine ón áit a cheannaíonn í, tógann sé giota lathaigh ón tsráid ar bharr a mhaide agus cuireann sé marc uirthi leis sin. Tá sí aige de réir dlí ansin. Ach más duine iasachta a cheannaíonn í nó ceannaitheoir mór, bíonn a mharc féin le siosúr nó ábhar éicínt a bheas sofheicthe aige.

Ní thugtar riamh an cheanrach le capall don cheannaitheoir. Má bhíonn sé ag iarraidh é a fháil, deireann siad – 'Níor cheannaigh tú é, níor cheannaigh tú ach an capall!' Go minic ní thugann siad an bhuarach a bhíonns ar an mbó nó ar an muic ach oiread. Feicfidh tú fear ag tíocht abhaile tráthnóna agus an bhuarach trasna a ghualainne aige – sin comhartha gur dhíol sé. Is é an fáth nach dtugtar an bhuarach nó an ceangal leis an mbeithíoch ar fhaitíos go n-imeodh an t-ádh leis.

Bíonn aonach i mBéal an Mhuirthead gach mí agus ar an mBeannchor mar a gcéanna. Is iad na haontaí is fearr le haghaidh spórt na n-ógánach aonach na Nollag agus Lá an Logha i mBéal an Mhuirthead agus Lá Fhéile Muire Móir i mBeannchor. Tá aonach na Nollag go maith do mhuca agus tá Lá Fhéile Muire Móir go maith le haghaidh caorach. Aonach an-mhaith i mBeannchor chomh maith is ea Lá na Féile Míchíl.

AINMHITHE FEIRME

3.60.1. Tá ba againn sa mbaile agus gamhna agus cearca. Is é an t-ainm atá ar cheann de na ba an bhó liath. Tugtar an t-ainm sin uirthi mar tá sí liath. Is é an t-ainm atá ar an dara ceann an bhó bheag. Tugtar an t-ainm sin uirthi mar tá sí beag.

Ceanglaíonn siad na ba le buarach. Tá an bhuarach déanta as cochán. Is é an t-ainm atá ar an rópa a bhíonns ag dul ón mbuarach go dtí stáca an igín. Is é an stáca a bhíonns curtha isteach sa mballa leis an igín a choinneáil.

Nuair a bheireann an bhó, caitheann siad trí shruth bainne ar an talamh nuair a théann siad dá bleán i dtoiseach. Ní chuireann na daoine thart anseo aon rud suas ar an mballa leis an ádh a chur ar na ba. Nuair a bhíonn an gamhain timpeall uair a chloig beirthe, ceanglaíonn siad é agus thart ar a chois a chuireann siad an ceangal. Timpeall seachtain ina dhiaidh sin, cuireann siad thart ar a mhuinéal é. Nuair a bhíonns gamhain beirthe agus nuair a thigeann duine isteach, cuireann sé 'Bail ó Dhia' air agus má thigeann duine eile isteach agus gan a rá agus ina dhiaidh sin má bhíonn an gamhain tinn, ní fhaghann sé biseach go n-abraíonn an duine sin 'Bail ó Dhia' air.

Seo é an chaoi a nglaonn na daoine ar na hainmhithe – *Na Cearca*: 'Tiuc, Tiuc', *Na Lachain*: 'Faoit, Faoit', *Na Géabha*: 'Beada, Beada', *Na Muca*: 'Hurrais, Hurrais', *Na Caiple*: 'Pre, Pre', *Na Gamhna*: 'Suc, Suc', *Na Caoirigh*: 'Seafain, Seafain', *Na Gabhair*: 'Meig, Meig'.

3.60.2.   Is iomaí sórt bó insan áit seo, agus glaoitear ainmneacha de gach cineál orthu.   Glaoitear bó ghlas, bó dhroimeann, sceadóg agus rubaillín glas orthu . . .

Nuair a bhíonn duine ag tiomáint na bó, deireann sé 'doirs' nó 'haigh'. Maidir le capall, ní thagann mórán tinnis air ach péiste. Bíonn sé ag titim síos ar an talamh agus ag rúscadh anonn agus anall. Chun an capall a dhéanamh níos fearr, téann fear ar dhroim an chapaill agus imíonn sé leis ag rith ar feadh míle.

Antaine Ó hIorbháin, Gort Liatuile

Scoláirí óga de chuid Ghleann na Muaidhe

CAIBIDEAL 4

Séard atá sa chaibideal seo cur síos ar ghnéithe éagsúla de shaol sóisialta agus cultúrtha an cheantair seo san am atá caite agus ar ghnéithe de stair eacnamaíochta an phobail, go háirid a gcuid scileanna lámhcheirde agus a ndúchas ceardaíochta agus tionsclaíochta, mar aon le luacháil na timpeallachta fisiciúla mar a chonaictheas do phobal óg na dúiche seo beagán beag os cionn leithchéad bliain ó shin.

Tá cothramaíocht ábhair ó na trí scoil atá i gceist anseo sa chaibideal seo; ó chóipleabhair na ndaltaí amháin thimpeall is a leath.

FILÍ

4.1.1.   Bhí fear ina chónaí ins an gCorrchloich taobh istigh de Bhéal an Mhuirthead darbh ainm dó Riocard Bairéad agus máistir scoile a bhí ann. Bhíodh sé ag déanamh amhráin agus mar sin rinne sé amhrán darbh ainm 'Cur abhaile na móna' agus seo é an fáth go ndearna sé é. Tháinig an samhradh an-fhliuch agus bhí sé lá ar an bportach ag gróigeadh na móna agus tháinig tiarna talún na háite an bóthar ag fágáil baile ag dul go Londain agus dúirt sé le Riocard nach gcuirfeadh ceol an mhóin abhaile i mbliana. 'A dhuine uasail,' ar seisean, 'is ceol a dhéanfas an obair má fhágann sí seo i mbliana.'

Le linn an ama nuair a bhí an tiarna talún le pilleadh ar ais, chuir Riocard scéala amach ar fud Iorrais an méid asal agus capall a bhí ann cruinniú air agus tháinig an oiread acu agus nach raibh an darna hualach féin ag cuid acu agus dúirt sé san amhrán go raibh tuilleadh agus dháréag ann ag réiteach agus ag cnapadh agus   go mbeadh cuimhne go deo ar Dhéardaoin na gcapall. Fuair an fear sin bás tuairim céad bliain ó shin agus cuireadh é ag teampall Tearmainn Caithreach.

4.1.2.   Bhí file ina chónaí ar an gCorrán Buí arbh ainm dó Seán Ó Diarmaid. Bhí teach agus talamh aige agus fear saibhir a bhí ann. Ní raibh sé riamh pósta. Siúinéir a bhí ann chomh maith agus bhí sé in ann teach a dhéanamh chomh maith. Rinne sé a lán amhráin fadó. Rinne sé amhrán faoin longbhriseadh a bhí i bPort Durlainne. Rinne sé a lán cinn eile. Fuair sé bás. Cuireadh i gCill Ghallagáin.

Bhí file eile i mBarrthrá darbh ainm dó Tomás Ó Ruanaí. Rinne sé cúpla amhrán. Tá sé níos mó ná fiche bliain ó fuair sé bás. Cuireadh é i gCill Chomáin.

Bhí file eile i mBéal an Mhuirthead. Bhí sé in ann amhráin a dhéanamh. Rinne sé ceann faoi mhuintir an bhaile. Oíche amháin, bhí damhsa acu agus bhí siad ag troid ann agus bhris siad cúpla fuinneog agus mar sin rinne sé an t-amhrán fúthu.

LONGBHRISEADH

4.2.1.   Bhí fear ina chónaí i Léana Mhianaigh uair amháin agus Micheál Ó Cabhail dob ainm dó. Lá amháin chuaigh sé féin agus a bheirt mhac ag iascaireacht go dtí an taobh thiar den Bharra. Nuair a d'fhág siad an teach bhí an fharraige chomh ciúin le uisce bogaigh. Bhí lán an bháid d'iasc ceaptha nuair a bhí siad le theacht abhaile, ach nuair a bhí siad díreach ar tí theacht thar an Bharra, d'éirigh stoirm an-mhór agus tiompaíodh an bád agus báitheadh an triúr acu. Nuair a bhí an bád ag tiompó díreach bhí sagart ina sheasamh ar an gcladach agus chroch sé a dhá lámh agus thug sé maithiúnas a bpeacaí dóibh mar bhí a fhios aige go mbáithfí iad.

4.2.2. Bhí long ar a dtugtar *Maid of the Moy* ag teacht as Sligeach go Béal an Mhuirthead le ualach plúir agus soitheach. Tháinig stoirm mhór uirthi agus cuireadh isteach ag Port Durlainne í. Buaileadh ar na carraigeacha í agus cuireadh poll ar an tsoitheach. Bhí bád beag acu ins an long agus chuir an caiptín amach é agus tháinig an caiptín agus na mairnéalaigh isteach. Fuair siad curaigh le dul amach agus an plúr agus na soithigh a thabhairt isteach. Thug siad gach aon rud a bhí amuigh isteach. Chuir an caiptín fios ar na gardaí a theacht agus tháinig. D'fhág sé iad ag faire na loinge. Chuaigh an caiptín isteach go Béal an Mhuirthead agus na daoine a raibh an plúr ag dul dóibh, tháinig siad amach le cartacha agus thug siad an plúr leo. Tháinig fear as Sligeach go Port Durlainne agus síos sa bhfarraige a chuaigh sé agus scaoil sé an long as a chéile agus thug sé an t-adhmad ar ais go Sligeach.

4.2.3. D'fhág long Meiriceá uair amháin agus bhí sí lán de chruithneacht. Tháinig stoirm mhór agus cuireadh isteach i gCuan an Inbhir í agus cuireadh suas ar charraig í agus briseadh í. Is ag triall go Sligeach a bhí sí. Chruinnigh na daoine ar fad thart ar an gcuan agus bhí na daoine a bhí sa tsoitheach ag cur amach rópaí agus baraillí chuig na daoine a bhí ar an gcuan nó gur shábháil siad iad. Nuair a chuaigh an long síos, tháinig cuid den chruithneacht amach as agus bhíodh muintir na tíre á thógáil leo ina mhálaí nuair a thigeadh sí isteach ins na cladaigh agus bhíodh siad á triomú agus á mheilt le bróinte ansin.

4.2.4. Timpeall trí scór blianta ó shin, báitheadh long thiar ag Ceann Iorrais. Long Shasanach a bhí inti agus deirtear go raibh sí ag dul go Gaillimh. Bhí go leor daoine uirthi agus báitheadh iad go léir. Seachtain ina dhiaidh sin, tháinig bosca mór éadaí isteach leis an lán mara agus bhí go leor éadaí luachmhara ann.

AN DROCHSHAOL

4.3.1. An chéad bhliain den drochshaol, níor fhás rud ar bith dá raibh curtha. An dara bliain cailleadh a leath leis an ocras. An tríú bliain, bhí sagart ag fógairt amach gan aon rud a chur, nach bhfásfadh sé. Bhí toradh na gcéadta ar na bachlóga.

Triúr gasúr, d'ionsaigh siad píosa áirí, á chartadh, ag piocadh na gcuirdíní bána. D'éirigh fear an tí amach agus cheap sé na gasúir agus chuir sé isteach i bpunta iad. D'ordaigh a bhean dó na gasúir a ligint amach agus dúirt sé nach ligfeadh nó go dtógfadh sé os chomhair *Bingham* iad. Shín sé ar an leaba agus ní raibh an bia bruite nó go raibh seisean marbh. Ligeadh amach na gasúir agus bhí cead cartaithe acu ar an bpíosa áirí ar feadh na mblianta ó shin.

4.3.2.   Ní raibh an oiread daoine ann an uair sin agus atá anois. Níor thug an tiarna talún aon chabhair do na daoine thart anseo. Ní raibh siad ag déanamh aon bhóithre ná tada an uair sin. Thíos sa Rinn Rua, chuir siad ar bun rud ar a dtugtar an *Boiler* agus bhíodh siad ag déanamh bracháin agus dá thabhairt do na daoine bochta. Tugtar ar an mbliain sin, Bliain an *Bhoiler*.

4.3.3.   Ins an am seo bhí níos mó daoine ann ná mar tá anois. Na hainmneacha a bhí ar na daoine an uair sin – bhí Eoghan Óg Mac Domhnaill, *Larry Cuffe*, Aindrias Ó hÉalaí agus Pádraig Ó Ruáin. Bhí paróiste Bhaingear agus paróiste Chill Chomáin in aon pharóiste amháin.

Ní raibh misneach ag fear ar bith a phósadh san áit ach fear amháin ag an Droichead darbh ainm Tomás Mac Gearraí. Fuair mórán daoine bás leis an ocras agus bhí an chuid is mó acu curtha sa gceantar – Gleann na Muaidhe.

Ins an mbliain seo, loic na fataí agus an bhliain ina dhiaidh sin, phioc siad na fataí beaga agus chuir siad na bachlóga. Thug an sagart amach gan na bachlóga a chur ach chuir fear amháin – Seán Ó Deagánaigh – iad agus bhí na daoine uilig ag feadaíl agus ag magadh faoi ach mar sin féin bhí sé ag díol na bhfataí an bhliain ina dhiaidh sin agus deirtear nár fhás na fataí chomh maith riamh is mar d'fhás siad an bhliain sin. Gheofá bullán maith ar chloch mine an uair sin.

TIARNAÍ TALÚN

4.4.1.   Bhí tiarna talaimh ar an áit seo fadó agus *Ross Ford*, an t-ainm a bhí air. Bhí báille aige darbh ainm Búrca. Mura mbeadh an cíos ag na tionóntaithe dó nuair a thiocfadh sé thart, chuirfeadh sé amach as a gcuid tithe iad.

Bhí Seoirse Burnach ina thiarna talún i Ros Dumhach. Nuair nach mbeadh an cíos ag a chuid tionóntaithe dó chaithfeadh siad obair a dhéanamh dó chomh maith leis an dualgas oibre a bhí orthu cheana féin. Bhíodh siad ag obair aige óna seacht a chlog ar maidin go dtína deich a chlog san oíche iad ina leath-throscadh. Protastúnach a bhí ann.

Bhí fear eile ann darbh ainm *Carter* ina thiarna talún ar an gCorrán Buí. Nuair a bhuaileadh a chuid tionóntaithe cruach choirce, chaithfeadh siad a leath den choirce a thabhairt dó. Bhí tionónta aige i bPort an Chlóidh a bhuail a chuid coirce i ngan fhios dá chuid comharsana san oíche. Chaith sé an coirce istigh sa teach idir dhá dhoras na gaoithe. Shíl sé nach bhfaca éinne é ach ar maidin chonaictheas an cháiltheach taobh amuigh den doras. hInsíodh don tiarna talún go raibh an coirce buailte aige agus tháinig seisean agus thug sé an coirce uilig leis. Chuaigh an fear sin agus a chlann go Meiriceá go luath ina dhiaidh sin.

Drochearra a bhí i g*Carter* agus níor scaoileadh leis. Mharaigh fear é ar aonach Bhaingear agus d'éalaigh leis. Bhí na Sasanaigh san áit ag iarraidh é a fháil nó a ainm féin a fháil ach cé go raibh a fhios ag go leor cá raibh sé agus cérbh é féin níor sceitheadh air cé go raibh airgead ar a chloigeann. Go dtí an lá inniu, tá an focal seo in Iorras 'Seo sláinte an fhir a mharaigh *Carter*' nó i mBéarla – *'Here's to the man that shot Carter'*. Deireann siad go minic é agus iad ag ól.

Bhí sliocht na m*Bingham* taobh istigh de Bhéal an Mhuirthead agus caisleán mór acu. Bhí siad ina gcineál taoisigh ghallda ar Iorras. Is iomaí scéal atá ann faoin gcruatan a chuireadh siad ar shagairt agus tionóntaithe agus seo scéal beag faoi aimsir na bhFíníní.

Bhí muintir Iorrais ar fad beagnach ins na Fíníní agus iad ag teacht le chéile faoi rún i ngach ceantar. Bhí leabhar ag gach caiptín agus ainmneacha na ndaoine a bhí san chumann aige. Oíche amháin, tháinig siad le chéile taobh leis an nGort Mór agus shocraigh siad go dtabharfadh siad túnaois breá do fhíodóir darbh ainm Ciadhrán sa chumann. Chuaigh siad agus tharraing siad as a leaba é agus thug siad drochúsáid air agus san *rumpus* chaill an caiptín an leabhar agus ní raibh a fhios aige cár chaill sé é. Fuair an fíodóir an leabhar agus suas le 60 ainm ann, iad uilig ins na Fíníní. Bhí bealach breá aige anois le díoltas a bhaint amach – a dhul isteach chuig *Major Bingham* agus an leabhar a thabhairt dó ach ní dhéanfadh sé a leithéid. Choinnigh sé an leabhar.

4.4.2.   Is é an t-ainm a bhí ar an gcéad tiarna talaimh a tháinig go dtí an Ros ná an Máistir Burnach. Ní raibh bóithre ar bith san áit thart timpeall an uair sin agus ní raibh mórán tithe sa Ros. Nuair a tháinig sé i dtosach b'éigean do na daoine teach mór a dhéanamh dó in aice an chladaigh. Bhíodh go leor fir ag obair aige agus tuistiún sa lá a bhíodh sé ag tabhairt dóibh.

Bhí bean agus clann an tiarna talaimh ina gcónaí i Baile an Chaisil an tráth sin agus nuair a bhí an teach déanta ag na fir, b'éigean dóibh a dhul go Baile an Chaisil agus iad a iompar i bpluideanna gur fhág siad   sa teach mór iad. Ansin chruinnigh an tiarna go leor airgid ar fud na tíre agus bhíodh sé ag déanamh bracháin do na daoine thart ar fud na dúthaí.

Chruinnigh na daoine ó Bhaile Chruaich agus go leor áiteanna isteach sa Ros nó go mbeadh siad i ngar dó agus tithe beaga fóid a bhíodh acu.

Chaitheadh gach duine píosa beag talaimh a fháil agus sin é an fáth gur fágadh an áit chomh daor. Bhíodh cuid de na daoine dá mholadh agus daoine eile dá cháineadh.

4.4.3. Baile an Rois a thugadh siad ar Ros Dumhach. Tháinig tiarna talaimh chun an Rois darbh ainm dó An Burnach. Ní raibh mórán cónaí sa Ros an uair sin ach suim bheag tithe. Ní raibh aon bhóthar ag imeacht ó bhaile ar bith ach ó Bhaile an Chaisil. Rinne an Burnach teach thíos ag an bhfarraige agus ní raibh sé ach ag tabhairt tuistiún sa lá do na daoine a bhí ag obair aige. Nuair a bhí an teach déanta, d'imigh fir an Rois faoi dhéin bean agus a páiste a bhí ina gcónaí i Sraith an tSeagail. Is é an chaoi a dtug siad an páiste leo i bpluideanna gur fhág siad ag an teach mór iad.

Ansin thoisigh An Burnach ag déanamh bóithre ar fud an bhaile agus ní raibh sé ach ag tabhairt tuistiún sa lá do na daoine a bhí ag obair aige. Thoisigh sé ag cruinniú airgid ó mhuintir Shasana le min bhuí a cheannacht le brachán a dhéanamh. Nuair a chuala na daoine é sin, tháinig siad ó gach baile le cuid den bhrachán a fháil. Chuir an Burnach ag obair iad ar thuistiún sa lá agus thug sé píosa beag talaimh do gach duine acu agus na tithe a rinne siad ba istigh ins na bainc a rinne siad iad. Bhí sé de dhualgas orthu dhá lá déag a thabhairt don mBurnach uair sa mbliain in aisce. Ansin chuir sé na sconsaí thart ar a theach féin agus bhí an-chion ag na daoine air. Tá sé curtha sa teampall atá i Ros Dumhach.

4.4.4. Bhí tiarna talaimh uair amháin i gCrois Mhaoilíona agus An Pámarach dob ainm dó. Bhí sé go measartha maith do na daoine. Bhí go leor buachaillí ar seirbhís aige agus bhí go leor tithe ar fud na hÉireann aige.

Bhí sé an-saibhir agus thugadh sé airgead do na tionóntaithe le pór a cheannacht don talamh. Thugadh sé talamh saor do gach tionóntaí úr dá dtéadh isteach ina dhúiche ar feadh naoi mbliain. Cheannaíodh sé gléas oibre do na daoine uilig.

Bhí an-mheas ag na daoine bochta air. Dálach dob ainm don chléireach a bhíodh ag roinnt airgead an tiarna ar na daoine bochta agus deireadh siad nach bhfaigheadh siad leath a gceart ón gCléireach.

4.4.5. Bhí tiarna talaimh darbh ainm Búrcach ina chónaí i nDú Caocháin agus ní raibh creideamh ar bith aige. Ní raibh meas ar bith aige ar na daoine agus dhéanfadh sé sclábhaithe de na daoine nach n-íocfadh an cíos dó.

Lá amháin, ní raibh éinne sa teach ach é féin. D'fholmhaigh gaineamh na dúiche air agus chumhdaigh sé an teach agus d'imigh sé féin leis, agus níl a fhios ag éinne cén áit a ndeachaidh sé. Deirtear go bhfuil an teach faoin ngaineamh go fóill ach níl na daoine cinnte de sin.

4.4.6.   Bhí seanbhean bhocht ann uair amháin agus bhí seisear páistí laga aici. Bhí drochthiarna ann an uair sin agus ní raibh airgead nó stoc aici le tabhairt dó. Tháinig sé an lá seo go dtí an teach bocht agus chaith sé an bhean agus a cuid páistí amach as an teach.

Nuair a bhí siad amuigh ag an gclaí, d'iarr sí ar Dhia anró a chur ar an bhfear seo. Ní dheachaidh sé i bhfad féin gur thit sé marbh. Naomh Peadar a shuigh sa gcathaoir i bhflaitheas agus nuair a chonaic sé an rud a rinne sé, mharaigh sé é ar an bpointe.

Chuaigh an bhean isteach sa teach í féin agus a cuid páistí agus d'fhan siad ansin go bhfuair siad bás.

LUCHT SIÚIL

4.5.1.   Is féidir liom a rá nach bhfuil trácht ar an mhéid daoine atá ag dul thart anois ach ins an tseanaimsir, bhí siad fairsing go leor. Tá fear amháin ag dul thart anois darb ainm Murchú. Saighdiúir ab ea é agus bíonn sé ag insint scéalta ar an mhéid troid a rinne sé sa bhFrainc fadó. Tá fear ag dul thart – Hugh Ceo (Keogh) is ainm dó. Bíonn . . . leis agus fataí, tae, siúcra, seanbhróga agus chuile shórt den tsaghas sin cruinnithe aige. Tá fear eile ag dul thart – Domhnall – bíonn sé ag díol rudaí beaga.

Bhí fear ag dul thart fadó darbh ainm Creathar O'Calley (Conchubhar Ó Ceallaigh). Bhí sé ina ghabha. Shnámh sé an fharraige ag bun Ghort an Chreachair agus fuair sé bás ann.

4.5.2.   Bhí níos mó fir siúil ag dul thart fadó ná mar atá ag dul thart anois. Bhí fear siúil ag dul thart fadó ag iarraidh déirce darbh ainm Micheál Ó Ruáin. Ní bhíodh fáilte ag na daoine roimhe mar bhíodh sé an-doranna agus níorbh fhéidir cur suas leis. Mar sin féin bhí na daoine go han-mhaith dó. Thabharadh siad déirce dó mar bhíodh trua acu dó. Bhí fear siúil eile ann darbh ainm Hugh Ceo (Keogh).

4.5.3.   Tigeann bacach thart anseo agus bíonn sé ag iarraidh plúr agus min agus pínneacha. Tugann siad plúr agus min dó. An t-ainm atá air Hugh Kugh (Keogh). Bhí fear eile ag dul thart fadó agus bhíodh sé ag iarraidh uibheacha. An t-ainm a bhí air – Pádraig Ó Maidíneach. Bhí fear eile ag dul thart fadó agus bhíodh sé ag díol bláthanna. An t-ainm a bhí air – Pádraig Ó Máille. Nuair a gheibheann siad déirce, deireann siad 'Go ndéana Dia trócaire ar anam na marbh'.

LUCHT GAISCE

4.6.1.   Bhí bean ina cónaí thíos i nGreanaigh. Bríd Nic Graith a bhí mar ainm uirthi. Bean an-láidir a bhí inti. D'fhágadh sí an teach ar a hocht ar maidin agus théadh sí go Béal an Mhuirthead. Cheannódh sí dhá chéad mine agus go leor rudaí eile. Thigeadh sí abhaile agus an mhin ar a droim agus dhéanfadh sí go leor oibre tar éis theacht abhaile di. Bhaineadh sí an coirce agus an mhóin chomh maith le aon fhear. Mhair sí 95 bliain agus cúpla bliain ó shin a fuair sí bás. Go ndéana Dia trócaire ar a hanam.

4.6.2.   Bhí fear ina chónaí i Sraith an tSeagail fadó shin agus Seán Ó Tuathail a bhí mar ainm air. Fear an-láidir a bhí ann. Chuaigh sé amach go dtí an t-alt lá amháin agus chuaigh sé síos san alt a dtugtar Cladach Mhártain air. Bhí bó mharbh istigh faoi thír ann agus thug sé an bhó leis ar a dhroim suas an t-alt agus tháinig dhá mhíle bogaigh go dtáinig sé go Sraith an tSeagail. Ansin d'fheann sé an bhó agus d'ith sé í ansin. Oíche amháin, tháinig daoine go dtí é le é a mharú agus an chéad fhear a tháinig isteach, bhain sé an cloigeann de agus d'imigh siad ansin.

4.6.3.   Bhí fear fadó shin ann agus an t-ainm a bhí air, Seán Ó Tuathail. 'An Gleacaí' an leasainm a bhí air. Bhí sé féin is a mháthair ina gcónaí i Leacht Murcha. An oíche seo, tháinig daoine de Chlainn Dhomhnaill as Tír Amhlaidh le é a mharú. Bhí stráinséirí eile leo agus chuir siad an stráinséirí isteach rompu agus mharaigh Seán é. Thug siad go barr Chnoc an Túir é agus tá sé curtha ansin ó shin. Chuaigh Seán ansin go Tír Amhlaidh ag ceannacht salainn agus bhain siadsan an tsúil as. Ach bhí an fear chomh laidir nárbh fhéidir leo é a mharú.

4.6.4.   Bhí fear siúil ann uair amháin darbh ainm Seán Ó Tuathail. Lá amháin, bhí sé ag teacht anuas ó Ghleann na Muaidhe agus chonaic sé scata fear i bhfad istigh uaidh ar an mbogach agus iad ar a ndícheall ag tarraingt crompán as poll mór. Ghlaoigh siad air agus chuaigh sé chomh fada leo. Ní dhearna sé tada ach breith ar an gcrompán agus é a chur ar a dhroim agus ní dhearna sé a scíth go dtáinig sé go dtí an bóthar. Tugadh 'Seán an Chrompáin' air as sin amach.

4.6.5.   Timpeall céad bliain ó shin, bhí fear ina chónaí i bPort an Chlóidh darbh ainm Seán Ó Neachtain agus fear an-cháiliúil, a bhí ann. Maidin amháin, chuaigh sé go dtí Béal an Mhuirthead agus dhíol sé scór caorach. Chuaigh sé abhaile agus chuir sé baraille fataí roimh an oíche.

4.6.6.   Bhí fear ina chónaí i bPort an Chlóidh darbh ainm dó Seán Ó Néill agus thug sé trí chéad mine abhaile ar a dhroim ó Bhéal an Mhuirthead. Ní dhearna sé a scíth go dtáinig sé abhaile.

4.6.7.   Bhí fear ina chónaí i gCeathrú Thaidhg darbh ainm Pádraig Ó Dochartaigh agus maidin amháin chuaigh sé go dtí Caisleán an Bharraigh faoi dhéin dhá chéad mine. Thug sé an dá chéad mine ar a dhroim leis agus shiúil sé abhaile agus bhí sé i gCeathrú Thaidhg roimh an mhéan oíche.

4.6.8.   Bhí beirt fhear ag coimhlint le chéile uair amháin. Is ag baint féir a bhí siad. Ba ó Phort Durlainne fear acu agus Pádraig Ó Gearbháin dob ainm dó agus ba ó Cheathrú Thaidhg an fear eile agus Conólaigh dob ea é. Bhain Conólaigh thimpeall cúig tonna féir agus bhain an fear eile sé tonna.

4.6.9.   Bhí fear ina chónaí i Sraith an tSeagail agus ba é an t-ainm a bhí air Tomás Ó Gearbháin. Théadh sé chuile mhaidin roimh a bhricfeasta go dtí teach an phobail agus ní bhíodh sé imithe ach ar feadh uair a chloig. Tóigeann na daoine anois dhá uair a chloig ag teacht ó Shraith an tSeagail go dtí teach phobail Ghreanaigh.

4.6.10.   Bhí bean ina cónaí i bPort Durlainne darbh ainm Máire Nic Oscair agus chuaigh sí ag siúl go Béal an Átha chun dhá shlat déag flainín a bhí aici a dhíol. Dhíol sí an flainín agus bhí sí abhaile arís roimh an oíche.

4.6.11.   Bhí bean ina cónaí i Sraith an tSeagail uair amháin, timpeall céad bliain ó shin. Is é an t-ainm a bhí uirthi, Máire Ní Thuathail. Bean an-sláintiúil láidir a bhí inti. Uair amháin ní raibh bóthar nó droichead nó gluaisteán ann. Chaithfeadh siad siúl trid an mbogach agus na cnoic gach lá.

An lá seo, bhí bean ag dul go Cill Ala le haghaidh leithchéad salainn a cheannacht mar ní raibh salann le fáil níos giorra ná sin. D'éirigh sí go moch ar maidin agus chuaigh sí trasna na sléibhte agus na cnoic agus na hardáin go dtáinig sí go Cill Ala. Thug sí léi an salann ar a droim abhaile. Ní raibh bróg nó stoca uirthi ach clóca – mar sin iad na cineáil éadaigh a bhíodh orthu fadó. Bhí sí sa mbaile arís leis na ba a bhleán sula ndeacha sí a chodladh.

4.6.12.   Bhí fear ina chónaí i nGleann na Muaidhe agus ba é an t-ainm a bhí air Micheál Ó Ruáin agus d'iompair sé mála plúir ar a dhroim ó Bhéal an Átha agus bhí sé sa bhaile roimh an oíche.

4.6.13.　Bhí fear ina chónaí i mBarr Alltaí. Is é an t-ainm a bhí air Seán Ó Móráin. Fear an-láidir a bhí ann. Lá amháin bhí sé le dul go Béal an Átha le haghaidh mála mine a cheannacht. Chuaigh sé amach le ualach féir do na beithígh. Nuair a tháinig sé isteach, ghléas sé é féin agus chuaigh sé go Béal an Átha agus bhí sé sa bhaile arís le dul amach le féar do na beithígh agus an mála mine leis.

Ní raibh aon fhaitíos air san oíche. Thigeadh sé anuas go Sraith an tSeagail sa tráthnóna le haghaidh mála coirce a cheannacht agus bhíodh sé an deich a chlog nuair a bhíodh sé sa mbaile arís le dhul amach le féar do na beithígh. Fear an-mhór a bhí ann. Bhí sé thimpeall sé troigh ar airde.

4.6.14.　Fear darbh ainm dó Seán Ó Móráin a rugadh agus a tógadh i Sraith an tSeagail, ba é an fear ba láidre a bhí ráite a bheith in Iorras Domhnann le ceithre chéad bliain roimhe sin.　Bhí sé pósta i Leacht Murcha ag bean de mhuintir Fhiannachta agus bhí sé ina chónaí ann am fada nó gur chuir an tiarna talún amach as é agus d'imigh sé soir ansin go Tír Amhlaidh an áit arbh ainm dó An Chloch Thamhnach agus cheannaigh sé deich gcéad fataí thoir i mBaile an Chaisil.　Thug sé abhaile ina dhá ualach ar a dhroim iad ar feadh seacht míle bealaigh mar ní raibh aon bhóthar ann.

4.6.15.　Timpeall céad bliain ó shin nó níos mó rugadh agus tógadh fear de Mháilleach thart ar chósta Chontae Mhaigh Eo ó Ghaillimh go Béal Deirg agus thugadh sé na bréidíní anonn leis go Sasana.　Bhí fear darbh ainm dó Seán Mac Aindriú a bhfágthaí na bréidíní agus luach an tobac ar a láimh nó go mbeadh an Máilleach ag dul ag imeacht.　Bhí fear eile i dTír Amhlaidh agus d'fhaghadh sé an t-airgead ó na daoine thoir agus thigeadh sé chuige leis.　Bhíodh a fhios ag Mac Aindriú tuairim an ama a thiocfadh sé ar ais.　Chaithfeadh siad scríbhinn a fháil uaidhe le luach a gcuid airgid a fháil uaidh do ní ar bith a bheadh ordaithe acu ó chaiptín an tsoithigh.

Bhí dream eile i mBéal Deirg de Chlainn Dhomhnaill a bhí íoctha ag Gaibhirmint Shasana le mí-rath a chur ar an tobaca agus ar ní ar bith a cheapfadh siad. Bhí sé *turn* amháin ag teacht go dtí Cnocán an Líne le tobaca agus bhí sé mall tráthnóna agus chuir soitheach de chuid Sasana i dtreas é ar Chuan an Inbhir agus theann sé i ngar di agus loisc sé piléar léi agus chuir sé an stiúir as obair orthu.　Rinne sé é féin a chlúdach idir Oileán Mionnán agus an t-alt. Nuair a bhí an stiúir deasaithe acu, thóg siad farraige soir ar a fháirnéis. Nuair a fuair sé imithe iad, phill sé ar ais agus chuir sé amach an lucht.

Máire Nic Graith, Baile an Mhuilinn

SEANSCOILEANNA

4.7.1. Bhí seanstábla i mBun Alltaí fadó agus bhí múinteoir ann darbh ainm Dochartach. Thóg Mártan Ó Móráin síos go Barr Alltaí agus choinnigh sé ansin é ar feadh mí nó sé mhí gach bliain ag múnadh a chlainne. Mhúin sé mo mháthair mhór agus m'uncail. B'éigean dóibh é a íoc mar ní fhanfadh sé ach ag na daoine saibhre. Tá siad marbh uilig anois, go ndéana Dia trócaire orthu. Ní fada ó fuair an múinteoir bás mar tá a chlann thíos i gCeathrú Thaidhg anois. Ba as Cill Ala é.

4.7.2. Thimpeall caoga bliain ó shin, bhí seanscoil thoir in aice leis an droichead iarainn. Bhí an scoil déanta as clocha agus ceann tuí air. Ní raibh mórán scoláirí ag dul chun na scoile an uair sin. Bean a bhí ag múineadh na bpáistí agus an t-ainm a bhí uirthi Iníon *Brown*. Ní raibh mórán pá aici – thimpeall ceithre scilling sa tseachtain a bhí sí ag fáil. Ní raibh ar na páistí Gaeilge ar bith a labhairt an uair sin ach Béarla uilig. Bhí ar gach páiste cúpla fód a thabhairt chun na scoile leis.

4.7.3. Tríocha bliain ó shin bhí seanscoil suite i Léana Riabhach i nGleann na Muaidhe. De chlocha a bhí sé déanta agus ceann adhmaid a bhí uirthi. Ní raibh ach fuinneog agus doras amháin ann. Bhí an t-urlár déanta de chlocha chomh maith. Ba í *Miss Browne* an múinteoir a bhí ann. Bhí sí ag fáil trí phunt sa mbliain agus bhí fiche scoláire ag dul chun na scoile chuici.

4.7.4. Bhí seanscoil thíos i bPollán na Scoile uair amháin agus bhí fear darbh ainm 'An Máistir Mór' ag múnadh ann. Ní raibh ach deich scoláirí ag dul go dtí an scoil sin. Bhí an scoil sin déanta as fóid agus ní raibh an máistir ina chónaí ann. Bhí sé ina chónaí in Abhainn na Riabhach agus ní raibh sé ag fáil ach £10 sa mbliain.

4.7.5. Ins an tseanam, ní raibh aon léann ag muintir na háite seo go dtáinig fear darbh ainm dó Ministéir *Naughton* as Cúige Uladh isteach ina thiarna talún ar an áit agus choinnigh sé acra den talamh dó féin agus rinne sé teach ceann tuí ann, cisteanach agus dhá sheomra. Bhí urlár cláraí insan dá sheomra. Chuir sé suíocháin i gceann de na seomraí do na páistí le suí orthu agus chuir sé máistir scoile Protastúnach ann darbh ainm dó Armasach. Mar sin ní bhíodh sé ag múnadh aon teagasc Críostaí ar chor ar bith. Bhíodh cóipleabhra agus pinn acu agus leabhra Béarla, mar ní bhíodh aon Ghaeilge á múnadh an t-am sin. Fágadh sa scoil sin é ansin gur chuir an tAth. Seán Ó hÉigeartaigh an scoil atá faoi láthair ar bun againn nuair a rinneadh sagart paróiste de. Chuaigh sé anonn abhaile ansin go Baile an

Ghleanna agus am gearr ina dhiaidh sin fuair sé bás thoir ann agus cuireadh ann é.

4.7.6.   Bhí scoil ghallda i Sraith an tSeagail 60 bliain ó shin.   An fear a bhí ag múineadh ann, Protastúnach ab ea é.   Ní raibh sé ag múineadh aon Ghaeilge san scoil agus níorbh fhéidir leis na scolairí Béarla a labhairt agus nuair a labhródh siad Gaeilge, bhuailfeadh sé iad.   Ba as Baile an Chaisil an múinteoir.   An t-ainm a bhí air *Duke Ormsby*.   Bhí sé ina fhear an-deas. Bhí sé go han-deas leis an daoine thart anseo.   Bhí Gaeilge aige ach ní raibh sé dá labhairt mar nach raibh cead aige an Ghaeilge a mhúineadh sa scoil.

4.7.7.   Bhí scoil i Sraith an tSeagail fadó.   Bhí sé déanta de chlocha agus ceann tuí air.   Bhí doras amháin air agus trí fuinneoga móra air.   Bhí múinteoir amháin ann.   *Duke Ormsby* an t-ainm a bhí air.   Tháinig sé as Baile an Ghleanna i mBaile an Chaisil go dtí an scoil.   Bhí sé sa scoil sin timpeall ceathracha bliain.   Tá sé sin timpeall ceathracha bliain ó shin. Protastún a bhí ann mar sin ní raibh sé ag múineadh teagasc Críostaí ná paidreacha sa scoil.   Fear mór láidir a bhí ann.   Bhíodh sé ag fanacht sa scoil i rith na hoíche.   Bhí seomra aige sa scoil agus leaba agus tine aige ann.   Na Sasanaigh a chuir ann é.   Bhí suíocháin agus stóil ann.   Bhíodh cóipleabhra acu le scríobh orthu agus bhí leabhra Béarla acu.   Roimhe sin, bhí cailín ann darbh ainm di 'Coneile' (Conghaíle).   Protastún a bhí inti. Tháinig fear eile ina dhiaidh darbh ainm dó Caomhánach.   Ní raibh sé i bhfad ann.   Is ina dhiaidh sin a tháinig *Duke Ormsby* ann.

4.7.8.   Tháinig máistir go Ceathrú Thaidhg as Tír Amhlaidh. Cathaoir Ó Dochartaigh an t-ainm a bhí air.   Ó ghabhfadh sé isteach i dteach na scoile ní labhródh sé aon fhocal Béarla ach Gaeilge.   D'fhág sin Gaeilge i nDún Caocháin ón lá sin go dtí an lá inniu.   Aithreacha agus máithreacha na bpáistí atá inniu ann, bhí sé ag múineadh an léinn dófa.   D'fhág sin Gaeilge ag na páistí mar go raibh sí ag a n-aithreacha agus a máithreacha mar gur fhoghlaim siad ón Dochartach í.   Tá an scoil sin ann go fóill ach gur cuireadh deis uirthi sé nó seacht de bhlianta ó shin.   An t-ainm a bhí ar na leabhra, na leabhra 'bhrian'.

4.7.9.   . . . Fuair sé (an tiarna talaimh) cailín arbh ainm di 'Conaille' le bheith ag múineadh ann.   Níor fhan sí ach dhá bhliain agus ansin tháinig múinteoir eile – Caomhánach – agus d'fhan sé sé bliana.   Nuair a d'imigh sé tháinig fear eile as Baile an Chaisil – Armasach (*Duke Ormbsy*) an t-ainm a bhí air – agus d'fhan sé go dtí gur tóigeadh Scoil Phort Durlainne, an scoil atá anois ann tuairim 40 bliain ó shin.   Ansin chuaigh sé ar ais go dtí a bhaile dhúchais – Baile an Ghleanna in aice le Baile an Chaisil – agus fuair sé bás ann go luath ina dhiaidh sin . . .   Uair amháin, bhí na páistí ag dul faoi láimh easpaig thiar i gCorrán Buí agus bhí páistí Shraith an tSeagail agus Phort Durlainne ann ach ní raibh aon oide le dhul ina mbun. Nuair a chonaic an t-easpag é sin chuir sé ceist ar na daoine cá raibh an múinteoir. Nuair a hinsíodh dó, mhol sé an múinteoir Protastúnach as comhair an phobail as ucht chomh deas glan múinte agus a bhí a chuid páistí. Níl an scoil ann anois. Tá sí ina fothrach le fada an lá.

CEIRDEANNA

An Gabha

4.8.1. Bhí gabha ag obair i gceártain thoir i nGort Liatuile darbh ainm Antaine *Lally*. Bhíodh sé ag obair go crua gach lá agus chaithfeadh sé an oíche i dteach Uí Chonólaigh. Bhí sé ag obair ansin cúpla bliain agus chuaigh sé siar go hInbhear. Pósadh ansin é. Tar éis scathamh beag eile, d'éirigh sé tinn agus fuair sé bás. Tá an cheárta ann go fóill taobh thiar den tsiopa. Go ndéana Dia trócaire ar a anam.

4.8.2. Níl san áit seo anois ach an t-aon cheárta amháin agus tá sé an-fhada uainne anseo. Ar an Inbhear atá sé. Ach fiche bliain ó shin, bhí ceárta eile chomh maith – ag Muintir Raghailligh i gCnoc na Lobhar. Fuair siad sin bás agus ní raibh éinne dá sliocht ann leis an gceártain a choinneáil ar siúl. Ag Muintir Mhaolalaigh atá an cheárta ar an Inbhear agus tá sé suite taobh le sruthán. Tá an cheird sa gclainn le sinsearacht. Tá beirt acu ann anois. Tugtar an seanghabha agus Séamas an Ghabha orthu – an t-athair agus an mac. Ní oibríonn an seanghabha anois. Níl ach teallach amháin agus boilg dó sin, inneoin agus casúr, ord agus pionsúir agus gléasanna beaga eile sa gceártain aige. Sa mbaile a rinneadh na boilg as craiceann caorach. Doras beag agus ceann stáin atá ar an gceártain.

Cuireann an gabha crúite faoi chapaill agus faoi asail agus déanann sé sleántacha. Cuireann sé boinn ar rothaí. Déanann sé an chuid seo den obair amuigh ar an mbán. Cuireann sé tine mhór mhóna thart ar an mbonn agus bíonn sé ag dul dó go ndéanann sé cruinn é agus go gcuireann sé ar an roth é. Cuireann sé spealtracha i dtreo chomh maith ach is minic a dhéanann na daoine féin an obair seo sa mbaile.

Nuair a bhí an seanghabha óg deirtear gur láidir an fear a bhí ann agus go mb'fhearr a bhíodh sé in ann obair a dhéanamh nuair a bheadh sé leathólta – mar sin ní raibh fear a ghabhfadh chuige nach mbíodh buidéal uisce beatha leis agus b'iomaí spórt, seanscéal agus seanrann a chantaí sa gceártain an lá sin. Deirtear go mb'fhearr a bhí an cheird aige ná mar bhí ag an ghabha óg.

Seimhnéir

4.9. Bhí seimhnéir ina chónaí i nGleann na Muaidhe fadó. Ba é Eoghan Ó Cléirigh an t-ainm a bhí ar an tseimhnéir sin. Ceathracha bliain ó shin ní raibh duine ar bith eile ann chun obair seimhnéara a dhéanamh ach Eoghan. Rinne sé siopa oibre dó féin i gCnocán agus bhíodh sé ag déanamh cairt, drisiúirí, stólta agus a lán rúdaí eile. Choinnigh sé ag an obair sin go dtáinig sé chuig aois an phinsin agus stop sé ansin. Ní raibh aon adhmad le fáil ins na siopaí an uair sin agus théadh na daoine tríd na sléibhte ag fáil adhmaid *fir* (giúsach). Bhí *frame-saw* agus *cross-cut* ag Eoghan agus ghearradh sé an *fir* leis na rudaí sin. Tá cuid de na rudaí a rinne sé le fáil go fóill. Fuair sé bás ocht mbliain ó shin, go ndéana Dia trócaire ar a anam.

Muilneoir

4.10.1. Timpeall seachtó bliain ó shin, bhí muilneoir ina chónaí i nGleann na Muaidhe darb ainm Páidín Ó hEimhrín. Bhí dhá mhuileann aige – ceann le haghaidh min coirce a dhéanamh agus ceann eile le haghaidh bréidín a ramhrú. Muilneoir an-mhaith ab ea é. Chaithfeadh sé oíche i ngach teach mar ní raibh teach aige féin mar is ó Acaill a tháinig sé i dtosach. Bhí beirt chailín ag obair aige agus d'íocfadh sé iad gach seachtain ar shé phínn. Is ceann de na cailíní sin a d'inis an scéal seo domh ach tá sí an-aosta anois – tá sí naocha haon bhliain d'aois. . .

4.10.2. Tá áit i nGleann na Muaidhe agus an t-ainm a ghlaoitear air 'An Muileann' mar fadó déanadh min, coirce agus go leor déantúsaí eile ann. Is é éadach an déantús is mó a rinneadh ann. Seo é an chaoi a ndéantaí é. Bheadh pota uisce bruite de chois na tine. Ansin chuirtí dath isteach ins an bpota – cé bith dath a bhí ag teastáil. Ansin chuirtí an snáth isteach agus bheadh sé fágtha ansin ar feadh dhá lá. Thógtaí amach ansin é agus spíontaí é. Ansin dhéantaí rollaí de agus thosnaíodh an sníomhachán. Nuair a bhíodh sin déanta, chuirfí chuig an muilneoir é agus ramhraíodh sé an snáth. Cuirtear chuig an chlódóir nuair a bhíodh sé réidh leis. Thugtaí don táilliúir é agus dhéantaí cóta nó rud ar bith as.

4.10.3. Timpeall dhá scór bliain ó shin, bhí muileann thuas in aice le Baingear. Bhí obair mhór ar siúl ann. Ag ramhrú éadaí i gcóir cótaí móra a bhí siad. Ag daoine darbh ainm Nearacha a bhí an muileann. Bhí na daoine uilig in Iorras ag ceannacht uathu.

Bhí daoine thart timpeall na háite ag obair ann. Bhí daoine eile le fáil agus ní raibh meas ar bith acu ar an éadach sin. Bhí siad ag coinneáil suas fear eile lena cheird, sin é an fíodóir. Bhí duine acu ina chónaí ag an Droichead uair amháin darbh ainm Micheál Mac Gearraí agus fear eile i mBaile an Mhuilinn darbh ainm Tomás Ó Móráin.

Déanamh rópaí

4.11.   Ins an tseanaimsir ní raibh aon rópaí in Éirinn ach rópaí carbhata – is é sin rópaí déanta de ghiúsach.   Ins an tsamhradh, bhíodh siad ag dul amach chun an bhogaigh le bior iarainn ag cuartú maidí.   Nuair a bhaineadh siad iad scoilteadh siad iad ansin le tua agus dhlaoitheadh siad ansin iad agus dhéanadh a gcuid rópaí díobh.

Déanamh Ime

4.12.   Tá cuinneog i ngach teach thart anseo.   Déanta d'adhmad a bhíonn sí.   Bíonn sí fairsing ina bun agus timpeall troigh go leith trasna agus caol ina lár, timpeall troigh, agus beagnach chomh fairsing ina barr agus a bhíonn sí ina bun.   Is é an t-ainm atá ar an mbarr an caisín.   Bíonn an clár ar an gcaisín agus an lona ag dul síos trí pholl sa gclár.

Blíonn siad an bhó san oíche agus fágann an bainne milis go maidin. Baineann siad an t-uachtar de ansin agus cuireann siad sa gcroca é go mbíonn an croca lán agus ansin caitheann siad sa gcroca é go mbíonn an croca lán agus caitheann siad isteach sa chuinneoig é agus bíonn siad dá bhualadh síos suas go ceann leathuaire nó mar sin go dtigeann an t-im aníos ar an gcláirín agus ar an lona agus go sleamhnaíonn sí anuas den lona arís.   Ansin bíonn an maistreadh déanta.

Ansin tógann mo mháthair an t-im amach lena lona nó le dhá chláirín uaireanta agus cuireann sí salann air.   An bainne deiridh a bhíonns ag an mbó, sin é an chlimirt agus caitheann sí isteach as sáspan isteach sa gcroca é gan an t-uachtar a bhaint de go mórmhór sa ngeimhreadh nuair nach mbíonn mórán bainne againn.   Bainne géar a thugtar ar an mbainne a bhíonn fágtha tar éis an t-im a bhaint de agus cuireann muid san arán é. Uair amháin nó dhó a dhéanann muid an maistreadh sa tsamhradh agus anois agus arís sa ngeimhreadh.

Má thigeann stráinséirí isteach níl sé ceart aige dul amach arís gan greim a bheith aige ar chois na lona agus cúpla buille a bhuaileadh.   Is ceart dó ag tíocht isteach dó 'Bail ó Dhia' a chur ar an obair.   Tá go leor pisreoga eile faoin maistreadh san áit.

Lín

4.13.   Ar dtús cuireann siad an lín sa talamh agus nuair a bhíonn sé fásta tarraingeann siad é.   Ansin ceanglaíonn siad é agus déanann siad beart de. Dhéanfadh siad poll ansin agus chuirfeadh siad síos sa bpoll go ceann a naoi nó deich de laethanta eile lena mhaosadh.   Chaithfeadh siad é a thógáil ansin agus é a scaradh amach lena thriomú.   Bhíodh carlaí acu ar a dtugadh siad carlaí barraigh.   Bhí túirne lín acu agus ansin bhíodh siad ag sníomh leis sin ag déanamh tuáilte agus éadach boird.   Cuid de na daoine a chuirfeadh go dtí an muileann é.   Bhíodh fíodóirí thart san áit agus bhí na seolta a bhí acu an uair sin i gcosúlacht leis na cinn atá acu anois ach níorbh ionann slinnte dóibh – bhíodh siad níos míne mar bhíodh an lín caol.

Fíodóireacht

4.14.1. Ar dtús cardáileann mo mháthair an olann agus déanann sí rollaí de. Sníomhann sí ansin é agus déanann sí snáth as. Tochardaíonn siad é agus déanann siad ceirtlín abhrais de. Deilbhíonn siad ansin é le crann deilbhe nó cuireann siad cuaille sa mballa. Nuair a bhíonn sé sin déanta cuireann siad go dtí an fíodóir ansin é. Cuireann seisean sa tseol é ansin – an dlú i dtoiseach agus caitheann sé an t-inneach air tamall ina dhiaidh sin. Nuair a bhíonn sé fite aige, tugann siad é abhaile agus sciúrann siad agus triomaíonn sé leis an ngrian.

4.14.2. Ar dtús, bearrann m'athair na caoirigh le deimheas agus ansin spíonann mo mháthair an olann agus cuireann sí bealadh ann agus ansin sníomhann sí é. Déanann sí próiste snátha as. Nuair a bhíonn sé sin déanta aici, caithfidh sí crann deilbhe a fháil agus é a dheilbh. Nuair a bhíonn sé sin déanta aici, caithfidh sí é a chur go dtí an fíodóir go ndéanfadh sé flainín as. Ar dtús caithfidh sé é a chasadh ar ghairm an tsnátha agus ansin é a chur isteach ins na húmacha agus as sin isteach an tslinn. Ansin caithfidh sé é a cheangal ar chleath-thagair agus bíonn sé réidh le dhul ag obair air ansin agus bíonn sé dá fhí ansin go ndéanfaidh sé flainín as. Tugann an duine gur leis é abhaile leis ansin é agus sciúrann muintir an tí é agus nuair a thigeann lá maith ansin cuireann siad amach ag triomú é. Nuair a bhíonn sé tirim, is féidir leo a gcuid éadaí a dhéanamh as.

Dathú Éadaí

4.15. Ar dtús faghaim cainnín agus scian agus téim amach ag piocadh dath na gcloch. Nuair a thigim isteach, cuirim síos pota uisce ar an tine agus nuair a bhíonn sé bruite tóigim é. Cuirim an dath na gcloch sa bpota agus cuirim ailm ann chomh maith. Bruithim athuair é. Ansin scagaim an caonach as an uisce agus bíonn an t-ábhar daite fágtha. Cuirim an rud a bhíos le dathú isteach san uisce agus fágaim ansin é ar feadh 20 nóiméid nó níos mó de réir tiús an éadaigh. Ansin tóigim an t-éadach tar éis é a chorrú cúpla uair agus fáiscim é. Cuirim amach ag triomú é ansin. Tugaim isteach ansin é agus bíonn dath deas ruabhuí air. Déanann siad an rud seo go fóill le stocaí.

Mar a dhathaíodh siad éadaí a dhéanann siad féin as olainn na caorach: Fadó shin chomh maith bhíodh siad ag piocadh fraoigh. Chuireadh siad an fraoch sa bpota uisce le bruith ar feadh uair a chloig. Ansin thóigeadh siad é agus scagadh siad é agus chuireadh siad an t-éadach isteach ann. Chorraíodh siad agus d'fháisceadh siad é agus chuireadh amach ag triomú é.

Bhíodh dathanna deasa éagsúla acu leis na hábhair seo.   Bá é préamh an fhraoigh a d'úsáideadh siad chun dathaithe.

Déanamh Coinnle

4.16.   Ar dtús gheobhadh siad ola na nglasán agus feá luachra agus ola na bhfíogach.   Bhaineadh siad an craiceann den luachair ach amháin giota beag de.   Ansin thoiseodh siad ag tomadh croí na luachra síos ins an ola.   Sin é an chaoi a dhéanadh na daoine coinnle fadó shin.   Sheasfadh na coinnle sin ar feadh na hoíche.

Déanamh Sópa

4.17.   Ar dtús, dhéanadh siad díoga mhór agus chaitheadh siad leathach síos ins an díoga sin.   Ansin thabharfadh siad tine dó.   Gheobhadh beirt fhear dhá shluasad dá thocailt agus fear eile ag caitheamh gainimh air dá thriomú.   Nuair a bhíodh sé sin déanta acu, gheobhadh beirt fhear dhá spád dá ghearradh ina phíosaí móra.   Thóigeadh siad go dtí an baile mór ansin é agus gheibheadh siad cúig phunta an tonna air.

Déanamh uisce beatha

4.18.   Bhí na daoine thart anseo fadó ag déanamh uisce beatha.   Ar dtús cuirfidh siad an seagal isteach i mbaraille ar maos ar feadh cúpla lá.   Ansin cuirfidh siad gabháil air agus uisce te.   D'fhágadh siad ansin ar feadh 10 lá é sa mbaraille.   Ansin rith siad é ins an *still* agus ansin bhí sé déanta acu. D'ól siad cuid den uisce beatha agus dhíol siad an chuid eile de.   Tá sé stoptha anois le trí bliana.

Déanamh Baiscéid

4.19.   Bhí fear as Ros Comáin ag dul thart ó theach go teach ag déanamh baiscéid fadó.   Thigeadh sé go Gleann na Muaidhe go minic agus i dteach Ruáin a d'fhanadh sé.   Gheobhadh sé na slait in aice na haibhne in áit arbh ainm dó Seanphunta agus áit eile arbh ainm dó Spioróg.   Bhí dhá mhac aige agus bhí an cheird chéanna acu.   Chaitheadh sé an chéad trí lá den tseachtain ag déanamh na mbaiscéid agus chaitheadh sé na laethe eile dá ndíol.   Nuair a bhíodh siad amuigh ag díol na mbaiscéid, gheobhadh siad déirce mar plúr agus uibheacha agus rudaí eile mar sin . . .

Min agus Arán

4.20.1.   Bheadh leath obair lae déanta ag duine nuair a ghlaothaí isteach go dtí a bhricfeasta é.   Nuair a ghlaothaí isteach ansin é, céard a bheadh leagtha faoi ach pláta *stirabout* agus scadán baraille agus an rud céanna ar a dhinnéar.

Lá arna mhárach déanfaidh bean an tí caiscín coirce.   B'fhéidir lá arna mhárach nuair a bheadh an caiscín déanta aici go ndéanfadh sí bonnóg aráin den mhin bró. Ansin nuair a bheadh an cáca déanta aici chuireadh sí síos dhá ghalún uisce sa bpota agus chaitheadh sí síos unsa tae ar an uisce. Ansin chuireadh sí amach an tae ins na mugaí móra ansin. Nuair a bheadh an tae ólta acu agus an cáca ite acu bheadh siad in ann an lá a sheasamh. B'fhéidir nach bhfaigheadh siad aon deor tae ó shin amach go ceann mí eile.

4.20.2. Bhí a lán coirce agus seagal ag fás in gach áit sa tír. Ní raibh aon arán déanta as plúr ach an t-arán a rinne siad as an gcoirce agus seagal. Ar dtús, bhuaileadh siad an coirce agus an seagal agus ansin mheileadh siad é leis an mbró. Nuair a bhíodh sé meilte, thugadh siad leo criathar agus chriathraíodh siad an mhin agus ansin dhéanadh siad arán den mhin. Ansin chuireadh siad an cáca síos ar an ngrideall.

Bíonn siad ag déanamh aráin as fataí. Scríobann siad na fataí le scríobán agus fáisceann siad an *boxty* in éadach agus déanann siad cáca de. Nuair a bhíonn an cáca déanta acu, tarraingeann siad amach an tine agus chuireadh siad duilleoga gabáiste faoi. Ansin chuireadh siad síos an cáca agus ansin chuireadh siad duilleoga gabáiste os cionn an cháca agus chuireadh siad aithneacha os cionn na nduilleog.

4.20.3. San am fadó, ní raibh aon phlúr ag na daoine ach bhí a lán coirce ag fás acu agus dhéanadh siad min as. Is é an chaoi a ndéanadh siad é ná a chur isteach san áithe. Thógtaí amach as an áithe ansin é nuair a bhíodh sé tirim agus mheiltí le bróanna é. D'fhágadh siad cuid de chois na tine go maidin le triomú agus an caiscín a thugtaí air seo. Bhíodh sé sin réidh ansin ar maidin le arán nó brachán a dhéanamh as. Tá na bróanna le fáil i gcuid de na seantithe go fóill ach ní oibríonn siad anois iad ach go fíor-annamh i gcorr-áit.

Fataí

4.21.1. Cuireann siad a lán fataí thart anseo. An chéad rud a dhéanann siad ná an talamh a threabhadh. Ansin déanann siad iomairí agus cuireann siad na scoilteáin ins na hiomairí agus cuireann siad an marbhlán orthu. Scoilteann an bhean na fataí. Aon fhata póir a gheibheann sí scoilteann sí ina dhá chuid é agus bíonn an chuid go bhfuil an tsúil ann mar scoilteán le dul sa talamh agus an tsál le tabhairt do na ba.

Baslaíonn siad na fataí agus cuireann siad aoileach orthu sula dtagann siad os cionn talún agus nuair a bhíos na gais go hard, lánaíonn siad iad. Ansin baineann siad an lofarnach astu agus *spray*áileann siad iad nuair a bhíos an díoga druidte ag na gais. Baineann siad sa bhfómhar iad nó i Mí na Samhna. Piocann siad na fataí móra agus cuireann siad isteach i bpoll fataí iad. Cuireann siad scraith os a gcionn agus cré agus bíonn siad ag tarraingt orthu i rith an gheimhridh de réir mar a bhíonn gá leo.

Iomairí is mó a bhíonn san áit; le sluasad a dhéanann siad iad agus trí fhata ina aon líne. Cuirtear aoileach na mbó agus aoileach an tsiopa orthu. Ní dhéantaí aon treabhadh anseo le céachta adhmaid fadó. Piocann na daoine óga na fataí beaga – na póiríní – agus tugtar do na ba iad. Fataí nach mbíonn go leor créafóige orthu i rith an tsamhraidh, tugtar fataí gréine orthu agus bíonn dath glas orthu. Sula gcuirtear na scoilteáin sa talamh, cuireann siad gaineamh nó aol orthu lena gcoinneáil ó lobhadh.

Nuair a bhíonn siad ag rómhar na talún san earrach má thigtear ar fhataí a fágadh ann i rith   an gheimhridh, tugtar fataí rómhair orthu. Piocann siad na fataí seo agus tugann siad do na ba iad. Fadó shin, ní bhaineadh na daoine na fataí ach de réir is mar bhíodh gá leo go dtí an t-earrach, ach ní dhéantar sin anois. Baintear sa bhfómhar iad agus cuirtear isteach i bpoill iad – leaba bheag troigh go leith ar leithead, ceithre troithe i bhfaid agus sé orlaigh i ndoimhneacht iad seo.

Sorcha Mhic Graith, Baile an Mhuilinn

Stáirse

4.21.2. Fadó dhéantaí *starch* as na fataí agus uaireanta go fóill déantar é anseo. Bíonn scríobán acu agus scríobann siad na fataí agus fáisceann siad an rud a scríobadh. Fágann siad an sú ar leataobh agus i gceann cúpla uair a chloig bíonn *starch* ag tóin an phota go raibh an sú ann. An chuid a fháisceann siad, déanann siad arán as nó *boxty* mar a ghlaoitear air. Meascann siad plúr leis agus im uaireanta agus bíonn siad dá fhuineadh go mbíonn sé réidh le cur sa mbacús. Itheann siad le bainne nó le tae agus im é. Bíonn sé an-láidir.

Na fataí a bhíonns fágtha i ndiaidh an dinnéir, is minic a dhéanann siad 'potato cake' astu. Baineann siad an craiceann díobh agus brúann siad iad agus fuineann siad iad le plúr. Má dhéantar tanaí iad bíonn siad go han-deas.

Seo iad na cineáil fataí is fairsinge i m'áitse: *Dates, Kerr Pinks, Orange Banners, Epicures* (fataí luatha).

TITHE

4.22.1. Na cineáil tithe a bhí acu fadó ná tithe déanta as fóda agus cuid eile acu déanta as clocha agus an tine i lár an urláir acu agus poll mór deataigh i mbarr an tí leis an deatach a ligint amach. Ní raibh fuinneog ar bith acu ach solas an lae ag tíocht isteach ar an doras. An cineál rud a bhí acu leis an doras a dhúnadh ná píosa crompáin agus cloch mhór leagtha air mar laiste acu. Bhí leaba i gcoirnéal an tí acu agus an chuid eile de na leabaíocha taobh leis . . .

4.22.2. Bhí cuid de na tithe a bhí ann fadó shin déanta de mhóin. Ní raibh ach corr-cheann déanta de chlocha. Ní raibh seomra ar bith acu ach an chistineach; bhí dhá leaba i ngach cistineach. Ní raibh sceana nó spúnóga acu – sligeáin a bhí acu in ionad spúnóga.

Urlár créafóige a bhí ins na tithe agus bhíodh an tine i lár an urláir acu. Ní raibh simléar ar bith ar na tithe sin – poll dheataigh a bhíodh orthu. Nuair a chuireadh sé, bhíodh an fhearthainn anuas ins na poill dheataigh agus chaithfí an tine a athrú síos go héadan an tí ar fhaitíos go gcuirfí as í agus bhíodh na tithe lán le toit.

Ní bhíodh fuinneog ar bith ar na tithe fadó shin ach poill bheaga déanta ins na ballaí.

4.22.3. Fadó shin ní raibh thart san áit seo ach tithe déanta de mhóin agus ní bhíodh fuinneog ar bith orthu ach craicne caorach. Bhíodh poill bheaga anseo agus ansiúd tríd an gcraiceann. San oíche chuirfeadh siad doras beag taobh amuigh den gcraiceann leis an bhfearthainn agus an fuacht a choinneáil amach.

Ní bhíodh acu ach cisteanach agus bhíodh na leapacha le taobh an tí istigh. Ní bhíodh simléir ar bith ar na tithe ach poll dheataigh ar a mbarr. Ní bhíodh orthu ach leath-dhoras beag agus bhíodh ar na daoine cromadh nuair a bhíodh siad ag dul isteach agus amach. Is i lár an tí a bhíodh an tine i gcuid de na tithe agus i gcoirnéal an tí a bhíodh sé i gcuid eile.

4.22.4.   . . . Ní bhíodh gloine ar bith iontu ach saic sáite isteach iontu. . . Cipíní a bhíodh lasta in ionad lampaí agus nuair a bhíodh daoine ag ithe, sheasadh duine eile lena dtaobh agus cipín lasta aige nó go mbeadh siad réidh . . . Doras beag a bhíodh ar na tithe agus mataí cocháin a bhíodh iontu in ionad comhaltacha.

4.22.5. Sa tseanaimsir tithe déanta de fóide sléibhe a bhíodh ag na daoine agus bhíodh na tithe clúdaithe le cochán agus le súgáin.   Ins na fuinneoga, fóide sléibhe a bhíodh acu in áit gloine.   Ins an mbinn a bhíodh an tine acu in áit simléar.   Leaba fraoigh a bhíodh acu agus éadaí caite air agus ansin bhíodh muintir an tí ina gcodladh.   Lá geimhridh, bhíodh dhá thine acu – bhíodh ceann ins an mbinn agus ceann i lár an urláir ag coinneáil an tí te. An cineál solais a bhíodh acu coinneal sáite i bhfód móna.

4.22.6.   . . . Is é an cineál solais a bhíodh ag na daoine cipín sáite síos i mblonaig nó píosa giúsaigh. Ní bhíodh ag na daoine fadó ach teach ceann tuí agus ní bhíodh ar chuid de na tithe ach scraitheanna . . .

BAILTE

4.23.1.   Baile deas is ea Port Durlainne. Tá an fharraige thart air.   Tá sléibhte móra arda ar gach taobh de. Tá gleann beag deas ag rith tríd Phort Durlainne. Tá abha bheag ag rith síos ón scoil.

Tá go leor daoine i bPort Durlainne agus ní dhéanann siad mórán feiliméarachta mar níl go leor talaimh acu.   Déanann muintir Phort Durlainne go leor iascaireachta agus mar sin tá an fharraige go maith dóibh. Ní thógann muintir Phort Durlainne go leor beithígh mar níl mórán talaimh acu agus mar sin níl mórán oibre le déanamh acu ach amháin an iascaireacht.

4.23.2.   Baile deas é Port Durlainne. Tá go leor tithe ann agus cúpla abha ag rith síos óna sléibhte. Tá an fharraige taobh amuigh de.   Farraige mhór í an fharraige atá taobh amuigh de Phort Durlainne – tá sí ag síneadh amach i bhfad. Ní bhíonn mórán éisc insan bhfarraige uaireanta.   Bíonn an fharraige an-gharbh uaireanta agus uaireanta eile bíonn sí ciúin.

Tá gleann deas ag dul amach sa bhfarraige agus abha bheag eile ag dul amach an taobh eile den ghleann. Tá sléibhte móra arda ar gach taobh de na tithe agus altracha móra taobh amuigh de na sléibhte. Is minic a théann beithígh síos ins na haltracha agus is minic a cailleadh na beithígh sin. Tá claí beag ag dul suas taobh leis an alt go barr an tsléibhe agus ní féidir leis na beithígh an claí a thrasnú.

4.23.3.   Baile beag deas is ea Port Durlainne. Tá go leor tithe ann agus tithe úra atá ann. Tá siad aoldaite taobh amuigh agus taobh istigh.

Tá an fharraige taobh amuigh de Phort Durlainne. Tá sí ag síneadh amach i bhfad. Bíonn longaí móra ag dul go Sasana ar an bhfarraige. Tig leat iad a fheiceáil ó na haltracha. Tá sléibhte móra ar gach taobh de Phort Durlainne. Tá siad an-ard agus tá siad ag dul suas sa spéir. Tá dath donn orthu agus bíonn go leor caoirigh agus ba ann gach lá. Ní bhíonn mórán féir ann.

Tá gleann deas istigh idir na sléibhte agus tá abhainn bheag ag rith anuas ó na sléibhte agus tá sí ag rith tríd an ngleann agus tá an abhainn ag dul isteach sa bhfarraige.

Tá an fharraige an-domhain agus ceapann siad a lán iasc. Tá go leor iascairí i bPort Durlainne agus téann siad amach gach aon oíche ag iascaireacht agus ceapann siad gach sórt iasc – an bradán agus an scadán garbh agus go leor iasc eile.

4.23.4.   Tá mé i mo chónaí i bPort Durlainne. Tugtar Port Durlainne ar an mbaile seo mar bhíodh na tonnta ag bualadh in aghaidh na gcarraig. Tá 30 tithe ins an mbaile seo. Ní raibh ach 15 tithe ins an mbaile seo fadó. Níl mórán seandaoine os cionn 70 blian ins an áit seo. Níl mórán fothracha seanteach ins an áit seo. Bhí teach amháin de na Mionacháin agus bhí teach eile de na M'lábhalaigh agus bhí teach eile de na Cocsaigh ins an mbaile. Tá Gaeilge agus Béarla ag na seandaoine ins an mbaile seo. Níl siad go maith ag inseacht scéalta.

4.23.5.   Tá mé i mo chónaí i bPort Durlainne, baile atá i bparóiste Chill Chomáin in Iorras i gContae Mhaigh Eo. Tugtar Port Durlainne ar an mbaile seo mar bíonn na tonnta ag bualadh in aghaidh an chladaigh agus ag síor-luascadh na gcloch isteach agus amach.

Tá tríocha teach sa mbaile seo. Ní raibh ach 15 ann fadó. Níl mórán seandaoine os cionn 70 blian ann. Níl mórán fothrach seanteach ar an mbaile. Bhí teach amháin de na Mionacháin, agus bhí teach eile de na M'lábhalaigh agus bhí teach eile de na Coscaraigh ann. Níl an sloinne sin anois ann ar chor ar bith. Is é an sloinne is coitianta ar an mbaile

Ó Domhnaill. Dhá chéad bliain ó shin ní raibh aon Domhnallach ar an mbaile ach tháinig fear darbh ainm dó Niall Ó Domhnaill go dtí an áit agus is iad is fairsinge anois. Tá muintir Mhic Aindrias agus Flannaíle ar an dá dhream eile is fairsinge agus tá teach de na Mic Domhnaill agus Burnaigh agus Ó Neachtain ann chomh maith le fear de na Dochartaigh a tháinig chugainn as Port an Chlóidh. Tá Béarla agus Gaeilge ag na daoine ach is mó a thaithíonn siad an Béarla. Iascaireacht an tslí bheatha is seasmhaí atá acu. Talamh portaigh atá ann agus is deacair barr a bhaint de ach tá sé go maith le haghaidh féir. Tá suas le 15 curach san áit agus is mór an méid airgid a dhéanann na hiascairí gach samhradh ar bhradáin.

Níl aon choill nó crann ann ná tor ach driseacha agus níl loch ann ach na locháin bheaga sléibhe atá thart sna cnoic. Tá abhainnín beag amháin ag rith tríd an mbaile ach tá sí chomh beag suarach sin nach bhfuil fiú ainm aici ach ainm an bhaile.

4.23.6.   Is é an t-ainm atá ar mo bhaile féin Sraith an tSeagail. Tugtar an t-ainm sin air mar fadó bhí a lán seagail ag fás ann.   Baile beag deas é mo bhailese. Tá timpeall ceithre tithe déag ann, cuid cinn slinne agus cuid acu cinn tuí.   Ní raibh an oiread tithe ann fadó is atá anois.   Níl mórán fothracha seantithe ann anois. Tá siad uilig imithe ach amháin teach amháin – teach scoile a bhí ann. Sin é an scoil a raibh *Duke Ormsby* ag múineadh inti.

Níl mórán seandaoine in mo bhailese atá os cionn seachtó bliain. Níl ach duine amháin – is é an t-ainm atá air Mártan Ó Caomhánaigh. Tig leis Béarla agus Gaeilge a labhairt.   Is é an t-ainm is fairsinge in mo bhailese Máilleach.   Níl ach cúpla duine imithe go Meiriceá as an áit seo.   Ní raibh mo bhailese in aon amhrán atá ar eolas againn.

Tá sléibhte móra arda thart anseo mar Binn Mhór taobh amuigh de Leacht Murcha. Tá ceann eile Cnoc an Folaigh – tá sé taobh amuigh de Shraith an tSeagail. Tá gleannta ann chomh maith mar Loch na Meacán – mar tá meacáin ag fás ann; Loch Craobh – tugtar an t-ainm sin air mar bhíodh craobha ag fás ann. Níl aon abhainn ann ach ceann amháin agus tá an abhann sin ag rith siar go Muing na Bó.

4.23.7.   Baile beag is ea An Droichead.   Níl ach sé tithe ann anois ach bhí i bhfad níos mó ná sin ann fadó. Is iad Clann Mac Gearraí an chlann is mó acu atá ann.   Gaeilge is mó a bhíonns ar súil ag muintir an bhaile seo. Níl ach aon bhean amháin ann atá os cionn trí scór is deich mbliain d'aois. Is é an t-ainm atá uirthi – Eibhlín Ní Chomhaill.

Bhí go leor fear ceirde ann fadó agus bhí go leor fíodóirí ann.   Bhí sean-Mhicheál Mac Gearraí ina fhíodóir.   Tá sé marbh anois, go ndéana Dia grásta air.

4.23.8.   Tá mo bhaile suite i gceantar Ghleann na Muaidhe agus i bparóiste Chill Chomáin.   Is é an t-ainm atá ar an mbaile An Droichead. Fuair sé an t-ainm sin mar tá droichead déanta in aice leis.   Tá seisear clann ina gcónaí ann – triúr clann Ghearraí ann agus beirt chlann Dhomhnaill agus clann amháin Ó Ruáin.   Níl mórán seandaoine ina gcónaí ann anois – níl ach duine amháin thar thrí scór is deich mbliain.   Bhí níos mó seandaoine ann fadó.   Tá an chuid is mó acu marbh.   Tá an chuid eile imithe thar lear agus is beagán díobh a phill ar ais ó shin.

Tháinig duine amháin an lá eile – bhí sé imithe tríocha bliain.   Bhí cúigear clann ann fadó – na hainmneacha bhí orthu, Micheál Mac Gearraí, Peadar Ó Cormaic, Tomás Mac Gearraí, Pádraig Ó Domhnaill agus Aodh Ó Ruáin.   Tithe ceann tuí a bhí iontu uilig.   Níl ach ceann amháin mar sin anois.   Tá coill bheag giota beag ón mbaile in áit a dtugtar Seanphunta air.

4.23.9.   Tá mé i mo chonaí i mBaile an Mhuilinn.   Baile beag is ea é ach tá níos mó tithe ann anois ná mar a bhí fadó.   Is é an fáth a bhfuair sé an t-ainm sin, bhí muilneoir anseo fadó agus bhí muileann aige le haghaidh éadaí. . .

Bhí níos mó daoine ann fadó ná mar atá ann anois.   Chuaigh go leor acu go Meiriceá agus níor tháinig cuid acu ar ais ó shin ach chuidigh siad go maith leis na daoine a bhí sa mbaile – chuir siad airgead agus éadaí chucu.

Níl aon duine i mBaile an Mhuilinn 70 bliain d'aois.   An fear is sine sa mbaile, tá sé timpeall 65 bliain.   Tá lorg chuid de na seantithe le fáil go fóill ann.   Ní raibh aon teach ceann slinne ann ar chor ar bith ach tithe ceann tuí.   Tá athrú mór déanta ó shin – níl mórán tithe tuí ann.

4.23.10.   Seo é ceantar Bhaile an Mhuilinn.   Seo é an fáth gur glaodh an t-ainm sin air.   Bhí muilneoir ansin fadó agus ní raibh éinne ina chónaí in Éirinn ach ainmhithe fiáine agus coillte.   Ní raibh tithe ar bith ann ach nuair a tháinig na daoine bhí tithe déanta as slait acu.   Tá tithe scláta i nGleann na Muaidhe.   Tá gach teach i mBaile an Mhuilinn déanta de *cement* agus ceann slinne orthu.

Tá mé i mo chónaí i mBaile an Mhuilinn agus seo é paróiste Chill Chomáin.   Seo é an fáth gur glaodh an t-ainm sin air.   Bhí naomh ina chónaí ansin fadó darbh ainm Comán agus rinne sé cill nó teampall ansin agus glaodh Cill Chomáin air ó shin.

Tá triúr i nGleann na Muaidhe agus tá siad in ann scéalta a insint faoi Éire fadó.

4.23.11.   Tá mé i mo chónaí i mBun Abhna. Naoi dtithe atá ann – bhí 12 ann blianta ó shin. Bhí sagart ina chónaí i mBun Abhna. Bhí Áras na nGarda ann freisin.

Tá abha taobh thiar de Bhun Abhna agus taobh thiar den abhainn sin tá bóthar ar a dtugtar Bóthar na Mine. Tugadh Bóthar na Mine air ins an tseanaimsir nuair a bhí an bóthar sin dá dhéanamh is é an pá a thugtaí don lucht oibre cloch mine an duine in aghaidh na seachtaine. Tá áit ins an mbóthar sin ar a dtugtar Cnoc an Cheip mar go bhfuil go leor 'ceipe' faoin mbóthar san áit sin.

Tá poll ins an abhainn úd ar a dtugtar Spioróg agus is é an fáth gur tugadh Spioróg air ná go raibh duine uasal darbh ainm Spioróg ina chónaí i mBun Abhna agus bhíodh sé i gcónaí ag iascaireacht ins an bpoll sin agus ansin glaodh Spioróg ar an bpoll ón lá sin amach.

Tá áit eile taobh thiar den abhainn chéanna ar a dtugtar Seanphunta. Tugadh Seanphunta air mar bhí seanchlaí ann agus bhíodh ba seasca ar foscadh istigh san phunta. Dá bhrí sin, tugadh Seanphunta ar an áit.

Tá cúig Chlann Ó hÉalaí ins an mbaile agus tá gach duine acu muintearach lena chéile. Chomh maith leis tá gach duine acu in ann scéal a inseacht.

4.23.12.   Is é Sraith na Pláighe ainm mo bhailese. Is é an fáth a dtugtar an t-ainm sin ar an mbaile mar bhí pláigh ins an áit uair amháin agus bhí sé ina shraith ins an áit seo níos mó ná áit ar bith eile sa ngleann.

Ní raibh aon seantithe ins an áit fadó mar níl aon chomharthaí ins an áit. Níl aon seanchlocha san áit ach tá carn clocha inár bpáirc agus tá an féar fásta suas orthu anois agus is dócha gur duine atá curtha ansin.

Tá trí cinn déag de thithe ins an mbaile agus fadó ní raibh ach cúpla ceann ann. Is é an t-ainm Ó hÉalaí an t-ainm is mó atá sa mbaile mar tá seacht gcinn acu ann. Níl ach beirt seanduine os cionn trí scór go leith bliain. Tá ceann acu nócha agus ceann eile ochtó bliain d'aois. Is féidir leofa Gaeilge a labhairt agus scéalta Gaelacha a inseacht.

BÓITHRE

4.24.1.   Bhí casán ag dul as Port Durlainne go Béal Deirg thart faoin gcósta fadó shin. Casán Dubh an t-ainm a bhí air. Bhíodh na daoine as Port Durlainne ag dul go dtí an siopa i mBéal Deirg (seacht míle – ní raibh aon siopa i bPort Durlainne níba ghiorra dóibh), le haghaidh bídh agus is ar an gcasán seo a théadh siad.

Bhí casán eile ag dul ó Phort Durlainne go Port an Chlódh trasna an tsléibhe. Casán na g*Coastguard* an t-ainm a bhí air. Bhíodh na *coastguards* i bPort Durlainne agus i bPort an Chlóidh ag casadh ar a chéile leath bealaigh idir an dá bhaile. Ar an gcasán seo a ghabhfadh siad.

Ag Pollach, leathbealaigh idir Shraith an tSeagail agus Port Durlainne tá uaimh mhór. Uaimh Dhorcha is ainm di agus deirtear go bhfuil casán faoin talamh uaithi seo ó dheas go Contae na Gaillimhe.

4.24.2. Tuairim céad bliain ó shin a rinneadh an bóthar anuas ó Ghleann na Muaidhe go Port an Chlóidh. Fear darbh ainm dó Seán Ó Máille a bhí dá dhéanamh. An bhliain i ndiaidh bóthar Sheáin Uí Mháille a chríochnú, rinneadh bóthar aniar ó Ghreanaigh go Port Durlainne. Is é an t-ainm atá air Bóthar hÉigeartaigh.

Muintir na háite seo, nuair a bhíodh siad ag dul go Béal an Mhuirthead, chaitheadh siad a dhul siar an abhainn go dtí Droichead Mhuing na Bó. An bóthar atá ó Bharrthrá go dtí an caladh, is bóthar mine é agus is é an tiarna talún a bhí i Ros Dumhach a fuair déanta é agus chuile dhuine a bhí ag obair ann bhí cárta mine ag dul dó in aghaidh chuile dhuine a bhí ina dhiaidh sa teach.

4.24.3. Tuairim céad bliain ó shin a rinneadh an bóthar anuas ó Ghleann na Muaidhe go Port an Chlóidh . . . Roimhe sin, muintir na háite seo nuair a bhíodh siad ag dul go Béal an Mhuirthead, chaithfeadh siad an bogach a thrasnú. Ní dhearnadh aon droichead ag Muing na Bó agus bhíodh ar na daoine a dhul trasna an átha. Ba dháinséarach an rud é seo a dhéanamh in am tuile mar is abha mhór í Abhainn Mhuing na Bó agus bhí taoide ón bhfarraige dá méadú.

Lá amháin nuair a bhí tuile san abhainn, bhí bean uasal – *Annie Brady* – dá thrasnú ar charr chapaill. Tháinig muintir Mhuing na Bó ar an áit. Scaoil siad an capall ar an taobh thall agus chuir trasna agus ansin chuaigh siad féin faoin gcarr agus thug trén tuile é go dtí an taobh eile. Bhí an bhean uasal chomh buíoch sin de na fir bhochta seo gur thug sí geallúint dóibh go cuirfeadh sí droichead ann go luath. Fuair sí bás go luath ina dhiaidh sin ach má fuair féin, chomhlíon a fear an gheallúint agus tóigeadh Droichead *Annie Brady* agus sheas sé go dtí le gairid.

4.24.4. Seo na hainmneacha atá ar na bóithre ins an gceantar seo: *An Bóthar Mór*, ag rith tríd Ghleann na Muaidhe, *Bóthar Úr, Bóthar Lally, Bóthar na Mine, Buaile Ard, Bóthar Bhun na hAbhna, Bóithrín Frank, Ard an Chuilinn.*

Fuair Bóthar na Mine a ainm mar nuair a bhí siad ag déanamh Bóthar na Mine is é an sórt pá a fuair siad min bhuí.

Ins an tseanaimsir, bhí na mná amuigh ag obair chomh maith leis na fir agus gráinne mine a bhí le fáil acu. Bhí ar na fír siúl tamall maith ag obair agus an bricfeasta a bhíodh acu, pota leite agus bainne te.

An pá a bhí ag na fír mhóra timpeall naoi bpínne sa lá.

4.24.5.   Tá bóthar i ngach áit anois, beagnach.   Fadó shin, bhí sé
an-chrua bóthar a dhéanamh.   Tá bóthar ag dul siar go Poll an tSómais ón
bhóthar mhór agus tugtar Bóthar na Mine air.   Seo é an chaoi a fuair an
bóthar sin an t-ainm sin.   Nuair a bhí na daoine ag obair ar an mbóthar min
a gheobhadh siad mar phá mar ní raibh aon airgead sa tír an uair sin.
Bhíodh na mná ag obair ar an mbóthar chomh maith.   Gheobhadh cuid acu
min agus an ceann nach nglacfadh an mhin gheobhadh sí réal ar feadh an
lae.

Tá bóthar eile ag dul ón Droichead síos go Muing na Bó agus tugtar
Bóthar *Lally* air.   Is é an t-ainm a bhí ar an bhfear a rinne an bóthar sin
Lally.   Tá loch mór an taobh seo de Bhóthar na Mine agus tugtar Loch na
Seacht n-Oileán air.   Deirtear gur amach ins an loch sin a chaith Brian Rua
leabhar na tairngreachta.

4.24.6.   Timpeall céad bliain ó shin, rinneadh Bóthar Ghleann na
Muaidhe agus bhí gasúr ag obair ann darbh ainm Seán Ó hÉalaí.   Lá
amháin, tháing an ceannfort agus nuair a bhí siad timpeall míle taobh thiar
de Dhroichead Ghleann na Muaidhe, bhí loch mór uisce agus dúirt Seán
nach mbeadh aon bhóthar déanta ann go deo mar gheall ar an loch ach dúirt
an fear eile – 'Fan go bhfeice tú!'

Ansin chuir sé a lámh ina phóca agus thóg sé amach sabhran agus
chaith sé amach ins an loch é agus dúirt – 'Déanfaidh sé sin bóthar dó féin
agus mura ndéana sé é ar a leithead, déanfaidh sé é ar a eochair – agus is é
an rud céanna a bhaineann den bhóthar.'

Tá bóthar eile ar a dtugtar Bóthar na Mine agus is é an chaoi ar tugadh
an t-ainm sin air – gheobhadh gach duine greim den bhóthar le déanamh
agus nuair a bhí sin déanta aige, gheobhadh siad céad meáchain mine.   Ins
an am sin is é an lón a bhí acu, chaithfeadh siad cúpla fata a thabhairt leo
agus iad a róstadh.

ÁITAINMNEACHA

4.25.1.   *Port Durlainne.*   Thug siad Port Durlainne air mar bhíodh na
tonnta ag bualadh in aghaidh na gcarraigeacha agus mar sin thug siad Port
Durlainne air.

4.25.2.   *Alt Redmond.*   Thug siad *Alt Redmond* air mar lá amháin
chuaigh daoine as Port Durlainne go Port an Chlóidh i mbád seoil.   Bhí
fear leo darbh ainm dó *Redmond*.   Nuair a bhí siad taobh leis an alt,
chuaigh an ghaoth faoin tseol agus tiontaíodh an bád.   Chuaigh *Redmond*

suas ar an alt agus bhí sé sábháilte. Bhí na daoine eile báite. Tháinig Redmond go dtí Port Durlainne ina *Choastguard* agus d'imigh sé arís.

4.25.3. *Claí Dubh.* Thug siad *Claí Dubh* air mar bhí claí ann déanta de fhóid. Mar sin thug said *Claí Dubh* air.

4.25.4. *Lag an Chró.* Tá an t-ainm sin air mar san am fadó, bhíodh na daoine ag déanamh uisce beatha ann agus bhí tithe ann agus tugtar *Lag an Chró* ar an áit ó shin.

4.25.5. *Ascaill Raithní.* Tá an t-ainm sin air mar san am fadó, bhí raithneach ag fás ann agus tugtar *Ascaill Raithní* ar an áit ó shin.

4.25.6. *Scrathannaí* Willim. Is é an fáth gur tugadh *Scrathannaí* Willim ar an áit seo mar gur le fear darbh ainm dó *Willim* é.

4.25.7. Tá na háiteanna seo uilig go léir i Sraith an tSeagail:
Garraí Lín. Tá an t-ainm sin air mar fadó bhíodh lín ag fás ann.

4.25.8. *Corrach na nGamhna.* Tugtar an t-ainm sin ar an áit mar bhíodh go leor gamhna óga ann fadó.

4.25.9. *Garraí an Ailt.* Tugtar an t-ainm sin air mar bhí alt beag ar thaobh amháin de.

4.25.10. *Gainimh.* Tá an t-ainm sin ar an áit mar is talamh gainimhe é.

4.25.11. Is i Leachta Murcha atá na hainmneacha seo a leanas:
Garraí Garbh – garraí é seo agus tá a lán féir ghairbh ag fás ann.

4.25.12. *Bun an Mhachaire.* Páirc réidh atá ann agus ag a bhun atá an áit seo.

4.25.13. *Cnocán Carrach.* Tá a lán carraigeacha ann agus tá cnocán mór ann. Sin é an fáth go dtugtar an t-ainm sin ar an áit.

4.25.14. Tá áit taobh thoir de Bhun Altaí agus tugtar Clais Mhuiris air. Deirtear go mbíonn na daoine maithe ann.

Pádraig Mac Graith, Baile an Mhuilinn

LEACHTA CHLOCH

4.26.   Tá go leor cairn chloch ar thaobhanna na mbóthar sa cheantar, áiteacha a fuarthas daoine marbh nó áiteacha a leagadh corp agus é a thabhairt go dtí an reilig.

Fuarthas fear marbh thiar in aice le Bun an Bhóthair idir Phort Durlainne agus Greanaigh. Is amhlaidh go ndeachaidh sé amú agus luigh sé síos ar thaobh an bhóthair agus é ar meisce oíche fhuar agus bhí sé púnáilte ar maidin. Sa mbliain 1920 a tharla sé seo agus tá carn cloch ar thaobh an bhóthair. Ní chuirtear aon chloch anois leis ach uaireanta agus na daoine ag dul thar an áit. Deireann siad – 'Go ndéana Dia trócaire ar anam na marbh.'

Fuarthas fear eile marbh idir Phort Durlainne agus Sraith an tSeagail agus tá carn cloch san áit. Seán Ó Gearbháin a bhí mar ainm air.

Ar an mbóthar go dtí Ros Dumhach tá carn cloch agus is amhlaidh a leagadh an corp ar thaobh an bhóthair anseo go ndéanfadh lucht a iompair a scríste nuair a bhí siad á thabhairt go dtí an reilig i bPoll an tSómais.

REILIGÍ

4.27.   Tá reilig i bPoll an tSomáis a dtugann siad mar ainm air, Cill Chomáin agus tá sé ar thaobh an chnoic os cionn na farraige agus is é an fáth go dtugtar Cill Chomáin air mar go raibh naomh ina chónaí ann a dtugtaí mar ainm air Naomh Comán agus d'fhág sé tobar beannaithe ann mar a gcéanna.

Tá reiligí beaga eile ann chomh maith a gcuirtear páistí gan baisteadh iontu agus tugann na daoine mar ainm orthu cillíní. Tá ceann i Sraith an tSeagail, ceann ins an Ros, ceann i nGleann Chalraigh agus ceann eile in Inbhear.

Tá teampall eile i nDún Fhíne go bhfuil séipéal déanta ann agus rinneadh é in aon oíche amháin. Scata caorach a bhí á dhéanamh agus chuirfeadh siad ceann air ach chomh beag fear a bhí ag dul an bóthar ar maidin go moch nár chuir aon 'Bhail ó Dhia' orthu.

TOBAR BEANNAITHE

4.28.1.   Tá Cill Ghallagáin suite taobh thiar de Cheathrú Thaidhg. Tugann siad Cill Ghallagáin ar an áit sin mar go raibh fear ina chónaí ann agus Naomh Gallagán a thugadh siad air. Tá tobar naofa thiar ag Cill Ghallagáin agus bíonn na daoine ag dul go dtí an tobar sin gach fómhar.

Nuair a bhíonn duine tinn agus má éiríonn sé níos fearr, corraíonn an t-uisce. Bhí séipéal thiar ag Cill Ghallagáin agus tá roinn de ansin go fóill. Tá an bun fágtha go fóill.

Bhí naomh eile ina chónaí taobh istigh de Bhaile an Chaisil agus théadh sé go dtí Leacht Satharnáin gach lá agus bhíodh cloch le gach duine acu agus tá an leacht ansin go fóill. Nuair a bhíodh Naomh Gallagán ag dul siar bhíodh an ghrian ina aghaidh agus nuair a bhíodh sé ag dul soir bhíodh sí ina aghaidh agus d'éirigh sé dall.

4.28.2. Tá tobar Naomh Gallagán in aice na habhann agus tugann cuid de mhuintir na háite cuairt air Satharn ar bith sa Lúnasa. Téann siad ar a nglúna agus deireann siad paidreacha – 'Ár nAthair' agus 'Sé do bheatha a Mhuire' – thart ar an tobar agus ansin bíonn an stáisiún déanta acu. Éinne atá ag éagcaoin, má théann sé ann agus an stáisiún a dhéanamh agus má chorraíonn an t-uisce sa tobar, leigheasfar é. Muna gcorraíonn an t-uisce ní bheidh aon leigheas ann.

Cuireadh Naomh Gallagán ina chill féin agus deirtear go raibh a lán leabhar aige agus go bhfuil siad faoin gcarn chloch atá ar áit na cille go fóill.

Níl aon duine sa cheantar seo de ainm an naoimh agus ní bhíonn aon lá féile dó ach oiread.

SIOPADÓIREACHT

4.29. Ní raibh aon siopa thart anseo fadó ach siopa amháin a bhí i mBéal Deirg agus chaithfeadh siad a dhul go Béal Deirg faoi dhéin a gcuid earraí. Ní raibh aon bhóthar ag dul go dtí Béal Deirg an uair sin agus chaithfeadh siad dhul trasna an tsliabh agus chaithfeadh siad na rudaí a iompar ar an ndroim, mar nárbh fhéidir leis an capall siúl ar an mbogach. Agus chaithfeadh siad a dhul go dtí Béal an Mhuirthead nuair a bheadh éadaí ag teastáil uathu le ceannacht. Agus nuair nach mbeadh an t-airgead acu, thabharfadh siad ba agus caoirigh don tsiopadóir. Bhíodh mná ag dul thart ag díol siúcra agus snáth agus gorm.

NÓTAÍ

Caibidil 1 – 4

Tugtar anseo thíos eolas faoi na foinsí as ar baineadh ábhar an leabhair seo, mar atá, cóipleabhair dhaltaí na dtrí scol atá i gceist anseo agus an dá imleabhar de chuid Bhailiúchán na Scol – S129 ó leathanach 273 go leathanach 348 [= S129] agus S130 ó leathanach 159 go leathanach 373 [= S130]. Ábhar ó S.N. Ros Dumhach atá in S129: 273-348, ábhar ó S.N. Phort Durlainne atá in S130: 158-311 agus ábhar ó S.N. Ghleann na Muaidhe atá in S130: 312-73.

Déantar ainm an bhailitheora agus an scoil go raibh sé nó sí ag freastal uirthi (**G** = Gleann na Muaidhe, **P** = Port Durlainne agus **R** = Ros Dumhach) a lua mar aon le hainm agus aois an fháisnéiseora agus dáta cruinn ócáid na bailitheoireachta chomh fada agus is féidir. Is minic, áfach, nach mbíonn fáil ar eolas faoi aois an fhaisnéiseora nó an dáta gur scríobhadh síos an t-ábhar ins na bunfhoinsí. Tugtar ins an Aguisín (1.193-194) eolas faoi ainm bhaile dhúchais agus bliain bhreithe agus bliain bháis gach bailitheora agus gach faisnéiseora mar is cuí nuair is eol dúinn iad.

Léirítear chomh maith gnéithe den choibhneas atá idir ar bailíodh de bhéaloideas i gcóipleabhair na ndaltaí agus a bhfuil de bhéaloideas in S129/S130, cuid de go ndearnadh *athscríobh* air, cuid go ndearnadh *trascríobh* air agus cuid eile de arís nach bhfuil fáil air ach i gceann amháin den dá fhoinse thuasluaite. Glactar leis mura gcuirtear a mhalairt in iúl gurab é an múinteoir a rinne an t-athscríobh nó an trascríobh seo (féach nóta 4, 1.19-20).

Déantar crosthagairtí a sholáthar d'ábhar eile an leabhair seo mar is cuí agus tagraítear d'altanna agus do leabhair a bhfuil baint acu lena bhfuil dá chur i láthair anseo. I gcás na scéalaíochta i gCaibideal 2, tagraítear chomh maith do thíopanna náisiúnta nó idirnáisiúnta de chineál amháin nó de chineál eile a bhaineann leis an ábhar seo agus nuair is féidir é, déantar na leaganacha seo a shuíomh i gcomhthéacs a luaitear le leaganacha eile díofa ó Bhailiúchán na Scol i gContae Mhaigh Eo sa *TIF*.

Ag plé le *haon fhaisnéiseoir amháin* a bhí formhór na ndaltaí – duine éigin go raibh gaol gairid acu leis nó léi den gcuid is mó – agus liostáltar anseo thíos ainmneacha na ndaltaí agus na mbailitheoirí áirithe seo. Glactar leis ina dhiaidh seo gur leis na faisnéisoirí seo amháin gur cheart ainmneacha na ndaltaí seo a cheangal mura gcuirtear a mhalairt in iúl. Déantar bailitheoirí agus faisnéiseoirí uile an bhailiúcháin seo a liostáil san Aguisín i ndeireadh an leabhair (1.193 – 194).

S.N. GHLEANN NA MUAIDHE

Bailitheoirí		Faisnéiseoirí
Cáit Ní Chuirleáin	....	Áine Bean Uí Chuirleáin
Cáit Ní Dheagánaigh	....	Pádraig Ó Deagánaigh
Máire Nic Graith	....	Pádraig Mac Graith
Áine Nic Gearraí	....	Éamonn Mac Gearraí
Micheál Mac Gearraí	....	Seán Mac Gearraí
Máire Ní Éalaí	....	Antaine Ó hÉalaí
Seán Ó Móráin	....	Tomás Ó Móráin

S.N. PHORT DURLAINNE

Micheál Ó Baoill	... .	Micheál Ó Baoill
Mairéad Ní Dhochartaigh	... .	Séamus Ó Dochartaigh
Máirín Ní Dhomhnaill	... .	Máire Uí Dhomhnaill
Pádraig Ó Domhnaill	... .	Máire Uí Dhomhnaill
Tomás Ó Domhnaill	... .	Antaine Ó Domhnaill
Máire Ní Earcáin	... .	Séamas Ó hEarcáin
Mairéad Ní Mháille	... .	Pádraig Ó Máille

S.N. ROS DUMHACH

Mairéad Ní Ghionnáin	....	Seán Ó Gionnáin

Caibideal 1

1.1. S130: 323-4. Micheál Mac Gearraí (**G**) a bhailigh. Tá '4.38' (an dáta) scríofa ag an mhúinteoir faoina bhun. Níl fáil ar an amhrán seo i gcóipleabhar an dalta seo. Féach S. Ó Catháin agus C. Uí Sheighin, *A Mhuintir Dhú Chaocháin Labhraígí Feasta!* Indreabhán 1987 (Ó Catháin agus Uí Sheighin anseo feasta), l, 65, agus nóta 3.1.1., l. 178 agus É. Mhac an Fhailigh, *The Irish of Erris,* Dublin 1968, l. 121-7.

1.2. As cóipleabhar Bhríd Ní Ghallchóir (**R**), l. 23. Is é 22.11.1938 an dáta atá curtha aici leis. 'Séamas Ó Coiligh a d'aithris' atá scríofa ag an mhúinteoir faoina bhun. Tá sé leagtha aici ar 'Phádraig Mac Diarmaid'.

Ní hionann an t-amhrán seo agus an t-amhrán a bhfuil 'Bád an Chalaidh' air in Ó Catháin agus Uí Sheighin, l. 66-7.

1.3. As cóipleabhar Mhairéad Ní Ghionnáin (**R**), l, 4. Is é 16.11.1938 an dáta atá ar chlúdach an chóipleabhair seo nach bhfuil líonta uilig aici ann ach sé leathanaigh.

1.4. As cóipleabhar Bhríd Ní Ghallchóir (**R**), l. 21-2. Is é 21.11.1938 an dáta atá curtha aici leis. 'Seán Mac Diarmaid a rinne é' atá scríofa aici faoina bhun (féach nóta 4.4.3., l.183) agus 'Séamas Ó Coiligh a d'aithris' atá scríofa ag an mhúinteoir faoina bhun sin arís.

Tá leagan eile den amhrán seo i gcló ag J.N. Hamilton, 'Phonetic Texts of the Irish of North Mayo,' *Zeitschrift für celtische Philologie* Iml. 31 (1970), l. 197. Maidir le seanchas na háite faoi na sionnaigh, féach Ó Catháin agus Uí Sheighin, l. 62-3 agus nóta 2.7.5., l. 176.

1.5. As cóipleabhar Bhríd Ní Ghallchóir (**R**) l. 15-6. Is é 11.11.1938 an dáta atá curtha aici leis. 'Micheál Mac Graith a rinne é' atá scríofa aici faoina bhun agus 'Séamas Ó Coiligh a d'inis' atá scríofa ag an mhúinteoir faoina bhun sin arís.

1.6. As cóipleabhar Áine Ní Roithleáin (**R**), l. 24-5. Is é 22.11.1938 an dáta atá curtha aici leis. 'Micheál Mac Graith a rinne é' atá scríofa aici faoina bhun agus 'Bríd Ní Rodaí (66) a thug síos an t-amhrán seo' atá scríofa ag an mhúinteoir faoina bhun sin arís.

1.7. As cóipleabhar Áine Ní Roithleáin (**R**), l. 22-3. Is é 17.11.1938 an dáta atá curtha aici leis. 'Micheál Mac Graith a rinne é' atá scríofa aici faoina bhun agus 'Séamas Ó Coiligh a d'aithris' atá scríofa ag an mhúinteoir faoina bhun sin arís. Scríobh Caitlín Ní Chorrdhuibh (**R**) an t-amhrán céanna ina cóipleabhar (l. 20-1) glan díreach focal ar fhocal lá ina dhiaidh sin agus tá an chéad cheathrú de leagan de arís ag Áine Ní Ghionnáin (**R**) ina cóipleabhar siúd (l.13). Fuarthas na leaganacha seo ó Shéamas Ó Coiligh.

1.8. As cóipleabhar Chaitlín Ní Chorrdhuibh (**R**), l. 17-9. Is é 15.11.1938 an dáta atá curtha aici leis. 'Séamas Ó Coiligh a rinne é' atá scríofa aici faoina bhun agus 'Séamas Ó Coiligh a d'inis' atá scríofa ag an mhúinteoir faoina bhun sin arís. Tá an t-amhrán seo ag beirt dalta eile de chuid na scoile seo chomh maith. Áine Ní Roithleáin (l. 15-7), a scríobh dhá lá ina dhiadh sin arís é. Tá na trí leaganacha seo mórán focal ar fhocal lena chéile.

1.9. As cóipleabhar Mháire Ní Ghionnáin (**R**), l. 12. Is é 14.11.1938 an dáta atá curtha aici leis. 'Seán Ó Dónaill a rinne é' atá scríofa aici faoina bhun agus 'Seán Ó Roithleáin a d'inis' atá scríofa ag an mhúinteoir faoina bhun sin arís. Scríobh triúr eile de dhaltaí na scoile seo – Caitlín Ní Chorrdhuibh (l. 15), Máire Ní Chorrdhuibh (l. 13) agus Áine Ní Roithleáin (l. 17) an blúire seo d'amhrán chomh maith, mórán focal ar fhocal lena chéile ina gcuid cóipleabhar. Ar an 11.11.1938 a scríobh siadsan é ó Shéamas Ó Coiligh agus is é 'Seán Ó Dónaill' a ainmnítear acu araon ina údar leis.

1.10. As cóipleabhar Mhairéad Ní Ghionnáin (**R**), l. 2-3. Is é 16.11.1938 an dáta atá ar chlúdach an chóipleabhair aici, cóipleabhar nach bhfuil líonta aici ann ach sé leathanaigh.

1.11. As cóipleabhar Chaitlín Ní Chorrdhuibh (**R**), l. 16. Is é 13.11.1938 an dáta atá curtha aici leis. Scríobh beirt dalta eile de chuid na scoile seo an blúire seo d'amhrán ar an dáta céanna – Máire Ní Ghionnáin (l. 11) agus Áine Ní Roithleáin (l. 18). Scríobh beirt eile de chuid daltaí na scoile seo arís é ina gcuid cóipleabhar – Máire Ní Chorrdhuibh (l. 14) ar an 17.11.1938 agus Áine Ní Roithleáin (gan aon dáta). Ó 'Phádraig Ó Gearbhaigh' a fuair na daltaí seo uilig an píosa seo. 'Tá an t-amhrán seo ag chuile dhuine san áit' atá scríofa ag an mhúinteoir i gcóipleabhar Mháire Ní Chorrdhuibh.

1.12. As cóipleabhar 2 le Caitlín Nic Graith (**R**), l, 17-21. 'Máire Bean Mhic Graith a d'aithris' atá scríofa ag an mhúinteoir faoina bhun. Tá trascríobh déanta ag Caitlín air in S129: 315-8.

Féach M. Ó Tiománaidhe, *Abhráin Ghaedhilge an Iarthair*, I, Baile Átha Cliath 1906, l. 17-9 agus Mhac an Fhailigh *op. cit.* l. 131-3.

Amhrán de chuid Shéamais Mhic Oscair (féach Ó Tiománaidhe *op. cit.*, 1. 4-5).

1.13. S129: 334-6. Tomás Ó Gallchóir (**R**), a bhailigh ó Phádraig Ó Mionacháin. An múinteoir féin a scríobh isteach in S129 é agus is in innéacs an mhúinteora (S129: 276) a thugtar ainm an bhailitheora agus an fhaisnéiseora. Níl fáil ar chóipleabhar an dalta seo.

Féach Ó Catháin agus Uí Sheighin, 1, 68-0 agus nóta 3.1.4., 1. 179-80, agus mar aon leis sin M. Ó Gallchobhair, 'Amhráin ó Iorrus', *Béaloideas* Iml. 10 (1940), l, 233.

1.14. S129: 341-2. Mairéad Ní Ghionnáin (**R**), a bhailigh ó Phádraig Ó Dochartaigh (65). An múinteoir féin a scríobh isteach in S129 é agus is in innéacs an mhúinteora (S129: 276) a thugtar ainm an bhailitheora agus an fhaisnéiseora. Níl fáil ar an amhrán seo i gcóipleabhar an dalta seo.

Féach Ó Catháin agus Uí Sheighin, l. 68-9.

1.15. S129: 328-30. Cáit Ní Bhaoláin (**R**) a bhailigh ó Mhicheál Ó Baoláin. An múinteoir féin a scríobh isteach in S129 é agus is in innéacs an mhúinteora (S129: 275) a thugtar ainm an bhailitheora agus an fhaisnéiseora. Níl fáil ar chóipleabhar an dalta seo.

Féach Ó Tiománaidhe, *op. cit.*, 1. 84 agus Ó Gallchobhair *op. cit.*, 1. 226.

1.16.1. S129 : 347-8. Áine Ní Ghionnáin (**R**) a bhailigh ó Phádraig Ó Dochartaigh é. An múinteoir féin a scríobh isteach in S129 é agus is in innéacs an mhúinteora (S129 : 275) a thugtar ainm an bhailitheora agus an fhaisnéiseora. Níl fáil ar an amhrán seo i gcóipleabhar an dalta seo.

Féach Ó Tiománaidhe *op. cit.*, 1. 70-1 agus T. Ó Concheanainn, *Nua-Dhuanaire* 3, Baile Átha Cliath 1978, Uimh. 5, 1. 5.

1.16.2. As cóipleabhar Bhríd Ní Ghallchóir (**R**) l. 18-20. Is é 18.11.1938 an dáta atá curtha aici leis. 'Bríd Uí Ghallchóir (45) a d'aithris' atá scríofa ag an múinteoir faoina bhun.

Féach 1.16.1. thuas.

1.17. S129: 326-7. Tomás Ó Gallchóir (**R**) a bhailigh ó Phádraig Ó Mionacháin (40). An múinteoir féin a scríobh isteach in S129 é agus is in innéacs an mhúinteora (S129: 275) a thugtar ainm an bhailitheora agus an fhaisnéiseora. Níl fáil ar chóipleabhar an dalta seo.

Féach M. agus T. Ó Máille, *Amhráin Chlainne Gaedheal*, Baile Átha Cliath 1905, Uimh. 55, 1. 120-2.

1.18. S129: 337-8. Tomás Ó Gallchóir (**R**) a bhailigh ó Mhicheál Ó Baoláin. An múinteoir féin a scríobh isteach in S129 é agus is in innéacs an mhúinteora (S129: 275) a thugtar ainm an bhailitheora agus an fhaisnéiseora. Níl fáil ar chóipleabhar an dalta seo. Féach Ó Catháin agus Uí Sheighin, l. 69-70 agus nóta 3.1.5., l. 180.

1.19. S129: 344. Mairéad Ní Ghionnáin (**R**) a bhailigh ó Antaine Mac Graith. An múinteoir féin a scríobh isteach in S129 é agus is in innéacs an mhúinteora (S129: 275) a thugtar ainm an bhailitheora agus an fhaisnéiseora. Níl an t-amhrán seo i gcóipleabhar an dalta seo. Féach Ó Tiománaidhe *op. cit.*, l. 77 agus M. Ó Tiománaidhe '*Scéalta Gearra So-Léighte an Iarthair* II,' Baile Átha Cliath, 1906, l. 61 mar aon le Ó Concheannainn, *op. cit.*, Uimh. 30, l. 35.

1.20. S129: 345-6. Mairéad Ní Ghionnáin (**R**) a bhailigh ó Antaine Mac Graith. An múinteoir féin a scríobh isteach in S129 é agus is in innéacs an mhúinteora (S129: 276) a thugtar ainm an bhailitheora agus an fhaisnéiseora. Níl an t-amhrán seo i gcóipleabhar an dalta seo. Féach D. Hyde, *Abhráin Grádh Chúige Connacht*, Baile Átha Cliath, 1895, l, 94-6 agus M. agus T. Ó Máille *op. cit.*, Uimh. 62, l. 135-7.

1.21. S129: 331-2. Cáit Ní Bhaoláin (**R**) a bhailigh ó Bhríd Ní Chorrdhuibh. An múinteoir féin a scríobh isteach in S129 é agus is in innéacs an mhúinteora (S129: 275) a thugtar ainm an bhailitheora agus an fhaisnéiseora. Níl fáil ar chóipleabhar an dalta seo.
Tá an-chosúlacht idir chuid de cheathrúnacha an amhráin seo agus cuid de cheathrúnacha dhá amhrán eile – 'An Buachaillín Aerach' agus 'Coinleach Glas an Fhómhair' (féach R. Ní Fhlathartaigh, *Clár Amhrán Bhaile na hInse*, Baile Átha Cliath 1976, Uimh. 10, l. 7 agus Uimh. 43, l. 32). Táimid buíoch den Dr Ríonach uí Ógáin as an eolas seo.

1.22. As cóipleabhar é le Caitlín Nic Graith (**R**), l. 22-5. 'Seán Ó Conaill' ainm an chumadóra atá tugtha aici. 'Máire Bean Mhic Graith a d'aithris' atá scríofa ag an mhúinteoir faoina bhun. Tá trascríobh déanta ag Caitlín air in S129: 318-20.

1.23. S129: 339-40. Mairéad Ní Ghionnáin (**R**), a bhailigh ó Shéamas Ó Baoláin (32). An múinteoir féin a scríobh isteach in S129 é agus is in innéacs an mhúinteora (S129: 275) a thugtar ainm an bhailitheora agus an fhaisnéiseora. Níl an t-amhrán seo i gcóipleabhar an dalta seo.

1.24.   As cóipleabhar Éabha Ní Chorrdhuibh (**R**), l. 12-4. Ó Mhicheál Ó Corrdhuibh, a fuair sí é. Tá trascríobh déanta ag an mhúinteoir air in S129: 323-5.
Féach M. agus T. Ó Máille, *op. cit.*, Uimh. 71, l. 152.

1.25.   S129:343. Áine Ní Roithleáin (**R**), a bhailigh ó Antaine Mac Graith (68). An múinteoir féin a scríobh isteach in S129 é agus is in innéacs an mhúinteora (S129:276) a thugtar ainm an bhailitheora agus an fhaisnéiseora. Níl an t-amhrán seo ag Áine ina cóipleabhar.
Féach P. Breathnach, *Ár gCeol Féinig*, Baile Átha Cliath 1920, l. 4-5.

1.26.   As cóipleabhar Mhairéad Ní Dhochartaigh (**R**), l. 51.
Féach D. Ó Laoghaire, *Ár bPaidreacha Dúchais*, Baile Átha Cliath 1975, Uimh. 71, l. 29.

1.27.   As cóipleabhar Mhairéad Ní Dhochartaigh (**R**), l. 51.
Féach Ó Laoghaire *op. cit.*, Uimh. 288, l. 98. agus G. Stockman, *The Irish of Achill, Studies in Irish Language and Literature*, Iml. 2, Belfast 1974, l. 220, 257, 277.

1.28.   As cóipleabhar Mhairéad Ní Dhochartaigh (**R**), l. 51.
Féach Ó Catháin agus Uí Sheighin, l. 75 agus nóta 3.2.3, l. 181, agus Ó Laoghaire *op. cit.*, Uimh. 246, l. 76 agus Stockman *op. cit.*, l. 146, 222.

Caibideal 2

2.1. AT 671, The Three Languages

As cóipleabhar Chaoimhín Uí Bheoláin (**G**), l. 12-4. Bríd Ní Dhochartaigh atá luaite ag an mhúinteoir ina faisnéiseoir leis. Tá athscríobh déanta air ag an mhúinteoir in S130: 372-3.

Dhá scór leagan den scéal seo a bailíodh in Éirinn agus tá fáil ar chúig cinn acu sin i mBailiúchán na Scol ó Chontae Mhaigh Eo, orthu sin an leagan seo ó Ghleann na Muaidhe. Tá fáil ar leagan de leaganacha seo Bhailiúchaín na Scol in Ó Catháin agus Uí Sheighin, l. 17-20 agus nóta 1.8., l. 169.

Tá leagan Iorrasach eile ag S. O'Sullivan in *Folktales of Ireland*, London 1966, l.133-6 agus nótaí, l. 268.

2.2. AT 852, The Hero Forces the Princess to Say "That is a Lie".

As cóipleabhar Mhairéad Ní Dhochartaigh (**P**), l. 26-7. Is é an 17.12.1937 an dáta atá curtha aici leis. Tá athscríobh déanta ag an mhúinteoir air in S130: 165.

Bailíodh os cionn dhá chéad go leith leagan den scéal seo in Éirinn agus tá fáil ar naoi gcinn acu seo i mBailiúchán na Scol ó Chontae Mhaigh Eo, orthu sin an leagan seo ó Phort Durlainne.

Féach O'Sullivan, *op. cit.*, l. 249-52 agus nótaí, l. 286.

2.3. Cf. AT 875, The Clever Peasant Girl

As cóipleabhar Mháire Ní Earcáin (**P**), l. 38-41. Is é 4.5.1938 an dáta atá curtha aici leis.

Ag ionsaí seacht gcéad leagan den scéal seo a bailíodh in Éirinn agus tá fáil ar shé cinn ar fhichead acu sin i mBailiúchán na Scol ó Chontae Mhaigh Eo. Ní áirítear an leagan seo ó chóipleabhar an dalta seo orthu sin. Tá fáil ar leagan de leaganacha seo Bhailiúchán na Scol in Ó Catháin agus Uí Sheighin, l. 25-6, agus féach nóta 1.11., l. 169.

2.4. AT 1210, The Cow is Taken to the Roof to Graze + AT 1287, Numskulls unable to Count their Own Number.

As cóipleabhar Mhairéad Ní Mháille (**P**), l. 31-32. Is é 17.1.1938 an dáta atá curtha aici leis.

Bailíodh rud beag os cionn dhá chéad leagan den scéal seo in Éirinn agus tá fáil ar shé cinn acu sin i mBailiúchán na Scol ó Chontae Mhaigh Eo. Ní áirítear an leagan seo ó chóipleabhar an dalta seo orthu sin.

2.5. AT 1386, Meat as Food for Cabbage + AT 1653A, Guarding the Door

As cóipleabhar Mháire Ní Earcáin (**P**), l. 16-7. Is é 26.10.1937 an dáta atá curtha aici leis.

Rud beag os cionn dhá chéad leagan den scéal seo a bailíodh in Éirinn agus tá fáil ar chúig cinn déag acu sin i mBailiúchán na Scol ó Chontae Mhaigh Eo. Mar atá anseo, nascadh den dá thíopa seo atá i gceist lena bhformhór siúd. Ní áirítear an scéal seo ó chóipleabhar an dalta seo ar na leaganacha sin. Tá fáil ar leagan de leaganacha seo Bhailiúchán na Scol in Ó Catháin agus Uí Sheighin, l. 26-7 agus nóta 1.12., l. 170.

2.6. AT 1544, The Man who got a Night's Lodging

As cóipleabhar 1 le Caitlín Nic Graith (**R**), l. 10-6. Seo an méid atá scríofa ag an mhúinteoir faoina bhun – 'Pádraig Ó Corrduibh . . . . a d'inis an scéal seo. Tá Pádraig 60 bliana d'aois. Óna athair a chuala sé é. Proinsias ab ainm dó.' Tá trascríobh déanta ag Caitlín ar an scéal seo in S129: 284-7.

Dhá chéad seasca sé leagan den scéal seo a bailíodh in Éirinn agus tá fáil ar sheacht gcinn acu sin i mBailiúcháin na Scol ó Chontae Mhaigh Eo, orthu sin an leagan seo ó Ros Dumhach.

2.7. AT 1698, Deaf Persons and their Foolish Answers

As cóipleabhar Cháit Ní Dheagánaigh (**G**), l. 3-4. Is iomaí sin scéal atá clúdaithe faoi chreatlach uimhir agus teideal an tíopa seo sa *TIF*. Tá ina measc ceithre cinn ó bhailiúchán na Scol, mar an ceann seo. Ní áiritear an leagan seo ó Ghleann na Muaidhe ar liosta an *TIF*.

Féach S. Ó Catháin, ' "Butter, Sir. . . ." AT1698 and 1699 – A Typological Sandwich,' *Béaloideas* Iml. 45-47 (1977-1979), 84-117.

2.8. AT 1889 G, Man Swallowed by Fish

As cóipleabhar Mhairéad Ní Mháille (**P**), l. 17-8. Is é 26.10.1937 an dáta atá curtha aici leis. Tá athchríobh déanta ag an mhúinteoir ar an scéal seo in S130:164.

Thimpeall is leithchéad leagan den scéal seo a bailíodh in Éirinn agus tá fáil ar chúig cinn acu sin i mBailiúchán na Scol ó Chontae Mhaigh Eo, orthu sin an leagan seo ó Phort Durlainne.

2.9 AT 1376 A* Storyteller interrupted by Women

As cóipleabhar Éabha Ní Chorrdhuibh (**R**), l. 3-7. 'Seán O Roithleáin a d'inis atá scríofa ag an mhúinteoir faoina bhun.

Tá fáil ar shamplaí eile den Rúraíocht agus den bhFiannaíocht in S129 ó dhaltaí Scoil Náisiúnta Ros Dumhach, mar shampla: 'Diarmaid agus Gráinne' (l. 305) agus 'Fionn in Áras na bhFir Mhóra' (l.306) agus tá siad seo agus ábhar Fiannaíochta eile mar 'Fionn Mac Criosde' (Caitlín Ní Chorrdhuibh [l.1], ar fáil i gcóipleabhair dhaltaí na scoile seo chomh maith. Leaganacha truaillithe nó drochinsintí – cuid mhaith acu a breacadh síos ó Sheán Ó Roithleáin, más fíor – atá iontu seo. Féach *HIF*, l. 593, Uimh. 17, agus l. 598, Uimh. 1 mar aon le O'Sullivan, *op. cit.* (1966), l. 264-5.

2.10.   Scéal Fiannaíochta é seo. Féach *HIF* l. 593 Uimh. 18. As cóipleabhar Mháire Ní Ghionnáin (**R**), l. 1-2. Is é 22.8.1938 an dáta atá curtha aici leis. 'Seán Ó Roithleáin (72)' atá luaite ina fhaisnéiseoir leis ag an mhúinteoir. Fuair triúr dalta eile de chuid na scoile seo an scéal seo ó Sheán Ó Roithleáin chomh maith, más fíor, agus tá sé acu ina gcuid cóipleabhar – Caitlín Ní Chorrdhuibh (l. 6), Máire Ní Chorrdhuibh (l. 4) agus Áine Ní Roithleáin (l. 7). Tá leagan ag Bríd Ní Ghallchóir (**R**), l. 3, ina cóipleabhar siúd chomh maith.

2.11.1.   As cóipleabhar 1 le Caitlín Nic Graith (**R**), l. 1-3. Is é 22.11.1937 an dáta atá curtha aici leis. 'Ó Phádraig Ó Corrduibh . . . 60 bliain d'aois' atá scríofa ag an mhúinteoir faoina bhun. Tá trascríobh déanta aici air in S129: 277-8.

Maidir le Brian Rua, féach M. Ó Tiománaidhe, *Targaireacht Bhriain Ruaidh Uí Chearbháin agus Stair-Sheanachas le cois,* Baile Átha Cliath, 1906 = *Sgéalta Gearra an Iarthair,* Baile Átha Cliath 1911, l. 19; *Béaloideas* Iml. 10, l. 56; Iml. 13. l. 209, Iml. 15, l. 88 agus Iml. 16, l. 221.

2.11.2.   As cóipleabhar Mhairéad Ní Mháille (**P**), l. 1. Is é 12.7.1937 an dáta atá curtha aici leis. Tá an cuntas céanna, mórán, ag Mairéad Ní Dhochartaigh (l. 1), Pádraig Ó Domhnaill (l. 11) agus Tomás Ó Domhnaill (l. 24) ina gcuid cóipleabhar – tá an dá chuntas deiridh acu seo focal ar fhocal lena chéile. Baineann na píosaí seo uilig leis an gcuid sin de chóipleabhair na ndaltaí seo ina bhfuil lear mór 'aistí' nár mheas an múinteoir aon ábhar béaloidis a theacht i gceist iontu. I dtús an fhómhair sa bhliain 1937 a scríobhadh na haistí seo sa scoil seo. Féach 2.11.1. thuas.

2.11.3.   As cóipleabhar Cháit Ní Dheagánaigh (**G**), l. 1-2. Tá trascríobh déanta aici air in S130: 319-20. 'An té a d'inis – Antaine Ó hÉalaí' atá scríofa ag an mhúinteoir faoina bhun agus 9.2.1938 an dáta atá curtha aige leis. Féach 2.11.1. thuas.

2.12.1. As cóipleabhar Thomáis Uí Dhomhnaill (**P**), l. 39-40. Is é 1.12.1937 an dáta atá curtha aige leis.
Maidir le Cistí Óir, féach Ó Catháin agus Uí Sheighin, l. 51-3 agus nóta, l. 174.

2.12.2. As cóipleabhar Mhairéad Ní Mháille (**P**), l. 26. Is é 30.11.1938 an dáta atá curtha aici leis.
Féach 2.12.1. thuas.

2.12.3. As cóipleabhar Mhairéad Ní Dhochartaigh (**P**), l. 22. Is é 30.11.1937 an dáta atá curtha aici leis.
Féach 2.12.1. thuas.

2.12.4. As cóipleabhar Mhicheáil Mhic Gearraí (**G**) l. 1-2. Tá trascríobh déanta aige air in S130: 313-4.
Féach 2.12.1. thuas.

2.12.5. As cóipleabhar Sheáin Uí Mhóráin (**G**) l.1.
Féach 2.12.1. thuas.

2.12.6. As cóipleabhar Mháire Nic Graith (**G**), l. 1-2. Is é 12.11.1937 an dáta atá curtha aici leis. Tá trascríobh déanta aici air in S130: 315 agus an dáta céanna agus an faisnéiseoir céanna luaite aici leis.
Féach 2.12.1. thuas.

2.12.7. S129:294. Caitlín Nic Graith (**R**) a scríobh. 'Eibhlín [= Éabha?] Ní Chorrdhuibh (**R**) a luaitear ina bailitheoir leis in innéacs an mhúinteora (S129: 274) ach níl fáil ar an phíosa seo ina cóipleabhar nó in aon chóipleabhar eile de chuid daltaí na scoile seo.
Féach 2.12.1. thuas.

2.13.1. As cóipleabhar Mháire Ní Chorrdhuibh (**R**), l. 8. Is é 6.10.1938 an dáta atá curtha aici leis. 'Micheál Ó Baoláin a d'aithris' atá scríofa ag an mhúinteoir faoina bhun.

2.13.2. As cóipleabhar Áine Ní Roithleáin (**R**), l. 10. Is é 29.9.1938 an dáta atá curtha aici leis. 'Seán Ó Roithleáin a d'aithris' atá scríofa ag an mhúinteoir faoina bhun.

2.14. As cóipleabhar Mháirín Ní Dhomhnaill (**P**), l. 31-2. Is é 30.5.1938 an dáta atá curtha aici leis.
Féach Ó Catháin agus Uí Sheighin, l. 60 agus nóta 2.9.1., l. 176.

2.15   **ML 4080   The Seal Woman**
As cóipleabhar Mháire Ní Earcáin (**P**), l. 44-5. Is é 18-5-1938 an dáta
atá curtha aici leis.
Féach Ó Catháin agus Uí Sheighin, 45-6 agus nótaí 2, agus 2.1., l.
171-2.

2.16.1   S130: 237-8. 'Micheál Ó Baoill ó Mhicheál Ó Baoill' atá scríofa
ag an mhúinteoir faoina bhun. Níl fáil ar chóipleabhar an dalta seo.
Feach J.D. O'Dowd, 'Stories about Wolves', *Béaloideas* Iml. 10
(1940), l. 287 agus E. Odstedt, *Varulven i svensk folktradition* (Skrifter
utgivna genom Landsmåls och Folkminnesarkivet i Uppsala, Ser. B:1),
Uppsala 1943, l. 39.

2.16.2.   S130: 205. 'Micheál Ó Baoill ó Mhicheál Ó Baoill' atá scríofa
ag an mhúinteoir faoina bhun.
Féach 2.16.1. thuas.

2.17.   S130: 208-9. 'Micheál Ó Baoill ó Mhicheál Ó Baoill' atá scríofa
ag an mhúinteoir faoina bhun. Féach 2.16.1. thuas.
Féach Ó Catháin agus Uí Sheighin, l. 60-1.

2.18.   S130: 208. 'Micheál Ó Baoill ó Mhicheál Ó Baoill' atá scríofa ag
an mhúinteoir faoina bhun. Níl fáil ar chóipleabhar an dalta seo.

2.19.   S130: 321. Seán Ó Móráin a bhailigh. 'Tomás Ó Móráin a
d'inis' atá scríofa ag an mhúinteoir faoina bhun.   Níl fáil air ina
chóipleabhar.
Féach Ó Catháin agus Uí Sheighin, 2.3.3. agus 2.3.4., l. 48 agus nóta
2.3., l. 173 mar aon le l. 62 agus S. Ó Catháin, 'A Tale of Two Sittings
– Context and Variation in a fairy legend from Tyrone', *Béaloideas* Iml. 48-
49 (1980-1981), l. 135-47.

2.20.   **ML 8025, The Robbers and the Captive Girl**
S130: 225-6. 'Tomás Ó Domhnaill ó Mháire Uí Dhomhnaill' atá
scríofa ag an mhúinteoir faoina bhun. Níl fáil ar chóipleabhar an dalta seo.

2.21.   As cóipleabhar Mháirín Ní Dhomhnaill (**P**), l. 24-5.   Is é
26.5.1938 an dáta atá curtha aici leis.   Tá trascríobh déanta ag an
mhúinteoir ar an chuid is mó de in S130: 292. Is léir nár thuig sé i gceart
é.
Leagan easnamhach é seo de scéal cráifeach go bhfuil leaganacha de le
fáil i m*Béaloideas* Iml. 5 (1935), l. 247 (féach an nóta ar l. 271 chomh
maith); Iml. 6 (1936), l.240; Iml. 10 (1940) l. 14 agus Iml. 11 (1941), l.

114 agus in *An Claidheamh Soluis agus Fáinne an Lae*, Iml. 2, Uimh. 30, Ocht-mhí 6, 1900, l. 468. Féach chomh maith S. O'Sullivan, *The Folklore of Ireland*, London 1974, l. 141-4.

2.22.   Mar 2.21. thuas ach gur ar l. 25 atá sé.

Féach A. O'Connor, ' "Mac na hÓighe slán". A Short Study of the "Cock and Pot" in Irish Folk Tradition,' *Sinsear, The Folklore Journal*, Iml. 2 (1980), l. 34-42.

2.23.   As cóipleabhar 1 le Caitlín Nic Graith (**R**), l. 26-7. Tá trascríobh déanta aici air in S130: 292. 'Aindrias Ó Gionnáin (85) a fuair bás ó shin' a luaitear ina fhaisnéiseoir leis in innéacs an mhúinteora (S130: 274).

Féach P. Ó Héalaí, 'Cumhacht an tsagairt sa mbéaloideas', *Léachtaí Cholm Cille* Iml. 8 (1977), l. 109-31.

2.24.1. – 156.   S130: 243-60.   Ó S.N. Phort Durlainne ar fad iad seo. Déantar iad a liostáil in S130 faoina gcuid uimhreacha, 1 – 246 (ní hann d'uimhir 178 agus d'uimhreacha 202-10). Tá roinnt bheag seanfhocal ar an liosta seo nach bhféadfaí glacadh leo mar sheanfhocail chearta. 'Na páistí uilig' atá scríofa ag an mhúinteoir faoi bhun an liosta. Níl aon cheann de sheanfhocail an liosta seo i gcóipleabhair dhaltaí na scoile seo; níl aon seanfhocail i gcóipleabhair nó in imleabhar oifigiúil S.N. Ros Dumhach agus níl ach aon cheann amháin ó S.N. Ghleann na Muaidhe – 'Is fearr an troid ná an t-uaigneas' agus ina cóipleabhar (l. 4) ag Cáit Ní Dheagánaigh atá sé sin (féach 2.7., l. 160 thuas).

Féach na seanfhocail seo leanas in Ó Catháin agus Uí Sheighin: *Aicearra* (4.1.3., l. 77), *Bó* (4.1.9., l. 78) *Cat* (4.1.16. a.b.c.d., l. 78 agus 4.1.29 a, l. 79), *Cearc* (4.1.18., l. 79), *Cloch* (4.1.20., l. 79), *Dia* (4.1.28. c, l. 79), *Dorn* (4.1.31., l. 80), *Dúchas* (4.1.29., b, l. 80) *Earrach* (4.1.32., l. 80), *Fada* (4.1.31., l. 80), *Feadaíl* (4.1.35., l. 80), *Focal* (4.1.37., l. 80), *Gaoth* (4.1.40., l.80) *Iománaí* (4.1.46., l. 82), *Madadh* (4.1.52. a, l. 82), *Mall* (4.1.53., l. 83), *Óige* (4.1.55., l. 83), *Ól* (4.156., l. 83), *Rún* (4.1.60., l. 83), *Saibhir* (4.1.61., l. 83) *Scéal* (4.1.63., l. 83), *Scuab* (4.1.64., l. 83), *Sláinte* (4.1.67., l. 84) *Tuile* (4.1.68., l. 84), *Thíos* (4.1.69., l. 84), *Tinteán* (4.1.70., l. 84), *Tuitim* (4.1.73., l. 84) *Uaigneas* (4.1.74., l. 84), *Uisce* (4.1.75. a, l. 84).

2.25.1.   As cóipleabhar Mhairéad Ní Mháille (**P**), l. 21.   Is é 12.11.1937 an dáta atá curtha aici leis. Uimh. 10 é ar liosta an mhúinteora (S130: 172). 'Ó na páistí uilig tré chéile' atá scríofa ag an mhúinteoir faoi bhun an liosta seo (S130: 171-5).

Féach Ó Catháin agus Uí Sheighin, 4.2.1., l. 85.

2.25.2.   S129: 303. Éabha Ní Chorrdhuibh (**R**), a bhailigh ó Mhicheál
Ó Corrduibh. Is in innéacs an mhúinteora (S129: 274-6) a thugtar ainm an
bhailitheora agus an fhaisnéiseora. Níl aon tomhaiseanna i gcóipleabhar an
dalta seo. Is í Caitlín Nic Graith a scríobh isteach in S129 é.

2.25.3.   Mar 2.25.1. thuas. Tá fáil arís air i gcóipleabhar thriúr dalta
eile de chuid na scoile seo (S.N. Phort Durlainne) chomh maith – Mairéad
Ní Dhochartaigh (l. 19-20), Máirín Ní Dhomhnaill (l. 19-20) agus Pádraig
Ó Domhnaill (l. 19).
    Féach Ó Catháin agus Uí Sheighin, 4.2.12., l. 86.

2.25.4.   a)   As cóipleabhar 2 le Caitlín Nic Graith (**R**), l. 19. Tá sé
trascríofa aici in S129: 288.   'Eibhlín Mhic Graith (60) a thug   na
tomhaiseanna seo' atá scríofa ag an mhúinteoir faoi bhun an liosta
tomhaiseanna (16 acu) atá i gcóipleabhar an dalta seo.
    b)   Mar 2.25.1. thuas ach gur ar l. 11 atá sé.
    Féach Ó Catháin agus Uí Sheighin, 4.2.7., l. 85.

2.25.5.   As cóipleabhar Thomáis Uí Dhomhnaill (**P**), l. 37.   Is é
15.11.1937 an dáta atá curtha aige leis. Tá sé trascríofa ag an mhúinteoir
in S130: 174 (féach 2.25.1. thuas).

2.25.6.   Mar 2.25.4. a) thuas ach gur ar l. 17 agus in S129: 287 atá sé.
Tá sé le fáil arís i gcóipleabhar bheirt dalta de chuid S.N. Phort Durlainne –
Mairéad Ní Dhochartaigh (l. 19) agus Máirín Ní Dhomhnaill (l. 19).

2.25.7.   As cóipleabhar 2 le Caitlín Nic Graith (**R**), l. 20.   Tá sé
trascríofa aici in S129: 289.

2.25.8.   Mar 2.25.2. thuas ach gur ar l. 304 atá sé.

2.25.9.   Mar 2.25.2. thuas.
    Féach Ó Catháin agus Uí Sheighin, 4.2.14., l. 86.

2.25.10.   Mar 2.25.2. thuas.

2.25.11.   Mar 2.25.1. thuas ach gur ar l. 22 atá sé. Uimh. 18 é ar liosta
an mhúinteora (S130: 173).
    Féach 2.25.1. thuas agus Ó Catháin agus Uí Sheighin 4.2.16., l. 86.

2.25.12.   Mar 2.25.2. thuas ach gur ar l. 304 atá sé.

2.25.13. Mar 2.25.4. thuas ach gur ar l. 17 atá sé. Tá sé ina gcóipleabhair ag triúr dalta de chuid S.N. Phort Durlainne chomh maith – Mairéad Ní Dhochartaigh (l. 19), Máirín Ní Dhomhnaill (l. 19) agus Mairéad Ní Mháille (l. 23). Uimh. 3 é ar liosta an mhúinteora (S129: 171). Féach Ó Catháin agus Uí Sheighin, 4.2.18., l. 87.

2.25.14. a) Mar 2.25.4. a) ach gur ar l. 18 atá sé.
b) As cóipleabhar Phádraig Uí Dhomhnaill (P), l. 20. Is é 12.11.1937 an dáta atá curtha aige leis. Níl sé ar liosta an mhúinteora in S129: 171-5.
Féach Ó Catháin agus Uí Sheighin, 4.2.19., l. 87.

2.25.15. As cóipleabhar Mhairéad Ní Dhochartaigh (P), l. 19. Is é 15.11.1937 an dáta atá curtha aici leis. Tá sé ar liosta an mhúinteora (Uimh. 5, S130: 171) agus i gcóipleabhar dhalta eile de chuid na scoile seo chomh maith – Máirín Ní Dhomhnaill (l. 19).
Féach Ó Catháin agus Uí Sheighin, 4.2.20., l. 87.

2.25.16. Mar 2.25.15. thuas. Tá sé ar liosta an mhúinteora (Uimh. 2., S130: 171), i gcóipleabhar dhalta de chuid na scoile seo – Máirín Ní Dhomhnaill (l. 19) – agus i gcóipleabhar dhalta de chuid S.N. Ros Dumhach – Caitlín Nic Graith (cóipleabhar 2, l. 19) chomh maith agus aici sin arís in S129: 289.
Féach Ó Catháin agus Uí Sheighin, 4.2.23., l. 87.

2.25.17. As cóipleabhar Mháire Ní Earcáin (P), l. 19. Is é 16.11.1937 an dáta atá curtha aici leis. Tá sé ar liosta an mhúinteora (Uimh. 20, S130: 173) agus tá sé in S129: 303 (ag Éabha Ní Chorrdhuibh [féach 2.25.2. thuas] chomh maith.
Féach Ó Catháin agus Uí Sheighin, 4.2.29., l. 88.

2.25.18. Mar 2.25.2. thuas.
Féach Ó Catháin agus Uí Sheighin, 4.2.31., l. 88.

2.25.19. Mar 2.25.1. thuas ach gur ar l. 22 atá sé. Tá sé ar liosta an mhúinteora (Uimh. 16, S130: 173) agus i gcóipleabhar bheirt dalta eile de chuid S.N. Phort Durlainne chomh maith – Pádraig Ó Domhnaill (l. 20) agus Tomás Ó Domhnaill (l. 37).

2.25.20. Mar 2.25.2. thuas ach gur ar l. 304 atá sé.
Féach Ó Catháin agus Uí Sheighin, 4.2.54., l. 91.

2.25.21. Mar 2.25.4. a) thuas ach gur ar l. 18 atá sé.

2.25.22. Mar 2.25.2. thuas ach gur ar l. 304 atá sé.
Féach Ó Catháin agus Uí Sheighin, 4.2.36., l. 88.

2.25.23. Mar 2.25.4. a) thuas ach gur ar l. 17 agus in S129: 287 atá sé.
Féach Ó Catháin agus Uí Sheighin, 4.2.27., l. 86.

2.25.24. Mar 2.25.14. thuas.
Féach Ó Catháin agus Uí Sheighin, 4.2.37., l. 88.

2.25.25. Mar 2.25.14. b) thuas.
Féach Ó Catháin agus Uí Sheighin, 4.2.17., l. 86.

2.25.26. Mar 2.25.17. thuas ach gur Uimh. 17 (S130: 173) ar liosta an mhúinteora é. Tá sé i gcóipleabhar bheirt dalta eile de chuid S.N. Phort Durlainne chomh maith – Mairéad Ní Mháille (l. 22) agus Tomás Ó Domhnaill (l. 37).

2.25.27. Mar 2.25.4. a) thuas ach gur ar l. 19 atá sé.

2.25.28. Mar 2.25.4. a) thuas ach gur in S129: 289 atá sé.
Féach Ó Catháin agus Uí Sheighin, 4.2.39., l. 90.

2.25.29. Mar 2.25.4. a) thuas ach gur ar l. 17 agus in S129: 287 atá sé.
Féach Ó Catháin agus Uí Sheighin, 4.2.43., l. 90.

2.25.30. a) Mar 2.25.5. thuas ach gur Uimh. 26 (S130: 174) ar liosta an mhúinteora é.
b) Mar 2.25.1. thuas ach gur Uimh. 9 (S130: 172) ar liosta an mhúinteora é.
Féach Ó Catháin agus Uí Sheighin, 4.2.49., l. 91.

2.25.31. Mar 2.25.2. thuas.

2.25.32. Mar 2.25.1. thuas ach gur Uimh. 14 (S130: 1730 ar liosta an mhúinteora é.
Féach Ó Catháin agus Uí Sheighin, 4.2.49., l. 91.

2.25.33. a) Mar 2.25.1. thuas ach gur Uimh. 12 (S130: 172) ar liosta an mhúinteora é.
b) Mar 2.25.2. thuas.
Féach Ó Catháin agus Uí Sheighin, 4.2.49., l. 91.

2.25.34. Mar 2.25.1. thuas ach gur ar l. 22 agus gur Uimh. 19 (S130: 173) ar liosta an mhúinteora é. Tá sé ag dalta de chuid S.N. Ros Dumhach ina cóipleabhar, Caitlín Nic Graith (cóipleabhar 2, 1.17) agus aici sin arís eile in S129: 288.
Féach Ó Catháin agus Uí Sheighin, 4.2.61., l. 92.

2.25.35. Mar 2.25.4. a) ach gur ar l. 18 atá sé. Tá sé i gcóipleabhair bheirt dhalta de chuid S.N. Phort Durlainne chomh maith – Máire Ní Dhomhnaill (l. 19) agus Mairéad Ní Dhochartaigh (l. 19) Uimh. 1. (S130: 171) ar liosta an mhúinteora é.
Féach Ó Catháin agus Uí Sheighin, 4.2.62., l. 92.

2.25.36. Mar 2.25.5. thuas.

2.25.37. Mar 2.25.1. thuas ach gur Uimh. 11 (S130: 172) ar liosta an mhúinteora é.

2.25.38. Mar 2.25.17. thuas ach gur Uimh. 22 (S130: 174) ar liosta an mhúinteora é.

2.25.39. Mar 2.25.4. a) thuas ach gur ar l. 17 atá sé. Tá leagan de ag dalta de chuid S.N. Phort Durlainne ina chóipleabhar chomh maith – Pádraig Ó Domhnaill (l. 20).

2.25.40. Mar 2.25.5. thuas ach gur Uimh. 29 (S130: 175) ar liosta an mhúinteora é.

2.25.41. Mar 2.25.4. a) thuas ach gur ar l. 18 atá sé.

2.25.42. a) Mar 2.25.4. a) thuas ach gur in S129: 289 atá sé.
b) Mar 2.25.1. thuas ach gur Uimh. 8 (S130: 172) ar liosta an mhúinteora é.

2.25.43. a) Mar 2.25.17. thuas ach gur Uimh. 21 (S130: 173) ar liosta an mhúinteora é.
b) Mar 2.25.2. thuas.

2.25.44. Mar 2.25.15. thuas ach gur Uimh. 4 (S130: 171) ar liosta an mhúinteora é. Tá sé i gcóipleabhar thriúr dalta eile de chuid S.N. Phort Durlainne chomh maith – Máire Ní Earcáin (l. 19), Máirín Ní Dhomhnaill (l. 19) agus Mairéad Ní Mhaille (l. 32-3).

2.25.45. Mar 2.25.1. thuas ach gur Uimh. 13 (S130: 172) ar liosta an mhúinteora é.

Caibideal 3

3.1.1.   As cóipleabhar Mhairéad Ní Dhochartaigh (**P**), l. 47-8.   Is é 16.5.1938 an dáta atá curtha aici leis.   Tá trascríobh déanta ag an mhúinteoir air in S130: 264-5.   Tá cur síos ansin aige chomh maith ar fhéiltí eile 'ó Mhairéad Ní Dhochartaigh agus páistí eile' (S130: 262-70). Féach Ó Catháin agus Uí Sheighin, 5.3. 14-16., 107-8 agus nóta 5.3., l. 188.

3.1.2.   S130: 265.   Rubaillín is ea an píosa seo ar insint Mhairéad Ní Dhochartaigh thuas (3.1.1.) a scríobh an múinteoir.   Níl fáil ar an bhlúirín seo i gcóipleabhar Mhairéad Ní Dhochartaigh nó in aon chóipleabhar eile de chuid pháistí na scoile seo, bíodh is go bhfuil sé leagtha ag an mhúinteoir ar 'Mhairéad Ní Dhochartaigh agus páistí eile.'
    Féach Ó Catháin agus Uí Sheighin mar 3.1.1 thuas

3.2.1.   As cuntas faoi laethanta áirithe na bliana i gcóipleabhar Mháirín Ní Dhomhnaill (**P**), l. 18-9.   Is é 22.3.1938 an dáta atá curtha aici leis. Luaitear arís ag an mhúinteoir é i gcomhthéacs den chineál chéanna in S130: 218 i gcuntas a thug sé ar 'laethanta áirithe' (S130: 218-20), cuntas a fuair sé ó 'na páistí uilig.'

3.2.2.   S130: 218.   Bíodh is go luaitear 'na páistí uilig' leis an chuntas seo, níl fáil ar an bhlúire áirithe eolais seo in aon chóipleabhar de chuid pháistí na scoile seo.

3.3. As cóipleabhar 2 le Caitlín Nic Graith (**R**), l. 29.   'Tomás Ó Corcoráin a d'aithris' atá scríofa ag an mhúinteoir faoina bhun.   Tá trascríobh déanta ag Caitlín air in S130: 322.
    Féach Ó Catháin agus Uí Sheighin, 5.3.18., l. 108.

3.4. Mar 3.3. thuas ach gur ar l. 30 ina cóipleabhar atá sé.

3.5.1.   Mar 3.3. thuas.

3.5.2.   As cóipleabhar Bhríd Ní Ghallchóir (**R**), l. 27.   Tá an ráiteas céanna ag Caitlín Ní Chorrdhuibh (**R**), ina cóipleabhar (l. 25) áit a bhfuil an dáta 19.12.1938 curtha aici leis.

3.5.3.   As cóipleabhar Mháirín Ní Dhomhnaill (**P**) l. 18.   Is é 22.3.1938. an dáta atá curtha aici leis. Féach 3.5.4. thíos.

3.5.4.   S130:218.   Féach 3.2.1.   thuas.   Tá píosa eile mar é ag an mhúinteoir ins an liosta de phisreoga atá aige in S130: 271-83 (Uimh. 9, l. 271).

3.6 S130:273.   Uimhir 26 (l. 273) é seo ar liosta na bpisreog in S130:271-83. Níl fáil ar an ráiteas seo in aon chóipleabhar de chuid pháistí na scoile seo.
Féach Ó Catháin agus Uí Sheighin, 5.3.21., l. 109.

3.7.1.   As cóipleabhar Mhairéad Ní Dhochartaigh (**P**), l. 46.   Is é 16.5.1938 an dáta atá curtha aici leis. Féach Ó Catháin agus Uí Sheighin, 5.3.21., l. 109.

3.7.2.   S130: 266-8.   Sliocht as an chuntas ar fhéiltí na bliana a scríobh an múinteoir 'ó Mhairéad Ní Dhochartaigh agus páistí eile' (S130: 262-70). Diomaite dá bhfuil faoi 3.7.1. thuas, níl aon trácht ar bith eile ar an fhéile áirithe seo in aon chóipleabhar de chuid pháistí na scoile seo.
Féach Ó Catháin agus Uí Sheighin, 5.3.21., l. 109.

3.7.3.   As cóipleabhar Mháire Ní Earcáin (**P**), l. 49.   Is é 15.6.1938 an dáta atá curtha aici leis. Uimh. 35 (l. 281) is ea é seo ar liosta na bpisreog in S130: 271-83.
Féach Ó Catháin agus Uí Sheighin, 5.3.21., l. 109.

3.8. S130: 220.   Cuntas a fuair an múinteoir ó 'ná páisti uilig' cé nach bhfuil fáil air in aon chóipleabhar dá gcuid.

3.9. Mar 3.8. thuas ach gur ar l. 219 atá sé.

3.10.   Mar 3.7.2. thuas.

3.11.   Mar 3.7.2. thuas ach gur ar l. 268-70 atá sé.

3.12.1.   As cóipleabhar Mháirín Ní Dhomhnaill (**P**), l. 18.   Is é 22.3.1938 an dáta atá curtha aici leis.

3.12.2.   Mar 3.7.2. thuas ach gur ar l. 270 atá sé.

3.13.1.   Mar 3.7.3. thuas.   Uimh. 11 (l. 272) ar liosta na bpisreog in S130: 271-83 é.
Féach Ó Catháin agus Uí Sheighin, 5.3.21., l. 109.

3.13.2   Mar 3.7.2. thuas ach gur ar l. 270 atá sé.

3.14.1.   Mar 3.7.1. thuas. Tá an píosa céanna scríofa ag an mhúinteoir in S130: 262 mar chuid den chuntas atá aige ar fhéiltí na bliana. Féach 3.7.2. thuas. Tá 3.14.2. ina rubaillín leis ach níl fáil ar an bpíosa sin i gcóipleabhar Mhairéad nó ina aon chóipleabhar eile de chuid pháistí na scoile seo.

3.14.2.   Féach 3.14.1. thuas.

3.15.1.   Mar 3.7.1. thuas. Tá an ráiteas céanna scríofa ag an mhúinteoir (l. 264) mar chuid den chuntas ar fhéiltí na bliana a fuair sé ó 'Mhairéad Ní Dhochartaigh agus páistí eile' (S130: 262-70).

3.15.2.   Mar 3.7.3. thuas. Uimh. 37 (l. 282) is ea é ar liosta na bpisreog in S130:271-83.

3.15.3.   S130: 282. Mar 3.6. thuas ach gur Uimh. 45 é ar liosta na bpisreog.

3.16.1.   Mar 3.2.2. thuas ach gur ar l. 219-20 atá sé.
Féach Ó Catháin agus Uí Sheighin, 8.7.1. –3, l.152-3.

3.16.2.   As cóipleabhar Sheáin Uí Mhóráin (**G**), l. 3. Is é 10.2.1938 an dáta atá curtha aige leis.

3.17.1.   As cóipleabhar Bhríd Ní Ghallchóir (**R**), l. 27.
Féach Ó Catháin agus Uí Sheighin 5.3.21., l. 109.

3.17.2.   Mar 3.7.3. thuas. Tá rud éigin mar é in S130: 271-2 áit a ndéantar 'bean rua' seachas 'bean' a lua.
Féach Ó Catháin agus Uí Sheighin,5.3. 21., l. 109.

3.17.3.   As cóipleabhar Mháirín Ní Dhomhnaill (**P**), l. 35.   Is é 15.6.1938 an dáta atá luaite aici leis.
Féach Ó Catháin agus Uí Sheighin, 5.3. 2.1., l. 109.

3.17.4.   S130: 276. Cuid de Uimh. 28 ar liosta na bpisreog in S130: 271-83 é.

3.18.1.   As cóipleabhar Mháire Ní Earcáin (**P**), l. 50. Is é 15.6.1938 an dáta atá curtha aici leis. Uimh. 40 (l. 281) ar liosta na bpisreog in S130: 271-83 é.

3.18.2.   S130: 274-6.   Is 'ó na páistí uilig' a fuair an múinteoir é bíodh is nach bhfuil fáil air in aon chóipleabhar de chuid daltaí na scoile seo.   Tá an chosúlacht air gurab é an múinteoir féin a chuir le chéile é.

3.19.1.   As cóipleabhar Mhairéad Ní Dhochartaigh (**P**), l. 54.   Féach 3.19.4. thíos.   Tá píosa eile faoi mhaistreadh ag an mhúinteoir in S130: 286-7, píosa atá leagtha aige ar na 'na páistí uilig', bíodh is go bhfuil an chuma air gurab é féin a chuir i gceann a chéile é.
        Féach Ó Catháin agus Uí Sheighin, 5.3.2-3, l. 103-4.

3.19.2.   Mar 3.18.1. thuas.   Tá an ráiteas céanna mórán in S130: 273. Féach 3.19.1. thuas.

3.19.3.   S130: 273.   Is ó 'na páistí uilig' a fuair an múinteoir é.   Uimh. 25 (l. 273) ar liosta na bpisreog in S130: 271-83 é.   Féach 3.19.1. thuas.

3.19.4.   S130: 273-4.   Is ó 'na páistí uilig' a fuair an múinteoir é. Féach 3.19.1. thuas.

3.19.5.   As cóipleabhar Mhairéad Ní Dhochartaigh (**P**), l. 54-5.   Féach 3.19.1. thuas.

3.19.6.   As cóipleabhar Mháire Ní Earcáin (**P**), l. 49.   Is é 15.6.1938 an dáta atá curtha aici leis.   Uimh. 36 (l. 281) is ea é seo ar liosta na bpisreog in S130: 271-83.

3.19.7.   S130: 282.   Is ó 'na páistí uilig' a fuair an múinteoir é, bíodh is nach bhfuil sé le fáil in aon chóipleabhar de chuid daltaí na scoile seo.

3.19.8.   Mar 3.19.7. thuas. Uimh. 52 (l. 282) é ar liosta na bpisreog in S130: 271-83.

3.19.9.   Mar 3.19.7. thuas. Uimh. 53 (l. 282) é ar liosta na bpisreog in S130: 271-83.

3.19.10.   Mar 3.19.7. thuas. Uimh. 46 (l. 282) é ar liosta na bpisreog in S130: 271-83.

3.20.1.   As cóipleabhar Mháirín Ní Dhomhnaill (**P**), l. 18.   Is é 22.3.1938 an dáta atá curtha aici leis.   Tá an ráiteas céanna ag Máire Ní Earcáin (**P**) ina cóipleabhar (l. 49).   Uimh. 20 (l. 273) é ar liosta na bpisreog in S130: 271-83.
        Féach Ó Catháin agus Uí Sheighin mar 3.11. thuas.

3.20.2. As cóipleabhar Mháirín Ní Dhomhnaill (**P**) 1. 35. Is é 15.6.1938 an dáta atá curtha aici leis. Uimh. 21 (1. 273) é ar liosta na bpisreog in S130: 271-83.
Féach Ó Catháin agus Uí Sheighin, mar 3.1.1. thuas.

3.20.3. As cóipleabhar Mháire Ní Earcáin (**P**), 1. 29. Is é 9.2.1938 an dáta atá curtha aici leis. Tá an rud céanna arís ag beirt dalta eile de chuid na scoile seo ina gcóipleabhair – Mairéad Ní Mháille (1. 39) agus Pádraig Ó Domhnaill (1 . 36); uimh. 7 é ar liosta na bpisreog in S130: 271.
Féach Ó Catháin agus Uí Sheighin, mar 3.1.1. thuas.

3.20.4. As cóipleabhar Mháire Ní Earcáin (**P**) 1. 29. Is é 9.2.1938 an dáta atá curtha aici leis. Féach 3.20.8. thíos.
Féach Ó Catháin agus Uí Sheighin, mar 3.1.1. thuas.

3.20.5. As cóipleabhar Mháirín Ní Dhomhnaill (**P**), 1. 12-3. Is é 8.2.1938 an dáta atá curtha aici leis. Tá trascríobh déanta aici air in S130: 309-10. Tá sé seo ina chuid den bheagán ábhair go ndearna daltaí na scoile seo a thrascríobh óna gcuid cóipleabhar isteach in S130. Féach 3.20.8. thíos.
Féach Ó Catháin agus Uí Sheighin, mar 3.1.1. thuas

3.20.6. As cóipleabhar Mhairéad Ní Mháille (**P**), 1. 39-40. Is é 9.2.1938 an dáta atá curtha aici leis. Féach 3.20.8. thíos.
Féach Ó Catháin agus Uí Sheighin, mar 3.1.1. thuas.

3.20.7. As cóipleabhar Phádraig Uí Dhomhnaill (**P**), 1. 36. Is é 10.2.1938 an dáta atá curtha aici leis. Féach 3.20.8. thíos.
Féach Ó Catháin agus Uí Sheighin, mar 3.1.1. thuas.

3.20.8. S130: 200-2. Is 'ó na páistí uilig' a fuair an múinteoir é. Is féidir na foinsí a bhí aige don chuntas seo a léamh in 3.20.4. – 3.20.7. thuas.
Féach Ó Catháin agus Uí Sheighin, mar 3.1.1. thuas.

3.20.9. As cóipleabhar Chaoimhín Uí Bheoláin (**G**), 1. 2. Is é 12.4.1938 an dáta atá curtha aige leis agus is ó Antaine Ó hÉalaí a fuair sé é más fíor don mhéid atá scríofa ag an mhúinteoir faoina bhun sa gcóipleabhar céanna. Roinnt seachtainí ina dhiaidh sin (28.4.1938) rinne Caoimhín an píosa a thrascríobh in S130: 331 agus ba é a athair féin – Séamas Ó Beoláin a luaigh seisean ina fhaisnéiseoir leis ar an ócáid sin.
Féach Ó Concheanainn, *op. cit.*, nótaí 1. 77.

3.20.10. S130: 328. Cáit Ní Chuirleáin (**G**) a bhailigh. Is é 14.4.1938 an dáta atá curtha aici leis.
Féach Ó Catháin agus Uí Sheighin, mar 3.1.1. thuas.

3.21. As cóipleabhar Cháit Ní Chuirleáin (**G**) l. 3. Is é 11.5.1938 an dáta atá curtha aici leis. Tá trascríobh déanta aici air in S130: 337, an dáta céanna agus ainm a máthaire, Áine Bean Uí Chuirleáin, curtha aici leis.

3.22.1. As cóipleabhar Mháirín Ní Dhomhnaill (**P**), l. 35. Is é 15.6.1938 an dáta atá curtha aici leis. Tá mórán an rud céanna ag Máire Ní Earcáin (**P**) ina cóipleabhar (l. 49) siúd chomh maith. Féach 3.22.2. thíos.
Féach Ó Catháin agus Uí Sheighin, 5.3.5.-6., l. 104-5 agus nóta 8.11., l. 209.

3.22.2. S130: 272-3. Is ó 'na páistí uilig' a fuair an múinteoir é. Uimh. 19 (l. 172) ar liosta na bpisreog aige é in S130: 271-83.
Féach Ó Catháin agus Uí Sheighin, 5.3.5. – 6, l. 104-5.

3.22.3. S130: 288-9. Bíodh is gur Tomás Ó Domhnaill a luaitear ina bhailitheoir agus Máire Uí Dhomhnaill a luaitear ina faisnéiseoir leis, níl aon lorg den phíosa seo i gcóipleabhar Thomáis.
Féach Ó Catháin agus Uí Sheighin, mar 3.1.1. thuas agus 7.7.1.4., l. 133-4 agus 8.11.1.3, l. 159-60.

3.23. As cóipleabhar Mhairéad Ní Dhochartaigh (**P**), l. 54. Uimh. 31 (l. 280) is ea é seo ar liosta na bpisreog in S130: 271-83.

3.24.1. Mar 3.19.7 thuas ach gur ar l. 283 atá sé.
Féach Ó Catháin agus Uí Sheighin, 8.6.1.4, l. 151-2.

3.24.2. As cóipleabhar Mháirín Ní Dhomhnaill (**P**), l. 35-6. Is é 15.6.1938 an dáta atá curtha aici leis. Uimh. 12 (l. 272) ar liosta na bpisreog é in S130: 271-83.
Féach Ó Catháin agus Uí Sheighin, mar 3.24.1. thuas.

3.25.1. Mar 3.17.1 thuas.

3.25.2. Mar 3.20.1 thuas. Uimh.1 agus uimh. 2 (l. 271) ar liosta na bpisreog é in S130: 271-83. 'Caora a bhearradh' in áit 'gruag a bhearradh' atá ag an mhúinteoir.

3.25.3. Uimh. 7 (l. 271) ar liosta na bpisreog in S130: 271-83 é.
Féach 3.20.3.

3.26. Uimh. 33 (l. 280) ar liosta na bpisreog in S130: 271- 83 é. Níl sé le fáil in aon chóipleabhar de chuid daltaí na scoile seo. Féach Ó Catháin agus Uí Sheighin, 5.3.12., l. 107.

3.27. Mar 3.12.1. thuas. Uimh. 3 (l. 271) ar liosta na bpisreog é in S130: 271-83.

3.28. Mar 3.12.1 thuas. Tá mórán an rud céanna aici arís ar l. 36 den chóipleabhar céanna agus ag Bríd Ní Ghallchóir (R), ar l. 27 dá cóipleabhar siúd.

3.29.1. As cóipleabhar Mháirín Ní Dhomhnaill (P), l. 35. Is é 15.5.1938 an dáta atá curtha aici leis. Uimh. 18 (l. 272) ar liosta na bpisreog é in S130: 271-83.

3.29.2. S130: 266-7. Is cosúil gurab é an múinteoir a chuir i gceann a chéile é, bíodh is go bhfuil sé leagtha aige ar 'na páistí uilig' mar aon le hábhar eile liosta na bpisreog (S130: 271-830); faoi uimh. 29 atá sé ar an liosta sin aige.

3.29.3. Mar 3.29.2. ach gur ar l. 277-80 atá sé.

3.30. S130: 271-83. Séard atá anseo fuílleach an ábhair as an liosta de phisreoga a thiomsaigh an múinteoir.

3.31. As cóipleabhar Thomáis Uí Dhomhnaill (P), l. 19. Is é 31.5.1938 an dáta atá curtha aige leis. Ní rangaítear le hábhar an bhéaloidis i gcóipleabhar an dalta seo é.

3.32.1. As cóipleabhar Cháit Ní Chuirleáin (G), l. 3. Is é 11.5.1938 an dáta atá cúrtha aici leis ina cóipleabhar agus in S130: 336, an áit a bhfuil trascríobh déanta aici air.
Féach Ó Catháin agus Uí Sheighin, 5.2.5., l. 101.

3.32.2. As cóipleabhar Éabha Ní Chorrdhuibh (R), l. 17. Ó Mhicheál Ó Corrdhuibh, a bhailigh sí é.
Féach Ó Catháin agus Uí Sheighin, mar 3.32.1. thuas.

3.32.3. As cóipleabhar 1 le Máire Nic Graith (G), l. 8. Is é 11.5.1938 an dáta atá curtha aici leis. Tá athscríobh déanta aici air in S130: 338. Óna máthair, Sorcha Bean Mhic Graith, a bhailigh sí é.
Féach Ó Catháin agus Uí Sheighin, mar 3.32.1. thuas.

3.33.1.   As cóipleabhar 2 le Caitlín Nic Graith (**R**), l. 28. Tá trascríobh déanta aici air in S129: 321.   Luaitear 'Tomás Ó Corcoráin' ina fhaisnéiseoir leis in innéacs an mhúinteora (S129: 274-6).

3.33.2.   Mar 3.32.2. thuas.

3.33.3.   As cóipleabhar Mháirín Ní Dhomhnaill (**P**), l. 16.   Is é 9.3.1938 an dáta atá curtha aici leis.

3.33.4.   As cóipleabhar Mháire Ní Earcáin (**P**), l. 31. Is é 10.3.1938 an dáta atá curtha aici leis.

3.34.   Mar 3.32.1. thuas.

3.35.   Mar 3.32.3. thuas ach gur ar l. 9 atá sé.

3.36.   As cóipleabhar Áine Nic Gearraí (**G**), l. 4.   Is é 11.5. 1938 an dáta atá curtha aici leis. Tá trascríobh déanta aici air in S129: 337, áit a bhfuil 'An té a d'inis – É. Mac Gearraí' [a hathair] scríofa ag an mhúinteoir faoina bhun.   A máthair, Áine Bean Mhic Gearraí, a luann sí féin ina faisnéiseoir leis ina cóipleabhar.
Féach Ó Catháin agus Uí Sheighin, 5.2.1.–2, l. 178.

3.37.   As cóipleabhar Mhairéad Ní Mháille (**P**), l. 42-3.   Is é 16.3.1938 an dáta atá curtha aici leis. Ba é an múinteoir a d'athscríobh in S130: 214 é.   Luaitear snáithe an leonta arís i gcóipleabhar Áine Nic Gearraí (**G**) ar l. 4.

3.38.1.   Mar 3.33.1. thuas.
Féach Ó Catháin agus Uí Sheighin, 5.2.9., l. 102.

3.38.2.   As cóipleabhar Bhríd Ní Ghallchóir (**R**), l. 25. Is é 1.12.1938 an dáta atá curtha aici leis.
Féach Ó Catháin agus Uí Sheighin, mar 3.38.1. thuas.

3.39.   Mar 3.32.3. thuas.

3.40.   Mar 3.38.2. thuas ach gur ar l. 26 atá sé.

3.41.   Mar 3.38.2. thuas.

3.42.1.   Mar 3.33.1. thuas.
Féach Ó Catháin agus Uí Sheighin, 5.2.8., l. 101-2.

3.42.2.   As cóipleabhar Mhairéad Ní Mháille (**P**), l. 42-3.   Is é
16.3.1938 an dáta atá curtha aici leis.
Féach Ó Catháin agus Uí Sheighin, mar 3.42.1. thuas.

3.42.3.   As cóipleabhar Mháire Ní Earcáin (**P**), l. 46-7. Is é 30.5.1938
an dáta atá curtha aici leis.
Féach Ó Catháin agus Uí Sheighin, mar 3.42.1. thuas.

3.43.   Mar 3.38.2. thuas. Tá trácht air seo arís ag Áine Nic Gearraí (**G**)
agus Mairéad Ní Mháille (**P**) ar l. 4 agus l. 42 dá gcóipleabhair agus
luaitear arís é faoi ainm Mhairéad ag an mhúinteoir in S130: 214.
Féach Ó Catháin agus Uí Sheighin, 5.2.6., l. 101.

3.44.1.   Mar 3.33.1. ach gur in S129: 322 atá trascríobh déanta aici air.

3.44.2.   Mar 3.38.2. thuas.

3.44.3.   As cóipleabhar Áine Ní Ghionnáin (**R**), l. 17. 'Micheál Ó
Gearbhaigh' ainm an fhaisnéiseora atá scríofa ag an mhúinteoir faoina
bhun.

3.44.4.   Mar 3.32.2. ach gur l. 18 atá sé.

3.45.   As cóipleabhar Mhairéad Ní Mháille (**P**), l. 43. Is é 16.3.1938
an dáta atá curtha aici leis. Tá trácht arís ar an slánlus ag Mairéad Ní
Dhochartaigh (**P**) agus ag Máire Nic Graith (**R**) ar l. 43 agus ar l. 8 dá
gcuid cóipleabhar.

3.46.1.   Mar 3.36. thuas.

3.46.2.   Mar 3.32.3. thuas.

3.46.3.   As cóipleabhar Mhairéad Ní Dhochartaigh (**P**), l. 44. Is é
11.5.1938 an dáta atá curtha aici leis.

3.47.   Mar 3.37. thuas. Fidléir iomráiteach de chuid an cheantair seo a
bhí in Micheál Ó Dúgáin (féach 3.56., l. 178)
Féach Ó Catháin agus Uí Sheighin, 5.2.4., l. 100-1.

3.48.   Mar 3.38.2. thuas.

3.49.   As cóipleabhar Mhairéad Ní Mháille (**P**), l. 42. Is é 16.5.1938
an dáta atá curtha aici leis.

3.50.   Mar 3.36. thuas.

3.51.   Mar 3.32.2. thuas.

3.52.1.   As cóipleabhar Bhríd Ní Ghallchóir (**R**), l. 25-6.   Is é
1.12.1938 an dáta atá curtha aici leis.

3.52.2.   Mar 3.37. thuas ach gur ar l. 41-2 atá sé.   Tá trácht arís ar an
ábhar seo ag Mairéad Ní Dhochartaigh (**P**), ar l. 33 dá cóipleabhar.

3.53.1.   Mar 3.32.2. thuas. Tá an leigheas céanna ar an gcaoi chéanna
ag go leor daltaí eile ina gcuid cóipleabhar.
Féach Ó Catháin agus Uí Sheighin, 5.2.7., l. 101.

3.53.2.   Mar 3.36. thuas ach gur ar l. 27 atá sé.
Feach Ó Catháin agus Uí Sheighin, mar 3.53.1. thuas.

3.54.   As cóipleabhar Mhairéad Ní Dhochartaigh (**P**), l. 43-4.   Is é
11.5.1938 an dáta atá curtha aici leis.
Féach Ó Catháin agus Uí Sheighin, 5.2.1-2, l. 100 agus nóta 5.2., l.
185-6.

3.55.   Mar 3.33.1. thuas ach gur ar l. 27-8 atá sé.
Féach Ó Catháin agus Uí Sheighin mar 3.53.1. thuas, agus W.D.
Hand, 'Folk Curing: The Magical Component,' *Béaloideas* Iml. 39-41
(1971-3), l. 140-56 (féach l. 155-6 go speisialta).

3.56.   S130: 210-2. Ó 'Mháirín Ní Dhomhnaill agus páistí eile' atá
scríofa ag an mhúinteoir faoina bhun cé nach bhfuil trácht ar bith ar
fhormhór mór an ábhair seo i gcóipleabhar Mháirín nó i gcóipleabhar aon
dalta de chuid na scoile seo.

3.57.1.   As cóipleabhar Mháire Nic Graith (**G**), l. 7-8.
Féach Ó Catháin agus Uí Sheighin, 5.1.-10., l. 95-9 agus maidir le
3.57.1. – 6 (l. 114 – 115), M. Ó Cinnéide, 'Tuartha aimsire i mbéaloideas
na hÉireann', *Béaloideas* Iml. 52 (1984), l. 35-69.

3.57.2.   As cóipleabhar Sheáin Uí Mhóráin (**G**), l. 2.
Féach Ó Catháin agus Uí Sheighin, mar 3.57.1. thuas.

3.57.3.   As cóipleabhar Cháit Ní Chuirleáin (**G**), l. 1.   Is é 8.2.1938 an
dáta atá curtha aici leis.

3.57.4. As cóipleabhar Phádraig Uí Dhomhnaill (**P**), l. 30.1. Is é 1.12.1937 an dáta atá curtha aige leis. Tá athscríobh déanta ag an mhúinteoir air in S130: 176. Tá an méid seo leanas de bhreis ag an mhúinteoir ar a bhfuil ag Pádraig: 'Nuair a bhíonn an cat ag scríobadh bíonn stoirm air agus *stopann na daoine é mar deireann siad go mbíonn sé ag glaoch ar an stoirm a theacht.*'
Féach Ó Catháin agus Uí Sheighin, mar 3.57.1. thuas.

3.57.5. As cóipleabhar Mháire Ní Earcáin (**P**), l. 22. Is é 30.11.1937 an dáta atá curtha aici leis.
Féach Ó Catháin agus Uí Sheighin, mar 3.57.1. thuas.

3.57.6. As cóipleabhar 1 le Caitlín Nic Graith (**R**), l. 20-5. 'Micheál Ó Baoláin . . . a thug an t-eolas seo uaidh. Tá sé timpeall 66 bliana' atá scríofa ag an mhúinteoir faoina bhun. Tá trascríobh déanta aici air in S129: 289-91.
Féach Ó Catháin agus Uí Sheighin, 3.57.1. thuas.

3.58.1. S130: 215. 'Pádraig Ó Domhnaill ó Antaine Ó Domhnaill' atá scríofa ag an mhúinteoir faoina bhun. Níl aon trácht ag Pádraig ar an ábhar seo ina chóipleabhar.

3.58.2. As cóipleabhar Mháirín Ní Dhomhnaill (**P**), l. 21-2. Is é 5.4.1938 an dáta atá curtha aici leis. Tá athscríobh déanta ag an mhúinteoir ar an phíosa seo mar chuid dá chuntas ar 'Chluichí' (S130: 216); 'ó na páistí uilig' atá scríofa ag an mhúinteoir faoina bhun.
Féach Ó Catháin agus Uí Sheighin, 8. 14. 5.-8., l. 164-5 agus N.J.A. Williams, *Cniogaide Cnagaide*, Baile Átha Cliath, 1988, 1.126-32.

3.58.3. S130: 216-7. 'Na páistí uilig' atá scríofa ag an mhúinteoir faoina bhun, bíodh is go bhfuil an chuma air gurab é féin a scríobh as a stuaim féin é.
Féach Ó Catháin agus Uí Sheighin agus Williams mar 3.58.2. thuas.

3.59. S130: 298–302. Tá blúirí beaga thall is abhus den chuntas seo a fuair an múinteoir ó 'na páistí uilig' fágtha ar lár againn.
Féach Ó Catháin agus Uí Sheighin, 7.17.1.2., l. 138-9.

3.60.1. As cóipleabhar Mhairéad Ní Mháille (**P**), l. 52-3. Is é 26.5.1938 an dáta atá curtha aici leis. Tá trascríobh déanta ag an mhúinteoir air in S130: 284-5. 'Seabh (Seabhthín), Seabh' atá ag an mhúinteoir in áit 'Seafaín, Seafaín' an chóipleabhair.

3.60.2. S130: 370. Micheál Mac Gearraí (**G**) a scríobh. Níl sé aige ina chóipleabhar.

Caibideal 4

4.1.1. As cóipleabhar Mhairéad Ní Dhochartaigh (**P**), l. 34-5. Is é 22.3.1938 an dáta atá curtha aici leis. Tá sé athscríofa ag an mhúinteoir in S130: 222-3.

4.1.2. As cóipleabhar Mhairéad Ní Mháille (**P**), l. 44-5. Is é 22.3.1938 an dáta atá curtha aici leis. Tá trascríobh déanta ag an mhúinteoir air in S130: 224.

4.2.1. As cóipleabhar 1 le Caitlín Nic Graith (**R**), l. 30-2. 'Tomás Mac Aonghusa a thug an t-eolas seo uaidh. . . agus é 72 bliana d'aois' atá scríofa ag an mhúinteoir faoina bhun. Tá fáil ar chuntas eile ar an eachtra seo ag Áine Ní Ghionnáin (**R**) ina cóipleabhar (l. 1), cuntas a bhfuil trascríobh déanta ag Caitlín Nic Graith air in S129.

4.2.2. As cóipleabhar Mhairéad Ní Mháille (**P**), l. 24-5. Is é 24.11.1937 an dáta atá curtha aici leis. Tá cuntaisí eile ar an eachtra seo ina gcóipleabhair ag triúr dalta eile de chuid S.N. Phort Durlainne – Máire Ní Earcáin (l. 20), Pádraig Ó Domhnaill (l. 28) agus Tomás Ó Domhnaill (l. 22 agus 38).

4.2.3. As cóipleabhar Mhairéad Ní Dhochartaigh (**P**), l. 21. Is é 24.11.1937 an dáta atá curtha aici leis. Tá fáil ar chuntas eile ar an eachtra seo ag Áine Ní Ghionnáin (**R**) ina cóipleabhar (l. 1-2) a bhfuil trascríobh déanta air ag Caitlín Nic Graith in S129.
Féach Ó Catháin agus Uí Sheighin, 8.9.1., l. 156-7.

4.2.4. As cóipleabhar Éabha Ní Chorrdhuibh (**R**) l. 1-2. 'Micheál Ó Baoláin a d'aithris' atá scríofa ag an mhúinteoir faoina bhun. Tá cuntas eile ar an eachtra céanna ina cóipleabhar ag Áine Ní Ghionnáin (**R**), l. 2.

4.3.1. As cóipleabhar Mháire Ní Earcáin (**P**), l. 34-5. Is é 31.3.1938 an dáta atá curtha aici leis. Tá trascríobh déanta ag an mhúinteoir ar an chuid is mó de in S130: 228, áit a ndéantar 'na páistí uilig' a lua leis.
Féach Ó Catháin agus Uí Sheighin, 8.8.1.-4., l. 153-6 agus nóta 8.8., l. 208.

4.3.2. As cóipleabhar Mhairéad Ní Mháille (**P**), l. 8. Is é 31.3.1938 an dáta atá curtha aici leis.
Féach Ó Catháin agus Uí Sheighin, mar 4.3.1. thuas.

4.3.3. S130: 369. Micheál Mac Gearraí (**G**) a bhailigh agus a scríobh in S130. Níl sé ina chóipleabhar aige.

Féach Ó Catháin agus Uí Sheighin, mar 4.3.1. thuas.

4.4.1 S130: 303-6. 'Tomás Ó Domhnaill agus páistí eile' (**P**) a luann an múinteoir leis ach níl fáil air i gcóipleabhar aon dalta de chuid na scoile seo.

Féach Ó Catháin agus Uí Sheighin, 8.8.1.-4., l. 153-6 agus nóta 8.8., l. 208.

4.4.2. As cóipleabhar Áine Ní Ghionnáin (**R**), l. 10-11. 'Seán Ó Roithleáin a d'aithris' atá scríofa ag an mhúinteoir faoina bhun.

Féach Ó Catháin agus Uí Sheighin, mar 4.3.1 thuas.

4.4.3. As cóipleabhar Bhríd Ní Ghallchóir (**R**), l. 9-11. Is é 2.11.1938 an dáta atá curtha aici leis. 'Séamas Ó Coiligh a d'inis an scéal seo' atá scríofa ag an mhúinteoir faoina bhun. Tá cuntaisí eile mórán ar aon dul leis an chuntas seo i gcóipleabhair thriúr eile de dhaltaí S.N. Ros Dumhach – Caitlín Ní Chorrdhuibh (l. 12-3), Máire Ní Chorrdhuibh (l. 9-11) agus Áine Ní Roithléain (l. 13-5).

Féach Ó Catháin agus Uí Sheighin, mar 4.3.1. thuas.

4.4.4. As cóipleabhar 2 le Caitlín Nic Graith (**R**), l. 16-7. 'Máire Bean Mhic Graith a d'inis' atá scríofa ag an mhúinteoir faoina bhun. Tá trascríobh déanta aici air in S129: 314-5.

4.4.5. As cóipleabhar Éabha Ní Chorrdhuibh (**R**), l. 10-11. 'Micheál Ó Corrdhuibh [a hathair] a d'inis' atá scríofa ag an mhúinteoir faoina bhun.

4.4.6. As cóipleabhar Áine Ní Roithleáin (**R**), l. 16. Is é 7.11.1938 an dáta atá curtha aici leis. Tá cuntas eile atá focal ar fhocal leis an chuntas seo ag dalta eile de chuid S.N. Ros Dumhach, Caitlín Ní Chorrdhuibh, ina cóipleabhar (l. 14) agus an dáta 8.11.1938 curtha aici leis.

4.5.1. As cóipleabhar Mhicheáil Mhic Gearraí (**G**), l. 10-11. Féach Ó Catháin agus Uí Sheighin, 8.12.1., l. 160-2.

4.5.2. As cóipleabhar Cháit Ní Chuirleáin (**G**), l. 5. Is é 21.7.1938 an dáta atá curtha aici leis.

Féach Ó Catháin agus Uí Sheighin, 8.12.1., l. 160-2.

4.5.3. As cóipleabhar Mháirín Ní Dhomhnaill (**P**), l. 20. Is é 1.4.1938 an dáta atá curtha aici leis. Tá athscríobh déanta ag an mhúinteoir air in

S129: 221 áit a ndéantar 'Máirín Ó Domhnaill agus páistí eile' a lua leis. Níl d'eolas breise sa chuntas seo ach gur seansaighdiúir a bhí in *Spud Murphy.*

4.6.1.   As cóipleabhar Mháire Ní Earcáin (**P**), l. 32.   Is é 25.3.1938 an dáta atá curtha aici leis.

4.6.2.   As cóipleabhar Cháit Ní Dheagánaigh (**G**), l. 4-5.   Is é 25.3.1938 an dáta atá curtha aici leis.
Féach Ó Catháin agus Uí Sheighin, 8.10.1.-2., l. 158-9 agus nóta 8.10., l. 209.

4.6.3.   As cóipleabhar Thomáis Uí Dhomhnaill (**P**), l. 41.   Is é 17.1.1938 an dáta atá curtha aige leis.
Féach Ó Catháin agus Uí Sheighin, mar 4.6.2. thuas.

4.6.4.   As cóipleabhar Mháire Ní Earcáin (**P**), l. 25.   Is é 17.12.1937 an dáta atá curtha aici leis.   Tá athscríobh déanta ag an mhúinteoir air in S130: 182-3 agus 'Máire Ní Earcáin . . . ó Sheán Ó hEarcáin' scríofa aige faoina bhun.
Féach Ó Catháin agus Uí Sheighin, mar 4.6.2. thuas.

4.6.6.   S129: 297.   Caitlín Nic Graith (**R**) a scríobh.   In innéacs an mhúinteora (S129: 274-6), deirtear gurb í Áine Ní Ghionnáin (**R**) a bhailigh an píosa seo (agus 4.6.8. thíos) ó Aindrias Ó Gionnáin (85) ach is amhlaidh nach bhfuil rud ar bith mar é ina cóipleabhar aici nó i gceachtar de chóipleabhair Chaitlín Nic Graith.
Féach Ó Catháin agus Uí Sheighin, mar 4.6.2. thuas.

4.6.7.   As cóipleabhar 1 le Caitlín Nic Graith (**R**), l. 26.   Tá trascríobh déanta aici air in S129: 291-2.

4.6.8.   S129: 297.   Caitlín Nic Graith (**R**) a scríobh ach Áine Ní Ghionnáin (**R**) a bhailigh.   Féach 4.6.6. thuas.

4.6.9.   As cóipleabhar 1 le Caitlín Nic Graith (**R**), l. 29.   Tá trascríobh déanta aici air in S129: 293.

4.6.10. As cóipleabhar 1 le Caitlín Nic Graith (**R**) l. 1.   Tá trascríobh déanta aici air in S129: 292.

4.6.11. As cóipleabhar 1 le Caitlín Nic Graith (**R**), l. 26.   Tá trascríobh déanta aici air in S129: 291.

4.6.12. As cóipleabhar Mhairéad Ní Mháille (**P**), l. 27-8. Is é 6.12.1937 an dáta atá curtha aici leis.

4.6.13. As cóipleabhar 1 le Caitlín Nic Graith (**R**), l. 37. Tá trascríobh déanta aici air in S129: 292.

4.7.1. As cóipleabhar Cháit Ní Dheagánaigh (**G**), l.1. Is é 17.2.1938 an dáta atá curtha aici leis.
Féach Ó Catháin agus Uí Sheighin 8.13.1., l. 162 agus nóta 8.13., l. 210-11.

4.7.2. As cóipleabhar Mhicheáil Mhic Gearraí (**G**), l. 3.
Féach Ó Catháin agus Uí Sheighin, mar 4.7.1. thuas.

4.7.3. As cóipleabhar 2 le Máire Nic Graith (**G**), l. 5. Is é 12.2.1938 an dáta atá curtha aici leis. Féach Ó Catháin agus Uí Sheighin, mar 4.7.1. thuas.

4.7.4. As cóipleabhar Sheáin Uí Mhóráin (**G**), l. 4. Is é 17.2.1938 an dáta atá curtha aici leis. 'Timpeall caoga bliain ó shin a bhí an scoil seo ann' atá scríofa ag an mhúinteoir faoina bhun.
Féach Ó Catháin agus Uí Sheighin, mar 4.7.1. thuas.

4.7.5. As cóipleabhar Mhairéad Ní Dhochartaigh (**P**), l. 28-9. Is é 21.1.1938 an dáta atá curtha aici leis. Tá athscríobh déanta ag an mhúinteoir air in S130: 184-6 mar aon l'ábhar ó bheirt dhalta eile de chuid na scoile seo (féach 4.7.6. agus 4.7.7. thíos). Is féidir comórtas a dhéanamh idir chuid de chuntas an mhúinteora agus cuid na ndalta in 4.7.8., l. 131-132.
Féach Ó Catháin agus Uí Sheighin, mar 4.7.1. thuas.

4.7.6. As cóipleabhar Mháirín Ní Dhomhnaill (**P**), l. 9. Is é 20.1.1938 an dáta atá curtha aici leis.
Féach Ó Catháin agus Uí Sheighin, mar 4.7.1. thuas.

4.7.7. As cóipleabhar Mhairéad Ní Mháille (**P**), l. 33-4. Is é 20.1.1938 an dáta atá curtha aici leis.
Féach Ó Catháin agus Uí Sheighin, mar 4.7.1. thuas.

4.7.8. S130: 184-6. 'Mairéad Ní Mháille, Mairéad Ní Dhochartaigh agus Máirín Ní Dhomhnaill óna n-athracha' atá scríofa ag an mhúinteoir faoina bhun. Féach 4.7.5. thuas.
Féach Ó Catháin agus Uí Sheighin mar 4.7.1. thuas.

4.8.1.   As cóipleabhar Cháit Ní Dheagánaigh (**G**), l. 7.   Is é 29.3.1938
an dáta atá curtha aici leis.
    Féach Ó Catháin agus Uí Sheighin, 7.8.1., l. 134   agus nóta 7.8.1.,
l. 198-9.

4.8.2.   S130: 290-1. 'Pádraig Ó Domhnaill agus na páistí eile' atá scríofa
ag an mhúinteoir faoina bhun.
    Féach Ó Catháin agus Uí Sheighin, mar 4.8.2. thuas.

4.9. As cóipleabhar 2 le Máire Nic Graith (**G**), l. 6-7.   Is é 29.3.1938 an
dáta atá curtha aici leis. 'Pádraig Mac Graith' atá luaite ina fhaisnéiseoir
leis agus arís eile in S130: 334-5 áit a ndearna sí trascríobh air agus a
bhfuil an dáta 5.5.1938 curtha aici leis.

4.10.1. As cóipleabhar Mháire Ní Éalaí (**G**), l. 10.   Is é 29.3.1938 an dáta
atá curtha ag an mhúinteoir leis.

4.10.2. As cóipleabhar Chaoimhín Uí Bheoláin (**G**), l. 10.   Is é 29.3.1938
an dáta atá curtha aige leis.

4.10.3. As cóipleabhar Mhicheáil Mhic Gearraí (**G**), l.4.   Tá trascríobh
déanta aige air in S130: 325, áit a bhfuil an dáta 13.4.1938 – tugtha ag an
mhúinteoir.

4.11.   As cóipleabhar Mhairéad Ní Dhochartaigh (**P**), l. 32.   Is é
9.1.1938 an dáta atá curtha aici leis. Tá trascríobh déanta ag an mhúinteoir
air in S130: 193. Tá an méid seo de bhreis ar a bhfuil ag Mairéad i gcuntas
an mhúinteora – 'Sheasadh na rópaí sin an-fhada.'

4.12.   S130: 286-7. Bíodh is gur ó 'na páistí uilig' a fuair an múinteoir
bunábhar an chuntais seo, níl trácht ar bith ar aon rud den chineál seo in
aon chóipleabhar de chuid daltaí na scoile seo (S.N. Phort Durlainne).
    Féach Ó Catháin agus Uí Sheighin, 7.5.1., l. 129-30 agus nóta 7.5.1.,
l. 196.

4.13.   As cóipleabhar Mhairéad Ní Mháille (**P**), l. 35.   Is é 3.2.1938 an
dáta atá curtha aici leis. Tá trascríobh déanta aici air in S130: 190-1.

4.14.1. As cóipleabhar Mhairéad Ní Mháille (**P**), l. 35.   Is é 25.1.1938 an
dáta atá curtha aici leis. Tá trascríobh déanta aici air in S130: 189.
    Féach Ó Catháin agus Uí Sheighin, 7.10.1., l. 135 agus nótaí 7.10. -
7.10.1., l. 199-201.

4.14.2. As cóipleabhar Mhairéad Ní Dhochartaigh (**P**), l. 30-1. Is é 25.1.1938 an dáta atá curtha aici leis. Tá trascríobh déanta ag an mhúinteoir air in S130: 198-9. Tá an méid seo de bhreis ar a bhfuil ag Mairéad in S130: 199 ag an mhúinteoir (cló iodálach): 'Nuair a bhíonn sé tirim, is féidir leo a gcuid éadaí a dhéanamh as, *nó a dhíol.*'
Féach Ó Catháin agus Uí Sheighin, mar 4.14.1. thuas.

4.15. S130: 195-6. Bíodh is go bhfuil 'Pádraig Ó Domhnaill agus páistí eile' luaite ag an mhúinteoir leis, níl mórán de chosúlacht idir a bhfuil athscríofa anseo aige agus a bhfuil ag Pádraig ina chóipleabhar (l. 34) agus níl aon trácht ar an chineál seo in aon chóipleabhar de chuid daltaí eile na scoile seo (S.N. Phort Durlainne).
Féach Ó Catháin agus Uí Sheighin, 7.11.1., l. 135-6 agus nóta 7.11.1., l. 201.

4.16. As cóipleabhar Mháire Ní Earcáin (**P**), l. 27. Is é 25.1.1938 an dáta atá curtha aici leis. Tá athscríobh déanta ag an mhúinteoir air in S130: 188. 'Máire Ní Earcáin agus Pádraig Ó Domhnaill ó Sheán Ó hEarcáin agus Antaine Ó Domhnail' atá scríofa aige faoina bhun. Tá an méid atá ag Pádraig Ó Domhnaill faoin ábhar seo le fáil ina chóipleabhar ar l. 26.
Féach Ó Catháin agus Uí Sheighin, 7.18.1., l. 139 agus nóta 7.18., l. 202.

4.17. As cóipleabhar Mháire Ní Earcáin (**P**), l. 36-7. Is é 28.4.1938 an dáta atá curtha aici leis. Tá athscríobh déanta ag an mhúinteoir air in S130: 192. – 'Mar a dhéanadh siad gailéarach' an teideal atá aigesean air.

4.18. As cóipleabhar Mháirín Ní Dhomhnaill (**P**), l. 10-11. Is é 26.1.1938 an dáta atá curtha aici leis. Tá athscríobh déanta ag an mhúinteoir air in S130: 194.
Féach Ó Catháin agus Uí Sheighin, nótaí 7.1.3., l. 195 agus 7.8.1., l. 198-9.

4.19. As cóipleabhar Chaoimhín Uí Bheoláin (**G**), l. 8-9. 'An té a d'inis – Seán Ó hÉalaí' atá scríofa ag an mhúinteoir faoina bhun.

4.20.1. As cóipleabhar Mháire Ní Earcáin (P), l. 36-7. Is é 28.4.1938 an dáta atá curtha aici leis.
Féach Ó Catháin agus Uí Sheighin, 7.1.1.–3, l.125–6; 7.2.6., l. 128; nótaí 7.1., l. 195 agus 7.1.3., l. 195.

4.20.2. As cóipleabhar Mháirín Ní Dhomhnaill (**P**), l. 27-8. Is é Bealtaine 1938 an dáta atá curtha aici leis. Tá trascríobh déanta aici air in S130:

370-8. Tá cuntas eile mar é i gcóipleabhar dhalta de chuid na scoile seo (S.N. Phort Durlainne) chomh maith – Máire Ní Éarcáin (l. 42-3). Féach Ó Catháin agus Uí Sheighin, mar 4.20.1. thuas.

4.20.3. S130:197. 'Máirín Ní Dhomhnaill ó Mháire Uí Dhomhnaill' atá scríofa ag an mhúinteoir faoina bhun. Níl fáil ar an phíosa seo i gcóipleabhar Mháirín.

4.21.1. S130: 239-41. 'Na páistí uilig' atá scríofa ag an mhúinteoir faoina bhun. Níl fáil ar aon chuid den ábhar seo i gcóipleabhar dhalta ar bith de chuid na scoile seo (S.N. Phort Durlainne).
Féach Ó Catháin agus Uí Sheighin, 7.2.1.–5., l. 126-8 agus nóta 7.1., l. 195.

4.21.2. Mar 4.21.1. thuas ach gur ar l. 241-2 atá sé.
Féach Ó Catháin agus Uí Sheighin, 7.14.1., l. 136-8.

4.22.1. As cóipleabhar Mháire Ní Earcáin (**P**), l. 42. Is é 16.5.1938 an dáta atá curtha aici leis.
Féach Ó Catháin agus Uí Sheighin, 8.6.1., l. 151-2 agus nóta 8.6., l. 205-7.

4.22.2. As cóipleabhar Éabha Ní Chorrdhuibh (**R**), l. 15-6. 'Seán Ó Roithleáin a d'inis' atá scríofa ag an mhúinteoir faoina bhun.
Féach Ó Catháin agus Uí Sheighin, mar 4.22.1. thuas.

4.22.3. As cóipleabhar 2 le Caitlín Nic Graith (**R**), l. 25-6. Tá trascríobh déanta aici air in S129: 320-1. 'Pádraig Ó Corrdhuibh' an fáisnéiseoir a luaitear leis in innéacs an mhúinteora (S129: 274-6). Tá aistí beaga eile mórán mar é seo ag ceathrar dalta eile de chuid na scoile seo (S.N. Ros Dumhach) ina gcuid cóipleabhar – Bhríd Ní Ghallchóir (l. 24), Máire Ní Ghionnáin (l. 13), Mairéad Ní Ghionnáin (l. 5) agus Áine Ní Roithleáin (l. 26).
Féach Ó Catháin agus Uí Sheighin, mar 4.22.1. thuas.

4.22.4. As cóipleabhar Áine Ní Ghionnáin (**R**), l. 15-6.
Féach Ó Catháin agus Uí Sheighin, mar 4.22.1. thuas.

4.22.5. As cóipleabhar Chaitlín Ní Chorrdhuibh (**R**), l. 22. Is é 23.11.1938 an dáta atá curtha aici leis. 'Seán Ó Roithleáin a d'aithris' atá scríofa ag an mhúinteoir faoina bhun.
Féach Ó Catháin agus Uí Sheighin, mar 4.22.1. thuas.

4.22.6. As cóipleabhar Mháire Ní Chorrdhuibh (**R**), l. 18. Is é 28.11.1938 an dáta atá curtha aici leis. 'Seán Ó Róithleáin a thug an seanchas seo uaidh' atá scríofa ag an mhúinteoir faoina bhun. Féach Ó Catháin agus Uí Sheighin, 7.18.1., l. 139 agus nóta 7.18., l. 202.

4.23.1. As cóipleabhar Mhairéad Ní Dhochartaigh (**P**), l. 13-4. Is é 29.9.1937 an dáta atá curtha aici leis. Tá sé seo ar cheann de na haistí ar ábhair éagsúla a scríobh daltaí na scoile seo (S.N. Phort Durlainne) ar leathanaigh tosaigh a gcuid cóipleabhar. Ní raibh an múinteoir den bharúil go raibh aon ábhar béaloidis ins na haistí seo.

4.23.2. As cóipleabhar Mháire Ní Earcáin (**P**), l. 11-2. Is é 29.9.1937 an dáta atá curtha aici leis. Féach 4.23.1. thuas.

4.23.3. As cóipleabhar Mhairéad Ní Mháille (**P**), l. 13-4. Is é 29.9.1937 an dáta atá curtha aici leis. Féach 4.23.1. thuas.

4.23.4. As cóipleabhar Mháirín Ní Dhomhnaill (**P**), l. 23. Is é 26.5.1938 an dáta atá curtha aici leis. Rangaítear an aiste seo le hábhar an bhéaloidis sa chóipleabhar seo – féach 4.23.1 thuas.

4.23.5. S130: 233-4. Tá an píosa seo leagtha ar Mháirín Ní Dhomhnaill ag an mhúinteoir. Má dhéantar comórtas leis an méid atá i gcóipleabhar Mháirín (féach 4.23.4 thuas) is féidir idirdhealú a dhéanamh idir chuid Mháirín agus cuid an mhúinteora.

4.23.6. As cóipleabhar Mhairéad Ní Mháille (**P**), l. 49-51. Is é 5.4.1938 an dáta atá curtha aici leis. Tá trascríobh déanta ag an mhúinteoir air in S130: 235-6 agus an méid seo de bhreis curtha aige leis: 'Tá an sloinne Gearbháin coitianta in mo bhaile-se agus tá clann de mhuintir Thuathail agus Dochartaigh ann.'

4.23.7. As cóipleabhar Áine Nic Gearraí (**G**), l. 5. Is é 12.7.1938 an dáta atá curtha ag an mhúinteoir leis. Tá athscríobh déanta ag an mhúinteoir air in S130: 350.

4.23.8. As cóipleabhar Mhicheáil Mhic Gearraí (**G**), l. 5-6. Is é 13.7.1938 an dáta atá curtha aige leis. Tá trascríobh déanta aige air in S130: 344-5 agus an méid seo de bhreis curtha aige leis: 'Céad bliain ó shin, ní hé "An Droichead" a bhí ar an áit ach "Bun na hAbhna ó dheas". Agus bhí clann eile ann chomh maith – na *Cuffes*.'

4.23.9. As cóipleabhar Cháit Ní Chuirleáin (**G**), l. 2-3. Is é 13.7.1938 an dáta atá curtha aici leis.

4.23.10. As cóipleabhar Mháire Nic Graith (**G**), l. 9-10. Is é 13.7.1938 an dáta atá curtha aici leis. Tá trascríobh déanta ag an mhúinteoir air in S130: 351-2.

4.23.11. As cóipleabhar Chaoimhín Uí Bheoláin (**G**), l. 4-5. Is é 13.7.1938 an dáta atá curtha aige leis. 'An té a d'inis – A. Ó hÉalaí' atá scríofa ag an mhúinteoir faoina bhun. Tá trascríobh déanta ag an mhúinteoir air in S130: 346-7.

4.23.12. As cóipleabhar Mháire Ní Éalaí (**G**), l. 12-3. Is é 12.7.1938 an dáta atá curtha aici leis. Tá athscríobh déanta aici air in S130: 342-3 agus ainmneacha na beirte a raibh Gaeilge acu – Bríd Ní Éigeartaigh agus Sorcha Ní Dhoirnín – luaite aici ansin.

4.24.1. S130: 229. 'Tomás Ó Domhnaill ó Mháire Uí Dhomhnaill' atá scríofa ag an mhúinteoir faoina bhun. Níl trácht ar bith air seo i gcóipleabhar an dalta seo.

4.24.2. As cóipleabhar Mhairéad Ní Mháille (**P**), l. 41-2. Is é 5.5.1938 an dáta atá curtha aici leis. Féach 4.24.3. thíos.

4.24.3. S130: 230-1. 'Mairéad Ní Dhochartaigh agus páistí eile' atá scríofa ag an mhúinteoir faoina bhun. Tá formhór an mhéid den chuntas seo a bhí ar aon dul lena bhfuil in 4.24.2. (l. 146) thuas fágtha ar lár. Níl trácht ar an chuid eile in aon cheann de chóipleabhair dhaltaí na scoile seo (S.N. Phort Durlainne).

4.24.4. As cóipleabhar Mhicheáil Mhic Gearraí (**G**), l. 11. Tá cuntas eile mórán mar é ag dalta eile de chuid na scoile seo (S.N. Ghleann na Muaidhe) – Cáit Ní Chuirleáin – ina cóipleabhar (l. 6).
4.24.5. As cóipleabhar Áine Nic Ghearraí (**G**), l. 7. Is é 13.10.1938 an dáta atá curtha aici leis.

4.24.6. As cóipleabhar Chaoimhín Uí Bheoláin (**G**), l. 10-11. Is é 12.10.1938 an dáta atá curtha aige leis. 'An té a d'inis – Seán Ó hÉalaí' atá scríofa ag an mhúinteoir faoina bhun.

4.25.1. As cóipleabhar Mháirín Ní Dhomhnaill (**P**), l. 3. Is é 10.11.1937 an dáta atá curtha aici leis. Tá a bhfuil anseo ag Tomás Ó Domhnaill (**P**) ina chóipleabhar chomh maith (l. 35).

Féach Ó Catháin agus Uí Sheighin, nótaí faoi áitainmneacha Dhún Caocháin, 6.4.1. – 6.5.4., l. 118-24.

4.25.2. Mar 4.25.1. thuas.
Féach Ó Catháin agus Uí Sheighin, 6.4.2., l. 118-20.

4.25.3. Mar 4.25.1. thuas.

4.25.4. As cóipleabhar Mháire Ní Earcáin (**P**), l. 18. Is é 9.11.1937 an dáta atá curtha aici leis.

4.25.5. Mar 4.25.4. thuas.

4.25.6. As cóipleabhar Thomáis Uí Dhomhnaill (**P**), l. 35-6. Is é 9.11.1937 an dáta atá curtha aige leis.

4.25.7. As cóipleabhar Mhairéad Ní Mháille (**P**), l. 19. Is é 9.11.1937 an dáta atá curtha aici leis.

4.25.8. Mar 4.25.7. thuas.

4.25.9. Mar 4.25.7. thuas.

4.25.10. Mar 4.25.7. thuas.

4.25.11. S130: 205-6. 'Micheál Ó Baoill ó Mhicheál Ó Baoill' atá scríofa ag an mhúinteoir faoina bhun. Níl fáil ar chóipleabhar an dalta seo.

4.25.12. Mar 4.25.11. thuas.

4.25.13. Mar 4.25.11. thuas.

4.25.14. As cóipleabhar Cháit Ní Chuirleáin (**G**), l. 6. Is é 13.10.1938 an dáta atá curtha aici leis.

4.26. S130: 231-2. 'Mairéad Ní Dhochartaigh agus páistí eile' atá scríofa ag an mhúinteoir faoina bhun. Níl fáil air i gcóipleabhar aon dalta de chuid na scoile seo (S.N. Phort Durlainne).
Féach Ó Catháin agus Uí Sheighin, 5.3.22.–3., l. 109-10 agus nóta 5.3., l. 88.

4.27.   As cóipleabhar Mhairéad Ní Dhochartaigh (**P**), l. 49-60.   Is é 30.5.1938 an dáta atá curtha aici leis. Tá trascríobh déanta aici air in S130: 311.

Féach Ó Catháin agus Uí Sheighin, 8.1.1.-2.,   l. 141-2 agus nóta 8.1.1., l. 203.

4.28.1.   As cóipleabhar Mhairéad Ní Dhochartaigh (**P**), l. 11-2.   Is é 21.9.1937 an dáta atá curtha aici leis. Tá sé seo ar cheann de na haistí nach ndearna múinteoir na scoile seo a áireamh ina 'bhéaloideas' (féach 4.23.1. thuas) agus tá sé ina chuid den chuntas atá ag an mhúinteoir in S130: 294-7, cuntas a fuarthas ó 'na páistí uilig'. Tá aistí eile ar an ábhar céanna ag ceathrar eile de chuid daltaí na scoile seo (S.N. Phort Durlainne) ina gcuid cóipleabhar: Máire Ní Earcáin (l. 9), Mairéad Ní Mháille (l. 11-2), Pádraig Ó Domhnaill (l. 1 agus 18) agus Tomás Ó Domhnaill (l. 30-1).

Féach Ó Catháin agus Uí Sheighin, 8.2.1.-9.,   l. 142-4 agus nótaí 8.2. agus 8.2.1., l. 203-4.

4.28.2.   S130: 296-7.   Seo an chuid deiridh de chuntas an mhúinteora go ndéantar tagairt dó thuas in 4.28.1.

4.29.   As cóipleabhar Mháirín Ní Dhomhnaill (**P**),   l. 29-30.   Is é 16.5.1938 an dáta atá curtha aici leis.

AGUISÍN

NA BAILITHEOIRÍ

Cáit Ní Bhaoláin	Ros Dumhach	1924 – 1984	
Micheál Ó Baoill	Leacht Mhurcha	1926	
Caoimhín Ó Beoláin	Bun Abhna	1925 – 1941	
Caitlín Ní Chorrdhuibh	Ros Dumhach	1925	
Eibhlín Ní Chorrdhuibh	Ros Dumhach	1923	
Máire Ní Chorrdhuibh	Ros Dumhach	1924	
Cáit Ní Chuirleáin	Baile an Mhuilinn	1924	
Cáit Ní Dheagánaigh	Gort Liatuile	1923	
Mairéad Ní Dheagánaigh	Gort Liatuile	1924	
Mairéad Ní Dhochartaigh	Sraith an tSeagail	1924	
Pádraig Ó Domhnaill	Port Durlainne	1925	
Tomás Ó Domhnaill	Port Durlainne	1923	
Bríd Ní Dhomhnaill	Bun Alltaí	1922	
Máirín Ní Dhomhnaill	Port Durlainne	1925	
Máire Ní Earcáin	Port Durlainne	1925	
Máire Ní Éalaí	Sraith na Pláighe	1922	
Bríd Ní Ghallchóir	Ros Dumhach	1926 – 1988	
Tomás Ó Gallchóir	Ros Dumhach	1924	
Áine Nic Gearraí	An Droichead	1924	
Micheál Mac Gearraí	An Droichead	1924 – 1967	
Áine Ní Ghionnáin	Ros Dumhach	1921	
Mairéad Ní Ghionnáin	Ros Dumhach	1921	
Caitlín Nic Graith	Rinn na Rón	1924	
Máire Nic Graith	Baile an Mhuilinn	1924	
Mairéad Ní Mháille	Sraith na tSeagail	1924	
Seán Ó Móráin	Barr Alltaí	1925	
Seán Ó Móráin	Baile an Mhuilinn	1924	
Áine Ní Roithleáin	Ros Dumhach	1926	
Micheál Ó Corrdhuibh	Ros Dubhach	1879 – 1962	
Pádraig Ó Corrdhuibh	Gob an tSáilín	– 1973	
Áine Ní Chuirleáin	Baile an Mhuilinn	1855 – 1956	
Pádraig Ó Deangánaigh	Gort Lia Tuile	1875 – 1945	
Brid Ní Dhochartaigh	Sean Mhachaire	– 1973	

Séamas Ó Dochartaigh	Sraith an tSeagail	1886 – 1978
Antaine Ó Domhnaill	Port Dorlainne	1895 – 1972
Máire Ní Dhomhnaill	Port Dorlainne	1885 – 1962
Micheál Mac Domhnaill	Bun Altaigh	1886 – 1963
Pádraig Ó hEarcáin	Port Dorlainne	1895 – 1977
Antoine Ó hEalaí	Bun Abhna	1864 – 1944
Antoine Ó hEalaí	Sraigh na Pláighe	1883 – 1959
Bríd Ní Ghallchóir	Ros Dumhach	1893 – 1964
Bríd Mhic Ghearraí	An Droichead	1893 – 1977
Eamonn Mac Gearraí	Gleann na Muaidhe	1898 – 1983
Séan Mac Gearraí	An Droichead	1882 – 1966
Micheál Mac Gearraí	Ros Dumhach	1879 – 1935
Aindí Ó Gionnáin	Ros Dumhach	1854 – 1938
Séan Ó Gionnáin	Ros Dumhach	1885 – 1969
Eibhlín Nic Ghraith	Leana an Mhianaigh	1877 – 1956
Máire Mhic Ghraith	Rinn na Rón	1880 – 1972
Pádraig Mac Graith	Baile an Mhuilinn	1898 – 1987
Sorcha Mhic Ghraith	Baile an Mhuilinn	1895 – 1974
Antaine Ó Iorbháin	Gort Lia Tuile	1894 – 1963
Pádraig Ó Máille	Sraith an tSeagail	1882 – 1968
Pádraig Ó Mionacháin	Ros Dumhach	1897 – 1977
Séamas Ó Móráin	Barr Altaigh	1916 – 1978
Torlach Ó Móráin	Baile an Mhuilinn	1890 – 1974
Bríd Ní Rodaí	Rod Dumhach	1880 – 1968
Seán Ó Roithleáin	Ros Dumhach	1877 – 1959

NA FAISNÉISEOIRÍ

Tomás Mac Aonghusa	Léana Mhianaigh	1908 – 1978
Micheál Mac Domhnaill	Bun Alltaí	1886 – 1963
Éamonn Mac Gearraí	Gleann na Muaidhe	1898 – 1983
Micheál Mac Gearraí	Ros Dumhach	1879 – 1935
Seán Mac Gearraí	An Droichead	1882 – 1966
Bríd Mhic Gearraí	An Droichead	1893 – 1977
Pádraig Mac Graith	Baile an Mhuilinn	1898 – 1987
Máire Mhic Graith	Rinn na Rón	1880 – 1972
Sorcha Mhic Graith	Baile an Mhuilinn	1895 – 1974
Eibhlín Nic Graith	Léana Mhianaigh	1877 – 1956
Micheál Ó Baoill	Leacht Mhurcha	
Micheál Ó Baoláin	Ros Dumhach	1872 – 1946
Séamus Ó Baoláin	Ros Dumhach	1908 – 1978
Séamus Ó Beoláin	Bun Abhna	1882 – 1975
Séamus Ó Coiligh	Ros Dumhach	1877 – 1959
Tomás Ó Corcráin	Sean-Mhachaire	1866 – 1941
Bríd Uí Chorrdhuibh	Barrthrá	1879 – 1960
Micheál Ó Corrdhuibh	Ros Dumhach	1879 – 1962
Pádraig Ó Corrdhuibh	Gob an tSáilín	– 1973
Áine Ní Chuirleáin	Baile an Mhuilinn	1855 – 1956
Pádraig Ó Deagánaigh	Gort Liatuile	1875 – 1945
Bríd Ní Dhochartaigh	Sean-Mhachaire	– 1973
Séamus Ó Dochartaigh	Sraith an tSeagail	1886 – 1978
Antaine Ó Domhnaill	Port Durlainne	1895 – 1972
Máire Uí Dhomhnaill	Port Durlainne	1885 – 1962
Pádraig Ó hEarcáin	Port Durlainne	1895 – 1977
Antaine Ó hÉalaí	Sraith na Pláighe	1883 – 1959
Antaine Ó hÉalaí	Bun Abhna	1864 – 1944
Bríd Uí Ghallchóir	Ros Dumhach	1893 – 1964
Aindí Ó Gionnáin	Ros Dumhach	1854 – 1938
Seán Ó Gionnáin	Ros Dumhach	1885 – 1969
Antaine Ó hIorbháin	Gort Liatuile	1894 – 1963
Pádraig Ó Máille	Sraith an tSeagail	1882 – 1968
Pádraig Ó Mionacháin	Ros Dumhach	1897 – 1977
Séamus Ó Móráin	Barr Alltaí	1916 – 1978
Tarlach Ó Móráin	Baile an Mhuilinn	1890 – 1974
Bríd Ní Rodaí	Ros Dumhach	1880 – 1968
Seán Ó Roithleáin	Ros Dumhach	1877 – 1959

Only in Ireland -
Weird and wonderful encounters
on Dublin's buses

By

Dorothy Ketterer

ISBN: 978-1-911131-42-7

This book was published in cooperation with
Choice Publishing, Drogheda, Co. Louth,
Republic of Ireland.
www.choicepublishing.ie

INTRODUCTION

It is over forty-five years since I was a daily commuter on public transport. In those days there was a conductor who stood under the stairs, rang the bell for go and stop, collected the fares, and gave you a ticket. I always went upstairs and had a book with me and read all the way until I reached my destination. This went on for many years. I did get through a lot of books and then I bought a car. I was delighted with my independence and I loved driving. I thought I would never use public transport again, and I did not that is until now. What a change there is now with the beautiful new buses. Only a driver. You must have the correct fare and pay as you enter. There is space for a wheelchair, buggies and a ramp can be lowered to allow people with walking problems to get on and off safely. I never thought I would use these as I still love driving.

Then one day I got a letter from social welfare telling me I was entitled to a free travel pass. I was to go into Dublin Bus in O'Connell Street and have my picture taken for identification and then I would receive my pass in due course. I thought to myself 'No not for me. I love my car and I will never go back to waiting for buses at this time of my life'. When I showed the letter to my other half he roared laughing and said 'You will never go on a bus. Are you joking me? You love driving so much you'll never give up your car. That's one picture you need not have taken. When I told the rest of the family they said, 'Mum forget it. There is no way you will use a bus pass'. I was taken aback by their reaction and I said no more. As they went on making fun of the pass with their Dad I got very annoyed and decided 'That's it. I am going to go for the pass and I will show them'. The next day I told nobody and off I went into Dublin Bus and had my picture taken. Not long after my pass arrived. I was delighted. I thought I looked lovely I kept it in my bag and forgot all about it.

A few weeks later my sister rang me and asked me if I would go with her into town. She wanted to buy an outfit for a special wedding and valued my taste in clothes. I said yes and we made a date to meet. I looked forward to it. The day came and I was about to take the car when I remembered the bus pass. We had a lovely day and went all over town. We were on so many buses I lost count. Most of the time we were in separate seats, and anybody who sat beside me passed some remark. I spoke to anybody who spoke to me. My sister said to me, 'Now did you know that man who sat beside you?' I said, 'No, I never saw him in my life.' 'Well, then, you seemed to like listening to him.' I said, 'He was just a lovely person. I could have listened to him forever. I was sorry when he got off the bus'. 'I told you it was catching. Once you get started there'll be no stopping you'. 'I have to admit you were right, and I enjoyed it.' She said, 'Now that you have the pass we will go out more on the buses but on longer journeys. You will get a real feeling for listening and talking to strangers. You will be astonished at what people tell you and you will start telling them

your business without realising it'. Now I doubt that.'
She told me some of the things she had heard and I could
not believe it. We parted then at her stop. Mine was a bit
further up and I could see my bus coming. I got it and I
looked forward to meeting someone nice on this bus. I
was not disappointed. A lovely woman sat beside me. She
had been in town all day and she was very tired. I said,
'Me also. I was with my sister as I had just got my pass.
We were on so many buses. I thought it was great'. She
said, 'I could not afford to go anywhere only for the pass I
think it's fantastic. I said that I have enjoyed it so much I
think I will be giving up my car. 'Well,' she said, 'I never
drove myself. When my husband died I was going to
learn, but never bothered'. I said, 'The driving is appalling
now with people driving talking on their phones. I had
reached my stop; I had to say goodbye.

For Patrick

I

So off I went and got the bus. I was delighted to show my pass. The only thing I ever got in my life for nothing. I sat on my own for a few stops and then a man on two crutches sat beside me. He started talking to me straight away. I thought he had mistaken me for somebody he knew but I did not get a chance to tell him so. He told me he was going to the hospital and hoped to get rid of these bloody things to day. He was weeks on them and he hated them. Then he started to tell me what had happened to him and why he was on them in the first place. He had a bathroom fitted down stairs and for a month it was great. Then the toilet started to give trouble and he rang the F**cking guy who put it in. He was to come and fix it but of course he never did. So one day he decided to have a go himself. He took the top off the toilet and let it fall on his foot. He roared with the pain and called his wife. She never heard him the 'deaf old bitch'. He was stuck behind the door and could not move. When eventually she heard him she asked, 'What's up, Mick?' He shouted at her to come and get him out. She couldn't open the door so he told her to ring an ambulance. She said, 'You know I cannot use that stupid phone you gave me when you got rid of the house phone. I will give you your own and you can ring yourself.' Which he did and they were there in next to no time. They were great. He had broken his foot. I said that was awful and hoped he would get rid of the crutches today. The next stop was the hospital and he got off the bus. I was on my

~ 1 ~

own the rest of the journey for which I was glad having listened to all this man's problems.

When I met my sister and told her about the man she laughed and said, 'That happens all the time on the buses. Everybody talks to you whether they know you or not. After a while, when you start using the buses as much as I do, you will be talking to everybody yourself.' 'I will not. What's the point talking to people you do not know?' 'Well we'll see. I bet you will. It's unique to Ireland and it is lovely. That is not all that happens on the buses wait and see. You will have a great time travelling with me. I am doing it so long I am an expert on how to get around the city. Having no car means you go from one side to the other and not have to come back for the car. No parking fees; it's fantastic.'

A few days later off I went on a bus again. I did not tell anyone I just wanted to see if I still felt I would get to like is as much as my first outing. A very nice lady sat beside me and started to talk to me. She told me she was a widow. She had just come from visiting her daughter, who has three daughters. She loved going to see them. They were so good to her she made all their clothes. She had just taken the measurements of the eight-year old as she was making her Holy Communion in May. She had a sample of the material with her and she showed it to me. It was beautiful and I told her. I liked it very much. She was delighted, and I took great pleasure in being included in the making of this child's important dress. I said that was a great thing for her to be able to do. 'Sure I worked for Irene Gilbert I got a great training. Did you ever hear of her?' I did of course. 'Now she was hard to work for but she paid well. I still make all my own clothes.' 'That's great,' I said, 'Did you make the coat you are wearing now? 'Yes, I did'. I said, 'It is wonderful. God Bless your hands'. She thanked me and said, 'The next stop is mine. Lovely meeting you'. And off she went. I did not get a chance to ask if she made clothes for other people. I would love her to make my cloths. What am I like getting involved with strangers and loving it? I know the stop that lady got off and I am going to watch out for her on the bus again and ask her. I will ring my sister when I get home and tell her what I have done. She will be delighted to hear I enjoyed it so much I will ask her when are going out again on the bus. I just cannot believe what goes on and everybody is so nice.

When I got home I told the family what I had done on my own. They could not believe it. Of course I coloured the truth a bit, and said I could not wait to go again. My daughter said, 'Mum, get a life. That novelty will soon wear off. When you have to wait ages for a bus you will soon be back in your car'. 'You don't have to wait ages there is an electronic time table and you know when the next bus is due.' They all joined in saying, 'No Mum that will not last. Get back in your car and stop fooling ourself. Are you going to tell Dad what you did? 'Of course and I am going to get him to start using his pass also.' 'You know he will say that you have lost all your marbles'. 'Wait until something awful happens,' my husband said. 'Like what?' I asked. 'Like a drug addict or a drunk. That will finish you with this carry on. Cop on to yourself; going on the buses at your age'. 'That's right,' I said, 'this is the right time to go on the buses. I can sit at the window and see all the things I missed when I was driving. I don't have to keep my eyes on other drivers. I get to talk to lovely people. If somebody is not nice, I will just change my seat and sit beside somebody who is nice'. I knew by the look on the faces of all of them that they thought I had lost my marbles, or, as they would say, 'Mum the light has gone out in the attic'. That's what they think.

Two days later I went on a bus. This time I knew what to expect and I was not disappointed. A lady sat beside me and told me she was attending Saint James Hospital for ages now and did not seem to be getting any better. I did not ask what was wrong with her and she did not say. Then she said, 'Do you know what bothers me on this bus? The announcer calls out Saint James Hospital in English and in Irish she calls San Seamus. Now San is Spanish for saint and Naomh is Irish for saint. What's that about it? should be corrected. Could you see the Spanish putting an Irish word in their language? I don't think so. It could only happen in Ireland'. Then she told me she was never any good at Irish when she went to school but she went back to adult Irish classed in her sixties and got to love the language. Now she speaks it on holidays and is so proud of it. 'It is great to have a language of our own.' At times when she was on holiday people asked her what language she was speaking and she was delighted to tell them It was Irish. I said I never noticed this mistake as I have only started to use the buses. I wish she had not told me this, now that will annoy me when I hear it. Someday when I am in town I just might go into Dublin bus and bring this to their attention. If they are going to announce our destination in Irish, please get it right. Naomh for Saint please. When that lady got off the bus I was happy to have the seat for myself for a while.

The next time the bus stopped it was outside Lidl There was a lot of shouting on the street I thought it was about a parked car. One man was calling another awful names and then he finished by calling him a wanker. Then the driver said to all the people getting off, 'Come all you wankers and get off the bus'. When the people were getting on the driver said, 'Come an all you wankers and get on the bus'. Then one man said, 'You are only a wanker yourself.' and the whole bus was cracking up the banter was mighty and the Dublin wit was fantastic. I was sorry I was getting off at the next stop I was enjoying it so much. It could only happen in Ireland.

On the bus on my way home nobody sat beside me, until we reached the Lidl stop again. This time the driver allowed everybody on. Although the bus was full downstairs, nobody would go upstairs. They had big shopping bags, shopping carts with four wheels full of groceries, packets of toilet roll with about sixty rolls in each and monster packets of kitchen towels. The person that sat beside me had so much shopping I thought she was going to put some of it on my lap, but she put one bag on her own lap and two out in the aisle in the way of everybody getting on or off. Then she stood up herself and put all the bags on the seat and stood in the aisle herself in the way of people getting off. Nobody minded. Everybody had great patience and I could not believe how nice people were. One woman had not got much and she took a big bag from a woman and held it for her until the woman that owned it was getting off. I knew by the way she thanked her that she did not know her. Now this could only happen Ireland. When I was getting off I said to the driver, 'Is it always like this?' 'No,' he said, 'only on Thursday, special offers and single parents pay day'. He smiled and said, 'Don't travel on Thursday unless you have too.' I thanked him for this information and decided I never would but I did enjoy the trip into town and even the one back. It was interesting to see the amount of things people try to carry on the bus. It could only happen in Ireland.

The next trip I went on was so funny I could not believe it. A group of Dublin women got on and it was as good as going to a pantomime. They had come from a meeting of their club where they had made their holiday plans for going to Spain. One woman said she had her swim suits and all ready for the beach beauty contest. Another answered her by saying, 'No you cannot enter. Sure where will I come if you enter? I won't stand a chance'. She answered, 'Whether I enter or not you still won't stand a chance unless you have a new costume'. 'What's wrong with my old one?' 'Now, Elsie, if you have to ask that, just look at the pictures from last year and you will see sure your bits were all hanging out. It was miles too small for you'. 'Ok then,' she said, 'I will buy a

new one and I'll put you to shame. I will win first prize.'
'For what? Being the biggest on the beach?' They all
laughed and it was then I only realised they were only
joking. Then one woman said, 'I love the heat of the sun
in Spain but I hate the way they all talk in a foreign
language'. Then another said, 'I hate the food. All the
things they eat like cold soup and as for that paella or
whatever you call it, sure that's a load of crap. Imagine
putting meat and fish in the shells in the one dish. That's
awful.' 'Girls,' said one of them, 'Will you stop giving out?
Why did you say you wanted to go to Spain if you find so
much wrong with it? It was the cheapest holiday they
offered us in the club. Although the food is crap we will
enjoy the cheap drink and have plenty of it. We'll have a
great time. Sure we would give out no matter where we
went. We would stay in Ireland only for the weather and
the high prices. We will have a great time once we are all
together; we always do. The sun in Spain is so good for
our old bones'. It's more than sun some of us need for
our old bones!' I was enjoying all this holiday talk so
much I missed my stop and I walked the rest of the way
laughing to myself at the way these women were looking
forward to going away together and the way they could
laugh and jeer at each other. I'm sure they were all
friends for a long time. The way they spoke so loud and
did not care what they said or who was listening. I hoped
there was no Spanish person on the bus that could
understand them. Calling their food crap and giving out
about their language. I would like to be in a club like that
and go on holiday with a group of women and have fun
like them. It did me the world of good to have listened to
them and the way they enjoyed life. Now that's the next

thing on my bucket list I am going to join a ladies' club.

I had decided to take a rest from the Buses today when the phone rang. It was a friend of mine I am always telling the great time I have on the buses. She asked me if I had nothing to do would I like to go on a trip on the bus. I could not say no so I said leave your car and come over to me on the bus and then we will decide what to do. She said ok what bus will I get? I told her and said it is a great service you will not have long to wait. She did not have long to wait and when she got on she just sat in the front seat. The driver said, 'Lady, you did not pay your fare'. She just sat there and he said it again. She still sat there and he said, 'You, lady in the white coat'. The lady behind her tapped her and said, 'He is talking to you'. She went up to him and said she had a pass. He said well you have to show it to me. She said she was waiting for the conductor. He roared laughing and asked, 'When were you last on a bus?' She said about forty years ago. 'Did you never hear about one man buses?' She got so embarrassed she did not know what to do. He checked her pass and said, 'You look very young to have a pass. You could not be an old age pensioner'. She was mortified. She stood there for a while and got off at the next stop. She walked the rest of the way to my house which is not far. When I opened the door she had a face on her like a bull dog who had been stung by a wasp. I said, oh no what has happened to her? I put a big smile on my face and gave her a great welcome. She walked in and said, 'You will not believe what happened on that bus'. 'I will,' I said, 'I know what can happen'. She told me the story and I started to laugh. I said, 'He thought you looked very young, sure that must have cheered you up?'

'No he was jeering me.' 'Don't be silly. He was paying you a complement.' She laughed but we never went on the trip.

The next time I went for a bus there was only an old lady on her own waiting at the stop. She said to me, 'Look, there is not going to be a bus for the next half hour.' I said, 'That can't be right. This is a very good service'. She said, 'There might be some hold up in town. I only come out to go on the bus to shorten the day. I'm a widow and I live alone no family'. I said, 'You are right and look you have met me today and I'm lovely.' She laughed and said, 'Yes, you are.' I said, 'It's better than doing house work. The dust does not get any thicker. I never do any house work.' She laughed again. The bus came and we were so busy talking we nearly missed it. The driver stopped and I told him the timetable must be wrong. He said, 'I know this lady so I knew she wanted this bus'. She sat beside me and she said, 'I know you were not telling lies when you said you do not do any housework with those beautiful long nails. It's obvious you don't'. I thought she was very observant for her age. 'No,' I said, 'sure why would I lie'. 'Well, I thought,' she said, 'you were only joking'. I said, 'The house will be there after you. Get out as much as you can.' She said, 'I do'. It was my stop I said goodbye and she gave me a big smile and waved. I hope she felt better for meeting me.

The next time I went to the bus stop there was a girl with a buggy and a man on his own. I could not believe my luck. The bus came immediately. I sat in the second last seat as it is a lot higher than the rest. You can hear and see everything from there. It's great for people watching. It was not long before the fun started. At the next stop a girl with a buggy wanted to get on. The driver told her that as he had a buggy on already, she would have to take the child out and fold the buggy. She was furious and said if that person turned her buggy round the two would fit. The driver said, 'No, you will have to take the child out and fold the buggy or wait for the next bus.' She kept pushing the buggy on with the child in it. The driver told her to stop. 'Now,' he said, 'you either do what I'm telling you or get off the bus. I will not drive this bus until do what I say'. Then a man shouted, 'Take the child out of the f**cking buggy and let the driver get on with his driving. I have to go to work, this carry on is ridiculous. If she does not get off or take the child out I will put her off myself.' With that she took the child out and folded the buggy. I was afraid he was going to put his hands on her and get himself into trouble. He just said, 'Bloody foreigners. They come here, get everything for nothing and then stop the likes of me getting to work on time. Fools we are the Irish taking this kind of crap from the likes of them. She would not do this in her own country. No wonder we are getting sick of them. When the Irish went to other countries they got nothing for nothing. They worked hard for everything. We don't owe these people anything. They should be delighted to come here and be grateful for all they get, not make a nuisance of themselves.' Everyone kept quiet until the man got off the bus. When the girl was getting off she told the driver she was going to report him. He said to go ahead that's up to her. She took her time getting off and I was sure she was just looking for trouble.

The woman beside me said. 'That man was perfectly right but he should not have given her the satisfaction of calling her a foreigner.' She told me she had seen her before making trouble on the bus skipping the queue and sometimes with that buggy and no child in it. I asked her what would she be doing with an empty buggy. 'I don't know but you cannot mistake her. I saw her once with it full of groceries and she would not turn it round to allow another girl with a child put her buggy in beside it'. 'Go away,' I said, 'and the trouble she is after causing this morning.' 'Did you notice, Mrs, she also had a bus pass?' 'I did not. Don't tell me that and I had to wait until I was sixty-six and worked all my life to get one.' Then I told her what my family had said when I got mine. 'Now I will always be on the buses if the likes of those people are getting them then I will certainly make plenty of use of mine. Now, what's more I am going to make my husband use his also.' I got off that bus so annoyed. At first the carry on was funny but then it could have turned very nasty and somebody might have got hurt. I am not on that bus route very often but I will not be on it again if I can help. The next bus I was on the people were so different. I saw a woman getting off and she handed the driver a bag and she said to him, 'There is a couple of scones there for your break'. Now this could only happen in Ireland.

II

My next bus journey was much more exciting. Two ladies were sitting behind me and they were talking about a friend of theirs. 'What did she do now?' asked one of them. 'Well, she got on the bus with two big bags of shopping, she said to the driver I have a pass. Well he said I have to see it. For God's sake, she said, it's at the bottom of my bag. I will sit down and find and bring it up to you. He said ok and drove the bus. When she found the pass she went up to him and said you should have known by my auld puss I had a pass. He took a good look at it and said that's fine. Fine she said to him well that's a word I would never use. Easy know you don't know the meaning of the word. F**cked upped, insecure, neurotic, and emotional and she walked back down the bus.' 'That's awful he could have let her go she is very old and putting her to all this trouble'. 'She should have had her pass handy. She is always doing this. But wait for it. The very next day she was only going two stops and she forgot the pass. She got on the bus and sat down. The driver said lady you did not pay your fare. She said I have a pass well. He said I have to see it. She said I forgot it. Then he said you have to pay your fare. She said I have no money. Then he said you will have to get off the bus. She said I will not. He said you have to get off the bus. She said I will not I am only going two stops. Then he said I will let you go this time but in future if you forget your pass I will put you off bus. When she was getting off she said to him you would have looked lovely on the evening papers with a headline "Driver puts 88-year old off bus because she forgot her pass".' 'She didn't.' 'Oh yes she did and she would have rang Joe Duffy as well. She is always causing trouble on the buses. She was at fault there she should have her pass'. 'I know, but she is very old and I suppose she could forget it from time to time, but she is well able to fight her corner. I think by now all the drivers know her and sometime they don't even bother to ask her for it.' 'I hope I never meet her on the bus if that's what she is like.' 'Ah she can be very funny but you would not want to cross her.'

The next time I was running for a bus, I noticed a lady getting on with a walker. I thought to myself that's great. She will have to take her time and I will get this bus. When the bus stopped she got on in a flash I had to run again but the driver saw me and waited for me. Very nice of him. When I got on there she was with nothing wrong with her but a bag on the seat of the walker and a dog sitting in it. The walker was for the dog! I could not believe this. A few weeks later I saw another woman getting on with one of these walkers and a dog in it. What's going on? Is this a new thing that you have to have for your dog on the buses? I was going to ask the driver when I was getting off but there were too many people still on board and I did not want to delay him. I will find out someday. Now this could only happen in Ireland.

The new buses are beautiful and very comfortable but if you have to stand or try to get off you better hold the rails. When they are about to stop the bus jerks forward and when it stops it jerks backwards. If you don't know this, you can get an awful fall. Many people have had a near miss on some of the buses I have been on. One day a big man was coming down the stairs and the bus jerked and he was pushed down into the front seat which was vacant lucky enough. If there had been anybody sitting there, they would have been badly hurt. Now they have it announced telling you to hold the rails. I tell old people not to stand up until the bus stops but they never listen. Well, one week I should have taken my own advice. I was sitting in the front seat and I stretched forward to ring the bell. The seat went up behind and I sat down on the floor. I know these seats go up when you stand up but because I did not stand upright I did not think this would happen. I hurt nothing but my pride. The man beside me was very nice he put his arms around me and made sure I was all right. He wanted me to tell the driver. I said no I am OK. I was so embarrassed. I got off the bus. When I had all my shopping done and came home I was in bits. I think I realised I had hurt my back. I had a cup of tea slept for an hour and then I was back to normal whatever that is.

Three days later I was running for a bus at Christ Church. The green man on the pedestrian crossing lights was on and so I ran out. A car came flying round the corner and I was nearly killed. I thought the driver was at fault but I was wrong. The lights for me were red. I did not realise the lights there are only for half way across, and the green was for the other half of the road. The car did not stop and a man ran out, put his arms around and helped me back. I got such a fright I forgot where I was going. He stayed with me until I remembered. He was so kind. He asked if I was sure I was all right and then he told me a joke. He had me laughing making sure I was all right before he let me go. I was so thankful to this man he saved my life. I will never run for a bus like that again. When I told my husband what happened he said, 'That's twice in the one week that you have been in the arms of very nice men. This seems to becoming a habit. I will have to start going out with you or keep you from those buses. You are becoming a danger to yourself.' I said, 'No it won't happen again. I will take my time in future.' We had a good laugh about it.

I stayed off the buses for a few weeks until I felt that I could go out on my own again. Then one Sunday my Husband said, 'Where would like to go today?' I said, 'I am not fussy. He said, 'Would you like to go on a bus?' I said, 'Sure. Where will we go?' He said, 'We will just get the first bus that comes and see where it takes us'. I was happy to do that as it is usually a good thing to do. The first bus was going to the north side of Dublin and as we very seldom go that way, we were glad to take this bus. Nothing much happened for a while then a big group of young guys got on. It was so funny. They called each other names I never heard before. It was all in good jest but I think they were putting it on for us as one of them saw me laughing and he called his friend, 'Tayto, that woman is laughing at you'. He said, 'Shut up Lens or I give you a wedgie if you don't'. Then Lens said, 'You are not strong enough. Your old one never feeds you'. This went on for ages. Then my Husband said, 'I think we will get off. You should not have let them see you laughing;

that only encouraged them'. I knew he was right but I as enjoying them and if I had been on my own I would have stayed on the bus.

One day three people were getting on the bus. When we were on, the driver closed the doors and had just moved off, when a car crossed in front of him and he had to slam on the brakes. The lady who was last on was thrown down on the floor and landed on her face. She got an awful fall. The driver left the cab and asked if she was OK. She was so embarrassed she said yes. Everyone tried to help her. Even old people who could hardly help themselves got up from their seats and started to console her. This was not much help as the woman was in shock and just wanted to be left alone. The driver asked her if she wanted to make a report but she said not at all. If you did not stop we could all have been hurt. She sat beside me and we talked about the way these buses are so heavy that when the driver has to stop suddenly everybody is pushed forward. I told her how I was pushed forward one day and only for a big man in front of me stopped me from having a nasty fall. My husband said I did it deliberate to get into the arms of that man. Joke.

The stories were fantastic one better than the other. I think everybody on that bus had an experience and each trying to outdo the other. Then I said, 'In future do not get up until the bus stops. You can ring the bell and let the driver know you want to get off but don't stand up. They tell you to hold the rails but some of the rails are far apart and it's in between them that you might fall'. We talked all the way to town and she was getting off at my stop. I made her come into a coffee shop with me and rest and have a hot drink. She was really shook and I was afraid to leave her on her own. I said, 'Have you really got to go somewhere special or could it wait for another time? I think you should go home or have you to meet somebody?' 'Yes,' she said, 'I have a really heavy date.' Only joking. I think I will go back home and lie down for a while'. I said, 'That's a good idea'. When we finished our drinks she wanted to pay but I would not hear of it as I was afraid to allow her to open her bag as she was shaking so much. I brought her across the road and waited with her until her bus came. I said to the driver, 'That lady has had a horrible fall on the bus coming into town. Will you make sure she gets home safe?' 'Of course I will,' he said. I went on my way knowing she would be well looked after as the driver was a lovely man. This could only happen in Ireland.

Coming home that evening I hoped there would not be any drama or nasty people on the bus as I had enough from the experience coming in. Well it was not long before a woman got on with a buggy and carrying a scooter. She could not manage and she was in the way of everyone. I made no attempt to help her as there were enough men standing that looked stronger than me and then one man held the scooter for her until she put the brake on. She stood out of the way of people getting off and took the scooter from the man without saying thank-you. I knew then she was a non-Irish person. When she was getting off nobody helped her as we had seen the way she treated the man who held the scooter for her. Thanks is such a little word but it means so much. I wish these people who come here to live would take note of the way The Irish thank you when you do the smallest thing for them. After she got off a beautiful girl got on with a baby in her arms. The child had a lovely smile and even men smiled back at her. The mother was thrilled when one man said, 'Is she always this happy?' 'Yes,' she said, 'she wins the hearts of everyone with that smile'. As people got off the baby waved. And blew kisses. Everyone getting off looked happy and waved at that baby. Even a young lad who looked very rough shook the baby's hand and she put out her arms to go with him. A big 'AH' went round the bus and the lad was so embarrassed but it was a lovely moment. The mother said she does that with everyone. An old man said, 'You would want to keep an eye on her she could be stolen she is so beautiful and a bit too friendly'. 'I know,' said the mother, 'I never take my eyes off her. She would go with anybody'. I thought to myself as I reached my stop, a little thing like the smile of a baby could make so many people cheer up and that the mother must have been very pleased at the reaction of all the people. Well then I thought she is Irish and I am sure she gets this reaction every time she takes her on a bus.

The next time I was on a bus a lady sat beside me and she had a stick poking out of her bag. She took it out and showed it to me. On the end of it was a hand. 'Do you know what this is for?' she asked me. I said no. 'Well,' she said, 'at the ladies' club last week we had a fellow out from the Fire brigade. and he gave us one of these. He did not have enough but he said he would come again with more.' 'What is it?' I asked. She said, 'It's for when your fire alarm goes off when the batteries is low and you just wave it in front of it. You are not to stand on a chair in case you fall. Well you see, I don't have a battery in my alarm. When they built my new kitchen a few years ago they put the alarm on the electricity. So I took this one for my sister'. I said, 'That was cheeky as he had not got enough and you took one for your sister'. 'Well she is very old and her alarm has batteries. You would do the same yourself if it was your sister'. I said, 'Yes, of course I would'. I felt I had annoyed her. Lucky I was at my stop. T. G.

I decided to take a bus trip one day because I had nothing to do. When I reached the stop a big truck was there and the driver was up replacing a bulb on the street lamp. He had left the engine running. The fumes from it were desperate. The bus was not due for about a quarter of an hour and I was not going to breath in those fumes I walked up and down. At last the truck moved off and the bus still had not come. By this time there was about seven people waiting. I was tired walking up and down so I sat in the shelter beside a very nice woman who passed a comment on the bus not coming and how long she was waiting. When the bus did come it was not in service so everybody had something to say and the younger people got very annoyed. I said to the woman I was talking to maybe the young people had to be somewhere in a hurry not like us old folk with all the time in the world to wait for buses. 'Less of the old folk,' she said, 'but it is a good time to be old in this country, and the travel pass is wonderful. I know the government have taken a lot from us but pass is the best thing that has ever happened. It was Charlie [Haughey] that brought that in and I thank him for it every day. Dead and all as he is'. The bus came and we sat together as by this time we thought we were old friends. We continued talking about the pass and I said it had changed my life. I love the buses and the new ones are so comfortable. She said, 'Me also. I very seldom use my car anymore. My driver's licence was nearly out of date and I was not going to bother with another one at my age, but then I thought it might be better to have one in case of an emergency and I had to drive. So I got all the forms filled them in and went to get the licence. The girl who attended to me was lovely but she said there is a problem here with your social welfare number. This one has a W after the numbers and yours has not. I said that mine had not got a W. Who made that mistake? "Well I don't know", she said, "have you got anything with you that would have your number on it?" I just thought my bus pass and I gave it to her. She said that's perfect the mistake is not yours I will let them know it is theirs and sort it from here. I was so happy to have had the pass with me as I was not going to go to all that trouble again to correct a mistake that was not mine. Thanks again Charlie'. She had reached her stop. We said cheers and I was still smiling that I had met someone who loved the pass as much as I did. I hope they never try to take it from us.

I was on my own for the next two stops and then a man sat beside me. He started talking straight away about the weather. He then went on to tell me all about himself and his wife who was now dead after fifty-three years of marriage and six children. It was very lonely. I could write a whole book about all he told me but not now. He was so interesting. I just have to say this he loved the bus pass and since he had started to use it he had met so many lovely people and the information he got from them was a great education. He could never have thought you could learn so much from strangers. I told him I had stopped driving since I got mine and it had changed my life and the way I thought about public transport. He said he had been told by a woman on the bus that there was a club near where he lived that was open every day and he should go there. It was for men and women. They played bowls, bingo, had days out and mid-week breaks in hotels round the country. He went along and joined he loved it. That club was there on his doorstep for years and he never heard about until he talked to that woman on the bus. Another happy traveller. I was delighted to have met another person who used the pass as much as I do.

Not like some of my friends who try to be snobs and boast about never using their pass. They think I am mad always using mine and praising the bus drivers. If they did not know me they would say I have shares in Dublin Bus I am only telling the truth. I really love it. There is one friend of mine who is looking forward to getting her pass and she has not much longer to wait. We have great plans for what we are going to do when she does get it. She is the only one of our group that will admit that she is going to use it as much as I do and is thrilled to have lived this long to get the pass. I hope she is not disappointed after all I have told her. I will bring her on the buses that I know where the funniest things happen and then take her on some of the ones where nobody talks to anybody and show her the difference in both sides of the River as we say in Dublin, not the tracks, and believe me there is a difference.

There is a lot of buses I still have to take a trip on as I do not know where they go to there is so many new places I want to get to know. I would take a sightseeing bus around the city and learn more about it only it is not free. I will not pay to go on a bus: the pass has spoiled me. That is the reason I will have go round on different free buses and see these places for myself and I will enjoy that just as much as the tours. They go to a lot of places I already know well and being able to hop on and off Dublin Bus as I like is more interesting. I was on a bus last week in traffic and a sightseeing bus was stopped beside us and the joke I heard being told by the courier was so old I know I am not missing anything.

The next time I went to get a bus the, bus was coming round the corner a good bit away from the stop. I thought I will never get this bus its so far to run. There was a lovely looking young man, not Irish, starting to run and he said to me, 'Are you running for this bus?' I said yes and he took my hand and started to help me run with him I said I will never make it you go ahead and I will get the next one. He made it to the stop and told the driver I was coming and then he ran back to me and held my hand until we reached the bus. I thanked the man and the driver. Then this lovely young man sat beside me for a while and asked me if I was OK now and did I mind if he went upstairs. I said not at all and I thanked him again. I thought this was so lovely of him and then I realised in his country they have so much respect for the elderly that it did not cost him a thought. I don't think an Irish fellow would have done this and I would not expect one to do it because they would not be taken notice of a situation like this.

I had no reason to go on a bus for a while but one week both myself and my husband had to go to town. So I decided to meet him in town later. When I was going for the bus a big dog started to walk beside me. It was panting and looked like it needed a drink. It had no collar on but it was very well kept looking and I wondered if it had got away from its owner as it was near a park where a lot of people walk their dogs. Then another dog the same running came down the road no collar and panting and I knew they must belong to the same person. But nobody came looking for them. My bus came and the dog that had followed me got on the bus. I told the driver it was not mine and he said he could not drive the bus with a dog nobody owned. The dog ran down the bus and got under a seat. A man got off the bus and called the dog and it ran after him but when he came to get back on the bus so did the dog. Now a man and a woman got off the bus and called the dog and he ran after them again. When they got back to the bus the dog ran to the front door and the man and the woman got back on the bus at the middle door. So we got going again. I never found out what happened to the dogs but when I was telling a friend she said she heard something about it on Joe Duffy's radio show. I hope it ended well for the dogs and that whoever lost them got them back.

The next time I was on a bus I was on my own, I had the courage to go upstairs to the front seat. The front window is lovely and wide and you have a great view. This is the reward you get for coming upstairs, but then you miss the goings on downstairs. Not many up here and nothing happened until the man in the front seat opposite started to drink from cans one after another. He did not speak to me he just kept drinking. He was very old and I thought that if he got drunk he might fall down the stairs. So when I was getting off the bus I told the driver and he asked me if that was him and showed me that he could see him on the TV screen. He was keeping an eye on him. I got the feeling he was a regular on this bus and I was happy that he was being watched. I hope the driver did not think I had the nose disease and should mind my own business but it is hard to come down the stairs in the new buses when you are sober. So I did not hold out much hope for him if he got drunk.

The next time I was in town with my husband. A lady passed us pushing an empty buggy but she had a beautiful small child walking with her. She was on her phone and seemed to be very annoyed with whoever she was talking to but she passed us quickly and we did not think any more of it. When we were on the bus a few stops further on this same lady with the child got on board. I tapped my husband and said there is that lady and she was still on the phone. The little girl ran down the bus to the back seat and the woman put the buggy in the front space where they are supposed to go. Still talking on the phone as she sat down facing the child. She continued to speak but she started to raise her voice and with the noise of the bus she got more and more annoyed. Everybody in the bus started looking at each other or out the window it was awful. She said, 'I will kill you when I see you, and you have no business ttelling her anything about me. I will break you face. I am going to get you into trouble claiming for five kids and you don't even know if you are the father of more than one of them. You can leave me alone and stop talking about me. I am in enough trouble with my own family.' All this time the little child was standing on the seat listening and then the mother said, 'If you don't stop doing what you are doing I will dance on your face.' Then the little child said, 'Ach don't dance on his face.' And that nearly broke my heart to think she did not mind what she said she would to him but she did not want her to dance on his face. How sad is that? I know the mother was in an awful state but the child was very aware of what was going on. This really upset me and I hope that girl got some help as she really needed it. When she got off there was a real feeling of sorrow for her. I was not happy with this bus journey and did not travel for a good while after this. It had a terrible effect on me and I wondered if I could have done anything but then I did not know her and I was afraid.

The next time I went on a bus was with my husband and we had to seat on separate seats. He sat beside a really crabby old man who never spoke to him and he sneezed a few times My husband got up and sat in another seat. I sat beside a lovely lady and she asked did my husband want to sit beside me and she offered him her seat. He said not at all. She told me she had been very sick and she was feeling much better now. It

~ 25 ~

was such a nice day she decided to get out of the house and take a trip into town. She was not Irish but she told me she had a place in Mayo and she loved the Mayo people. I said I did also and now we had something in common. She said she loved Ireland but sometimes the grey skies got her down. If we only got a bit better weather it was the best place on earth. I was delighted to hear her say that as I am always saying that and it's true. I had a nice long chat with her and when she was getting off she said, 'It was very nice meeting you. Good luck.' I told her I hoped she had a nice summer and she had good health. She thanked me and I felt better for talking to her and she did also after speaking to me. So it was a win on both sides. It is so lovely to meet such nice people and hear about how they live and share some of your feelings with them. When we got off the bus my husband said, 'It was very nice of that lady to offer me the seat beside you.' I said, 'It was but I am happy you refused because she was most interesting and she had a lovely life here in Ireland. That was a lovely bus trip I really enjoyed it,' I said and he smiled and said, 'I knew better than to take the offer of the seat. You would have been mad with me, and it's not worth it. I have to live with you after all. I gave him a thump and he laughed his head off. I knew he was only joking.

The next time I was on a bus an old woman came over to me and asked me if I was Mary brown. I said no and she said were you Mary Brown before you were married. I said no, but I thought she did not believe me. She sat beside me and I could not believe what she said next. 'No, I suppose you are not her. She was beautiful.

Was your face always like that?' I was about to get annoyed and then suddenly realised she was not all in it. I said, 'Yes my face was always like this. Sure I was the ugly duckling in our family'. Then she said, 'Like myself now but you see I was beautiful when I was young'. I said, 'You still are beautiful.' and she was delighted. She sat up straight and fixed her hat and this made me feel awful. I felt I had made a fool of her and it would have been better if I had not answered her in the first place. I said I had to get off at the next stop. She said, 'Ah don't go. You are great gas.' I said I had to as somebody was waiting for me. She said, 'That's what they all say. You just want to get away from me'. I said, 'No, not at all. Where are you getting off?' She said, 'It doesn't matter. I have nowhere to go'. I said, 'Where do you live?' 'Here,' she said, 'on the bus'. I said you cannot live on the bus. 'I do,' she said, 'Wherever I am, that's where I live. I am alive here and now and that's where I live'. I thought she is not that silly that's good thinking. By this time, I was passed my stop and I said to her, 'May I get off now?' and she just stood and let me go. I was very upset when I got off. I was near a church and I went in and thanked God for all I have, and asked him to forgive me for being so selfish not wanting to talk to her. Then I thought of all the things I should have done like ask her if she was hungry or if she needed money but I just wanted to get away from her, not bother with her. I was ashamed of myself for feeling this way and then I thought I hope I never see the day that would happen to me. My mother's words came flooding into my head: what goes round comes around. But I tried to console myself be saying at least I did talk to her for a while. I still felt very guilty.

Nothing like this had ever happened to me before on the bus all I can say is if it ever happens again I will be more prepared and allow the person more of my time it must be horrible to feel so lonely.

Two women on the bus one day were talking about films and I could not believe all they knew about the stars they were talking about. I thought to myself they must always be at the cinema. Then one said, 'Did you hear John Bowman last Sunday? His programme was about John Hurt. Remember he died in January.' 'Ah, I loved him. I went to all his films. He was a great actor'. 'Well, John Bowman played a recording of him telling a true story about when he was in Ireland making a film. He was staying in the Gresham Hotel and when he came in one night after working hard all day he felt like having fish and chips. He asked the waiter if he could have them and the waiter said certainly sir, Well, he asked could I have them served on newspaper. Certainly sir. He brought them along nicely placed on a page of *The Irish Times* with a big picture of John Hurt on the paper. He never noticed whom he was serving and John thought that was wonderful. Now this could only happen in Ireland. You know what if all the people who think they are so famous just went around in ordinary clothes and told nobody they were coming they could go round and be left alone and enjoy a good time. I think they want to be followed by the photographers and get noticed'. 'I agree with you. Sure there are two beauties and nobody takes a bit of notice of us'. 'Sure we are not famous'. 'No, but we should be. Look at all the things we have done in our lives. Some of them we should be famous for'. 'Well, what for instance?' 'How long we know each other, the number of kids we have, and the things we have done for each other and other people. Well we might be famous some day before we die'. 'What could we be famous for? Not a hope. Look at the age of us now'. 'We could always streak. Wouldn't that be a lovely sight?' 'Aggie, you would have to have a good ironing before you could streak. After twenty-two kids all your bits are in an awful state. Everything going south'. 'Of course you would not be much better yourself. I don't think we could do that.' and they laughed out loud. 'We could write a book about our lives and I can tell you it would make better reading than the *Fifty Shades of Grey.*' 'Aggie what have you being getting up to all these years?' 'I know we are life time friends but I did not tell you everything that happened in the bedroom'. 'You mean thing. I thought I knew all about you and what you got up to. Now you tell me I have been missing out and Jameser dead and me with not a hope of getting another fellow'. 'Now I am sure you did not tell me everything you got up either'. 'Sure, I never did anything. You know all my babies were virgin births. I did not have a clue not like the young ones nowadays'. 'Well I always thought you were very satisfied in that direction. You never complained.' 'I was very happy. Now you will have to tell me what I have been missing'. 'What good would it do you at your age? You can forget it. I am not going to let you in on my secrets. Let's change the subject.' and they roared laughing again. They were so funny and I was enjoying them so much I stayed on for one stop past mine and I had to walk back. I smiled all the way home and thought to myself. This could happen in Ireland.

The next time I was on a bus going into town nobody sat beside me. In Camden Street the bus got stuck between two white van men. Nobody could move and I was really frightened. We were stuck there for about ten minutes but it felt like two hours. I thought we would never get out and worried in case the bus went on fire. So I asked the driver if I could get off and he did allow me to leave the bus. I don't know what happened after that. I was safe and walked the rest of the way. I thought it would be a long time before that was sorted out and I did not want to wait. On the way home three big fat women got on, not Irish, and one had a baby in a buggy. She put the buggy in the right place, but then the three of them stood in the way of everybody getting on or off the bus. People were stuck trying to get through them. One old lady said excuse me. They did not hear her. They were so busy talking so loud at the top of their voices in their own language. A man shouted from the back of the bus, 'Would you three fat slobs move and let that lady through?' They still did not move and the driver was just about to drive off and the old lady would have missed her stop. 'Hold it, driver. There is an old lady trying to get off here'. Then the driver told the three women to sit down and stop blocking the aisle. They still did not sit down and people were getting very annoyed and started saying out loud they would not do this in their own country. One lady said, 'This is crazy. That is what makes people hate these foreigners. Doing what they like and getting away with it. What are we like the Irish? We let everybody walk all over us'. At the next stop they all got off. A man said, 'Well, thank God for that. The bus feels lighter already. That lot had no manners. And to cap it all, they all had bus passes. I had to wait until I was an old age pensioner and had worked all my life in this country before I got a pass it is a disgrace'. I had to agree with him and so did a lot of the other people on the bus. 'It could only happen in Ireland'. I said to the woman beside me. 'We have to be nice to them. We sent our people all over the world and were happy to be allowed to work in other countries'. She said, 'A yes, Mrs but the Irish worked very hard and got nothing for nothing. Some of them went to America never got to come home and died out there of a broken heart'. 'I did not expect this answer and decided to say no more as she sounded very bitter. Maybe she had some experience of being in a foreign country or somebody belonging to her had a bad time. I said I have to agree with you there and I got off at the next stop.

Another time I was on a bus and nobody was sitting beside me. Instead of looking out the window I started to look at what kind of bags people were carrying, and what could be in them. A man got on with what looked like a bag of rubbish. What made me think it was rubbish was that he put the bag on the floor between his feet. I watched him getting off and it was a bag of rubbish. The next time I was on that bus, the same man got on with another bag of rubbish and the same thing happened. I wondered what he was doing getting on the bus every day with a bag of rubbish. Weeks after I saw this man I was talking to a friend of mine who uses the buses more than I do and I told her what I have been doing lately. I told her about the man because I thought it was funny. Well she went mad. I nearly died. I said, 'What's the matter?' She said, 'What do you think he is doing with it? He is dumping it somewhere. He does not have to pay for it. I have already told drivers on this bus route about him'. 'Oh,' I said, 'Do you know him?' 'Yes, I know him, especially him. He tells everyday what they should and should not do. He gives out about everybody and tells other people how to live their lives. If he sees anybody dumping he tells them off, and says he is going to report them. I am going into Dublin bus and reporting him again'. 'Oh, have you reported him before?' 'Yes, I have and he stopped and started using another bus'. I said, 'You are not serious.' 'I am,' she said, 'It's not right he can well pay to for his bin to be emptied. I cannot believe he is back on this bus again.' Was I sorry I said anything about this man she really got so angry. I said, 'I did not mean to upset you. I did not know you were aware of him and what he is doing. I was just telling you because I thought you would think I am getting so nosey looking at people's bags'. 'No,' she said, 'it is not funny'. I said it is only a small bag he has with him every day. 'I don't care. A small bag everyday adds up and ruins the countryside'. I had to agree with her and to take the harm out of it I said let me know how you get on reporting him. I will let you know if I see him again. We parted then and she went off furious. I will think before I speak about what I see next time I meet her.

I was not on a bus for a while and this day I had to go to town. I did not want to go because it was so windy and lashing rain. I hate going on the bus in the rain. It was a day for sitting in the warm house watching telly or reading a book. At the next bus stop an old man and a woman were waiting. She was bent over holding onto him. He had two bottles of oxygen in a little cart. A man and a woman got up and gave them their seat and helped him with his cart. I could not believe it. Who allowed them out on a day like this? What was so important that they had to do it today, that could not wait? I thought the wind will blow them away. I had a hard time myself trying to keep my balance before I got the bus. They got off in 0'Connell street and they could hardly walk. I watched them struggle up Henry Street. I did what I had to do and rushed home. A few weeks later on a lovely day there I was coming down Henry Street and you guessed it. The same pair were strolling along her holding on to him and he with the two bottles in the cart. Well I had to say fair play to them. I was telling my neighbour about them when I came home and she said, 'I know who you are talking about. They are in town everyday hail, rain, or snow. Did you never see them before?' 'Only on the wet day I was telling you about'. 'Ah,' she said, 'everybody knows them. they are in their eighties and you have to admire them for going out in all weathers'. There I am since I got my travel pass thinking I am great going out so much and here are these old people and him hardly able to breath out in all weathers. It could only Happen in Ireland.

Another week I saw something happen on the bus that brought me back to a thing that happened to me many years ago. The driver opened the side doors for people to get off, and two lovely girls jumped on. They were in fits of laughter and one said to the other, "That was a great trick. We must do this more often save us the fare'. I thought they were great. I would have done the same if these buses were on the road when I was young. I would not have to do it to save the fare because my Dad worked for the company and we got free passes, but to get away with doing wrong is always great. What happened to me years ago was every evening the bus was almost full where I got on to come home. Sometimes I would walk to the next stop as a lot of people got off there and I might have a better chance of getting on. One evening while the conductor was counting how many he would take on I skipped up the stairs. The buses then had an open platform and you could this. I got the only vacant seat and I was thrilled. I sat down and took out my book and was ready to read when I heard a girl say, 'What about the one that ran upstairs? She is always skipping the queue'. 'Who?' he said, 'I did not see anybody run upstairs'. 'Well, she did. You better get her off'. The conductor came up and asked who skipped the queue and got on here. I did not fess up but the man I sat beside me said, 'If you don't admit it was you, I will squeal on you'. I said, 'You would not.' He said, 'Try me'. I got up came down and walked quickly away. A woman shouted after me, 'I am delighted you were caught this time. You won't do that again'. That's what she thinks. I won't do it again at this stop but I will do it elsewhere.

The next time I was going out I was going to walk as it was only two stops. The bus pulled into the kerb just as I was passing and I hopped on. A woman got up and gave me her seat. I said no thank you as I was only going two stops. She insisted so I sat down. Her little girl was sitting at the window and she asked me if I liked David Bowie. I said I did, 'Do you like him?' She said yes but he just died. I said I know it is very sad. I asked her mother how old she was. She said nine and I said, 'You must have made your Holy Communion last year'. 'Yes, she did,' her mother said. I said, 'You must have been beautiful with your lovely long hair'. 'I was,' she said. Then she told me she sang a hymn on her own in the church that day and would I like her to sing it for me. I said I would and she sang it just in time as I had reached my stop. I told her she was a beautiful singer she thanked me and gave me a big smile. Her mother smiled and they gave me a big wave when I got off. Look what I would have missed that day had I walked instead of taking the bus. My stop came so quickly I had no time to give her a couple of Euros. I was sorry about that. If that mother remembers this, I would love to hear from her and give the child something. She was so nice and it made my day. When I got off the bus I realised I was carrying a Miss Selfridge bag and the picture on it looked like David Bowie. That was why the child spoke to me. She made me so happy I was smiling for a long time after and people were smiling back at me. I think smiling is infectious and works better than a frown. What a lovely way to start my day another nice experience for me on the buses. It could only happen in Ireland.

Once when I got the bus it was really full. Six big suit cases and everyone seemed to have big bags with them. I don't know what was going on but this was unusual for that time of the day. A nice girl gave me her seat and I was delighted because I would not be able to stand. Then a woman got on with neat bag who had a tube up her nose I guessed what was in the bag. I thought she was great to go out in public like that. Then a few stops later a man got with a bag the same and he had a tube up his nose. Now the first time I saw the man with his two bottles in the little cart I thought he was great, but now this seems to becoming the norm as the bags these two people were carrying seemed to be made for this purpose. I admire people who go out and keep living a normal life when they are on treatment. I know I could never do it.

The next couple of journeys I went on were fantastic. A big woman with bags of shopping got on the bus behind me. She sat in the middle of the seat with the bags each side of her. Nobody was going to get into that seat. The next stop a young non-Irish man got on. He had a beautiful coat on him, and he sat in front of the woman with the bags. She tapped him on the shoulder and said, 'Your coat's beautiful, and the collar is really gorgeous. Did you buy that here?' I nearly died I thought he would tell her to mind her own business. 'No, I bought it in my own country'. 'Where is that?' 'Dubai.' 'What are you doing here?' 'I am going to college here'. 'What are you going for?' 'A business degree' 'Why?' 'Because I will be starting a business when I go back home. I will be three years here. And then I go back if I get my exams'. 'Of course you will. You look so intelligent.' 'Thank you.' I thought he would get fed up any minute as he had to keep turning to answer her, but no, he was happy to tell all his business. She then said, 'I have never been to your country. I never bother to go anywhere. My brother and sister love travelling and I am sure they have been to your country. That would be too hot for me.' 'Not all,' he said, 'you would love it.' 'Ah sure I have no money anyway, but that does not bother me.' I thought he was going to offer to take her there, but he got off at the next stop. She said good bye to him and wished him luck in his exams, He said it was nice talking to you. She said, 'Sure I talk to everybody'. He laughed and got off smiling. I am sure he will tell that story to everybody when he does go back to his country. Now that could only happen in Ireland.

Next trip a woman was telling another woman beside her about a woman she had just met at the bus stop. She said she was waiting for a bus the day before and she had her hand out and the bus did not stop. A woman in a car stopped and said, 'Jump in. I saw that. I am going to follow that bus.' and she did. When the bus stopped a few stops later she pulled in front of it and told the driver that she saw him leaving this woman at the stop with her hand out. He said he did not see her. Then she said, 'You should have gone to Specsavers.' He said, 'I did.' 'Well then,' she said, 'you want to to go again because whoever tested you needed glasses also.' The woman sat down and she started to tell the woman she sat beside that it was very nice of that person to do that for her as she did not know her. 'Last week I got up to get off the same number bus and the driver did not stop at my stop. I said to him that I rang the bell and asked why he did not stop. He said he did not hear it. Well I said you must be deaf if he did not hear that bell. He did not answer me. Now I am thinking this must be the same driver and he must be blind as well. He should not be driving a bus at all.' The woman she was speaking to said, 'I have heard that before about a driver on this route. He seems to think it's funny making all these little old women walk back. He tried it on my friend and she roared, "Stop now you are not taking me passed my stop. I rang the bell and the stop sign is up so don't tell me you did not hear it". He stopped between the stops for her and she told him she was going to report him as she had seen him doing this on several occasions. He seemed to make fun of old people. She is the type that would report him.' So mister driver who is doing this, they are all talking about you. So you better stop. It is enough that they have taken away a lot of stops and made it harder for the likes of us old people to have to walk further, without being brought passed our stop. I did notice lately the driver left a young fellow at the stop and I wondered why. The bus was not full. Then he did it again and I saw what happened. The fellow did not put out his hand he was on his phone. I thought how stupid is that. Surely he could wait until he was on the bus before using his phone. I had no sympathy for him.

About a week after this happened I was waiting for a bus and my phone rang I took it out of my pocket to see who it was ringing me when my bus flew passed. I could not believe it. I started to laugh I felt such a fool. I could not believe this could happen to me as I very seldom have it with me, never mind answering it. When I saw who it was I would not have wanted to talk to this person anyway and now I had missed my bus over her, that will never happen to me again that's for sure. I know the drivers must enjoy this kind of thing. I had to wait ages for the next bus and when it came I told the driver what happened he said you should have been wiser at your age, and I had to agree with him. I asked him what was going on with a lot of stops being removed and he said he did not know. I did not ask any more questions and sat down. The lady I sat beside said, 'Heard you ask about the stops being removed. It's a disgrace. I love to know who the genius is who makes these decisions. I have a friend and she always went to Easons in O'Connell Street for her books because all she had to do was cross the road when she came out and get her bus outside Cleary's. Now that stop is gone and she would have to walk to Dame Street and she is not able to walk.' 'That's awful,' I said. 'I know. I would get her books for her but she is very independent and would not ask me. I think she liked the fact that she could go on a bus and do her own thing.' Little things like this mean so much to old people who live alone. Come on Dublin Bus! The travel pass is fantastic but not much use if you keeping taking the stops away!!

I know some of the drivers stick to all the rules but they are few and far between. Last week my friend had to go to the doctor with a very sore foot. She was at the stop but when her bus came the bus in front blocked her from the view of the other bus and the driver of the bus she wanted overtook the other bus and so she missed it. She was mad because that bus does not come very often. She got on the first bus and said to the driver she wanted that bus but the driver did not see her. 'I will catch him in a minute,' he said, 'don't worry.' He got on his radio and three stops later the bus was waiting for her. She was delighted. The driver of the bus she had wanted got off his bus took her by the arm and walked her to his bus. She said, 'It was not your fault but I could not walk quick enough to catch you before you pulled out. 'Have you far to go?' he asked. She said, 'I am going to the doctor.' 'Well,' he said, 'Mrs, give me a clue. How far is that? She told him, and she was very pleased she was in time for her appointment. He drove the bus nice and slowly and he stopped right outside the door of the surgery. She did not expect this kind treatment. She was so glad she had taken the first bus and for the driver getting in touch with the driver of the bus she wanted. Now that really is a good story.

What a service we get from Dublin Bus. Thank you again. I think there are a lot more good stories than bad on the buses. It is not only me that finds the drivers so nice. When my parents first got the pass years ago they were so often on the buses that all the drivers knew them and they called them Darby and Joan. They were so nice to them they loved it. But they did not have it as good as we have. They could not use the buses until after 10 A.M. and be off them before 4.30 P. M. That used to annoy them but they still loved the buses. They had stories of the buses but nothing like today. In those days, people queued orderly and my parents would never skip the queue. One day a big man stood in front of my Mother and she said to him, 'Excuse me. There is a queue and I am first.' He ignored her and when the bus came he was in such a hurry to get on first he fell and my Mother just passed over him saying. 'Serves you right.' and got on the bus. Most unlike her she did not care because he was so rude she felt he deserved it. We said to her Mum you must have felt bad about that after. 'I did,' she said, 'I hope it taught him a lesson. I don't think he was hurt.'

III

On the bus this day nobody talking to me. Then a lovely lady got on and sat beside me. I started to talk to her - about the weather of course. Then she said, 'I have just come from a very happy situation.' 'That's nice,' I said. 'Yes,' she said, 'my daughter has just given birth to a baby boy after four girls; and the joy for her husband and the girls is overwhelming.' 'That's wonderful,' I said, Have the girls been told yet?' 'No, the baby is only one hour old and the Dad is so excited he hardly able to speak. I am going home now to tell them the great news. They will be thrilled. My daughter did not want to know the sex before the birth. She wanted it to be a surprise. She was sure it was going to be another girl. I think they were right now. It takes the good out of it. There is no surprise. What are they going to call it? They were so sure it was going to be a girl they never thought of a name for a boy. They are so excited they cannot believe it.' I said, 'Sure they would have been just as happy if it was another girl.' 'No way. The girls said if it's another girl they were not to bring it home. They are fed up with not having a brother. So when I go to their house, I am going to say the baby is coming home and see if they cop on to what I mean. Can you imagine the carry-on of them? The baby will be ruined. Not only that; they were told if the baby is a boy they would be getting a dog. The house will be a mad place. There will be fighting about who is doing what and they will kill the child with kindness. I don't envy my daughter: she will have her hands full. My visits will be seldom and short. Because there will be things everywhere. I hate it.' 'That's what you say but you will be there in the thick of it worse than all the girls.' 'I suppose you are right but he is not my first grandson I have ten other grandchildren. Have you any yourself?' 'Yes,' I said, 'I have five. Sure it is wonderful to live to see your grandchildren. I have a great time with mine. They think I am their age and they have me swimming with them, playing on the beach running after balls, and playing board games on wet days. I even go on the trampoline with them. I have a scooter and rollerblades. And whatever they are doing I am out there with them. They think I am their age and they tell everybody their Nana is great. She sings, dances, sews, is very good at art, and is fantastic at maths. She helps us with our homework and she is always right. All this is true but you should see the state of me when I get home. I am in bits and it takes me a while to recover. I have to say this year I found it a bit hard going I am beginning to feel my age. How can I tell them that?' 'I could never do all that,' she said, 'You must have very good health.' 'I have, thank God,' I said, 'and it keeps you young. The only thing I hate is reading them a bedtime story. I did it with them when they were young but I have had enough of that now but they still want me to do it. I hate saying no but sometimes I have to.' She said she was getting off at the next stop. I told her to give the happy couple my congratulations and wished her the best. I hope they pick a nice name for the baby and the girls are pleased with him. I got off that bus and I suddenly realised I must have sounded like a mad woman telling her all I do with my grandchildren. Now I will have to cop on to myself and start taking it easy at my age before I drop dead and then they will have no Nana. I think they would miss me, but a friend told me lately, 'Don't be a fool! You won't be cold when they will all be fighting over your money and your worldly goods.' I said, 'Don't say that. They will not. They all love me.' She said, 'That's what you think!

The next time I was on a bus, a girl and a guy got on together. They were dressed beautiful. She had a cream coat and all her accessories were also cream except she had a sky blue scarf which made the outfit. The guy had a cream suit and a cream shirt with the same colour blue tie, they looked fantastic. I wondered where they could be going dressed so magnificently on public transport. I tried to listen to them when they started to talk but it was not easy as they spoke very low. Then I thought he said something about meeting the guy who would drive them and they would have no worries about coming back. I did not hear where they were going but I decided it must be a wedding. I thought she said something about the children. I gave up trying I could not get it right. At the next stop an old man got on and sat in front of them. The girl jumped up and took a spray bottle of perfume out of her bag and sprayed it all over him. I nearly died. Then she said, 'The smell off him is dreadful. He should not be allowed on the bus - the dirty bastard. It's desperate. That smell will still be on the bus when he gets off. Other people should not have to put up with this kind of thing!' Nobody Said a word neither did the man. I was surprised at her language as I thought she looked so nice, but she really was so annoyed and I did not blame her. It was up to the driver, not a member of the public, to decide who travels on the bus. I thought if I was her I would get off or go to another seat, but she was not going to move. The guy said nothing and they stayed where they were. Some people did get off as I am sure they thought it might turn nasty. The rest of stayed on and nothing more was said. The girl took out her perfume again and sprayed the man again and sat down. Now I am thinking how much longer can this go on for its not funny. One person went upstairs. The man he sat beside got off. The driver drove the bus like a mad man, and a woman said that travelling on this bus is like being in Duffy's Circus. I had not reached my stop but I got off at the next stop because I was not sure what was going to happen next, and I was not enjoying this journey. There was very few on the next bus and nothing exciting happened for which I was glad. I reached my stop safe. I wonder if there is anything that can be done to stop people like this man from travelling on the buses? He really was the most awful person and I am sure the smell was still on the bus long after he got off. The drivers should not have to put up with this kind of thing. After all, the bus is his workplace he should not have to work in these conditions.

The next bus I was in the same day was very funny. A big crowd got on in Dame street all going to the Guinness brewery. They were all Americans and they were huge. Three of them did not attempt to sit down. Actually, there was not a seat big enough for them, but they were very funny. They were a lovely group of visitors and started talking to all of us on the bus. Everybody knew where they were going and they started asking questions. If it was worth going to and would they get free drink. One woman told them they would be better off going to the Jail in Kilmanham. They said they were going there the next day. She said, 'That's great you will enjoy that and you get this bus again tomorrow.' Another woman said, 'And don't forget to go to the Museum also. It is wonderful.' They said they would and thanked her. By this time, they had reached their stop and they thanked everybody and told us all to have a nice day. The man sitting beside me said, 'My God! The Americans will talk about this trip forever. I never saw so many people getting involved in what visitors should do and where they should go.' But they seemed pleased with all the interest everybody was taken with them. After they got off, all those left on the bus started to pass comments and one woman said, 'Can you imagine what size they will be tomorrow after drinking all that free Guinnesss today?' Another woman said, 'I doubt they will make it to the Jail but the best of luck to them. it's a good job they are only going visiting as there is not a cell in there big enough for any of them.' In my own mind I had to agree with her and smile to myself. It was time for me to get off and I said it again - it could only happen in Ireland.

Another day I could not believe what happened. A non-Irish woman asked the minute she got on if anybody had a tissue as she had a runny nose. A lady gave her one and she said thanks. She then continued to talk out loud to the whole bus. She was late and she forgot to see if she had tissues with her. She changed her bag and they were in the other one. I got fed up listening to her and switched off. Then the woman opposite me started to paint her nails. The smell of the polish was desperate. I always paint my nails and I am very familiar with the smell but I never had anything like this. I was starting to feel ill. Of course, she was not Irish, so I asked her if she spoke English. She did not answer me, so I told her the smell was making me sick. She started to sing and continued painting her nails. I said, 'You are not allowed to do that on the bus.' Anyway, the driver must have been nose blind because I got the smell when I got on the bus and I did not know what it was. She stopped and got off at the next stop.

Then when the bus reached O'Connell St., another non-Irish woman got on with two children. She sat the two down in one seat and she sat behind them. What do you think she did next? She took out three McDonalds meals, handed the children theirs and opened her own. They all started to eat. The smell was disgusting. I had to get off the bus at the next stop. Why could she not have stayed in McDonalds and got the next bus? This bus has a very good service and by the time they had eaten them another bus would have been along. I was lucky I did not have long to wait before I got another bus, but the point is this is my country and I would never do such a thing and I was the one that had to get off. Thank God for free travel as if I had to pay I would have to have stayed on that bus and by the time I got where I was going I would have been sick. The next bus I got on had no vacant seats near the front so I had to go down the back. Another non-Irish person was sitting there with his big feet on the seat opposite him. I said to him, 'Seats are not for feet. Somebody will sit there and destroy their clothes with the dirt you are making there.' He just ignored me and kept his feet there. The behaviour on the buses is getting out of hand and it's not by the Irish. It is a pity because the new buses are beautiful, comfortable, lovely bright colours. People should be delighted to have such nice buses to travel on and show some respect. They would not do such things in their own countries. But all this carry on is not going to keep me from travelling on the buses because that day was one of the worst days I have had and it was exceptional. Since I started to use the buses, all the other times have been so much fun and I love travelling on them. So all of you people who have come here to live in my country please have some manners and behave yourselves. Try and behave like the Irish and you will be very welcome here.

The next time I was on the bus, two big fat non-Irish women got on with hot coffee in their hands. They went upstairs, thank God, and I was so pleased that they did. I knew if it spilled or they dropped it I would not have to worry that it would spill on me. Then a lovely woman sat beside me and she told me she was ten years living in Ireland and she loved it. She was from Germany and had married an Irishman. She met him in Germany and he wanted to come back home when they had their first child and as he was so homesick she agreed to come. It was the best thing she had ever done. He was so happy and she got on very well with all his family. She was delighted with the humour of the Irish and she thought the buses were great. At first when she came here, she could not get used to people talking to her that she did not know. Now she said she does all the talking - and the things people have told her she cannot get over. One day a woman sat beside her and she talked all about her operation, How she was cut, how she was stitched, and how long her scar was. She thought she was going to show her so she got off the bus and walked the rest of the way home. When she told her husband, he said why did you not tell her to stop. She said, 'Well I think she needed to tell somebody and I just happened to be the one.' He said, 'That would never have happened in your country.' She said, 'I know, but that's part of the beauty of living in Ireland.' I agreed with her and said, 'Your husband is right that could only happen in Ireland.' We both had a good laugh. She was the most pleasant German I have ever met. I had a lot of holidays in Germany and there were a lot of things I liked about it but I still prefer the humour of the Irish.

IV

My next outing was really entertaining. First two baby prams - I say prams because they were so big - but the mothers managed to get them on. Two women with four-wheel shopping trolleys. One man on crutches, and two men with walking sticks. It made me appreciate the great service in this country we get from public transport. People are so kind and it makes it easy for anybody with a disability to know that they can get out and about somebody will always help them. The bus was packed but the nice thing about all this was that everybody tried to help each other. Even the man on the crutches tried to help one of the women with the prams. Then a girl that got on at Saint James' hospital and sat behind me. She started talking to the woman beside her. She told the woman she had been in the hospital for hours and she was exhausted. 'The heat in there would kill you.' Her mother had been prepared for a scan and the machine was not working. 'I can understand these things happen, but she was so prepared and now she will have to go through all this again. God love her. She is vanishing before our eyes. She is so thin now she would fit through the strings of a harp without hitting a note. Not only that. It is such a shame her mind is as bright as a button and her body is letting her down. She still jokes about living to a hundred to get the gift from the present. It makes me so sad. There is so many people in there with perfect bodies and their minds are gone. It makes you wonder if

~ 50 ~

there is a god at all up there. My mother had a very healthy life and that makes it hard for her to be so sick she is eighty-nine now, living on her own. I don't know what we will do if she is not able to look after herself when she comes home.' The woman asked her if there was anybody in the family who could help out. She said her mother was a widow and there was only her and her sister. They both did their best, but they both worked and it was difficult. They loved her very much. 'She is a great mother and you only have one mother. We are very close. She got cancer when she was eighty and they gave her a year to live. Now she has proved them wrong: she has got another nine years.' The woman said, 'That's great. I hope she does well and gets another few years.' 'We hope so too. Say a prayer for her, will you?' 'I will of course. Sure where would we be without God? We have to have a bit of faith in the Lord.' She said, 'Thanks a million. You mind yourself Mrs. Nice talking to you. This is my stop.' And she got off the bus. Now this could only happen in Ireland.

I felt so sorry for this girl. How kind she spoke about her mother and the lovely nature she had. I hope things work out well for her and the mother is not left on her own. There is nothing nice about getting old and not been able to look after yourself. I hope I die a sudden death. It's the only way not to be a bother to your family. It was my time to get off the bus and I thanked God I was not a patient in that or any other hospital. I am able to walk, run, do anything I want to do and according to me I have all my wits about me. I am going to keep going out on the buses as often as I can. Enjoy all the goings on. Take nothing for granted and be determined to make the most of whatever time I have left in this world. It is only since I started going on the buses I have realised in the most awful way that behind all the joking and the good humour on the buses, a lot of these people have so many problems and there is many a broken heart behind a lot of these smiling faces. I am so lucky to be so healthy at my age. T.G.

The next time I was on a bus, two real Dublin elderly ladies got on and one sat behind me. The other sat opposite across the aisle and they started talking. The one behind me spoke very low and I could hardly hear her, but the other one spoke so loud the whole bus could hear her. She was giving out about the government and the state of the country. She had been in the European Parliament and the style of the people out there would make you ashamed to be Irish. 'We could pick out the Irish as they came in as they were so shabby, and some of them with clothes many sizes far too big for them.' I did not hear her friend's reply. Then she said, 'For all that we had a great time and it was all thanks to her local T.D. that she got to go there in the first place. The hotel was wonderful; the food was great; and they were brought all over the place.' She did not say but I got the feeling it was all free. I wondered who her T.D. was and how she got to go to Europe. Then I did make out the friend had not been with her as she made a smart remark and the other woman stopped talking about it. I did not know that your T.D. could bring you to Europe and give you a great time. That is something I am going to make inquiries about. I with all the time on my hands would love to go there with my other retired friends and have a great time. Something else I have learned about on the buses. If we get to go to Europe, they will be thanking me and stop telling me not to be listening to the people on the bus and mind my own business. Sometimes it pays to have the nose disease, and use your listening skills. You never know what information you will get from people, who are not aware that you are taking in all that they are saying, but be discrete about it. Don't ask questions.

V̇

It always makes me laugh at the amount people can tell you in the space of one bus stop. This morning I sat beside a man and he told me he was delighted with his bus pass. I said, 'So am I. Don't forget it is a travel pass. You can use it on the LUAS and the trains.' He said he met a man and he told him he lives in Dundalk and every morning he gets the bus to Dublin and he goes all around the city and is getting to know it very well. He loves the pass. It gets him out of bed and puts structure on his day. I told him some of my friends won't use theirs. They would not go on public transport, trying to be snobs. I always tell them that they don't know what they are missing. I use mine every chance I get he said. I said so do I. He told me to have a good day and he got off the bus. Now this could only happen in Ireland. If that man had been on the bus longer I would have told him where I was going and made him laugh. I was going to surprise a friend of mine who lives in Naas. I was a while waiting for the bus and when it came the driver said I am not going through the town. I asked how near the town will he be going. He said he could drop me at the cinema. I said that's ok and I got on. I sat in the front seat with a nice view of all the places we passed. A nice woman sat beside me and said she was waiting for half an hour or more for this bus. I said, 'Do you use this bus often?' 'As little as I can. I hate living in Nass, and when I come to Dublin I get home sick.' I said, 'You are not serious.' 'I am,' she said, 'We could not afford a house in Dublin and we had to move here.' I said. 'That's a pity you feel like that. Sure the country is lovely.' 'Not for me I am a true Dub. I thought I would settle down but I am getting worse as time goes by. My husband loves it out here and the kids think it's great. They are in everything and all I do is drive them to their hobbies and collect them. They have real good friends, So there is no way they would go back. That leaves me on my own. I don't have time to make friends. I have a very nice neighbour but she works all day. Looking after the family keeps me busy but I really miss my Dublin friends. They came down last week to a play and they thought it was great. They stayed overnight and we had a great time the next day. When they went back I was worse than ever.' I felt sorry for this woman, Then I said a few nice things about living outside of Dublin and she agreed with me. We talked all the way until I had to get off. She asked when was I going back. I said tonight. She said, 'It's well for you.' How sad is that?

The next bus I was on two men sat behind me. One said, 'You will not believe what happened in the shop.' 'What was that?' 'A woman came in and she pointed to a ring in the glass case, and said that is my ring.' 'What did you do?' 'I called the manager and he told her she would have to bring in proof. If she could prove it was hers she could have it. The next day she brought in proof and the manager had to give it to her. Now what are the chances of that? Finding a ring that was stolen in a charity shop. It must be a million to one. What were the robbers doing that the ring got in there in the first place? Who would have given it in? That's the mystery but the woman was very pleased and so were the staff.' I would have loved to ask how did she show it really was hers, but I was only listening in. I thought this was a great story. The other man said, 'It was amazing what people give into charity shops. My sister worked in one in England and sometimes in the morning when she came to open the shop there would be bags of stuff outside. People leaving them there on their way to work. One morning she found a bag outside. She brought it in and she did not go through it for a few hours. When she opened it, there was beautiful clothes in it. She was so busy trying on the clothes she nearly missed a bag of gold rings necklaces, lovely things, in the corner of the bag.' 'What did she do with them?' 'She ran down the road to a goldsmith and he gave her £900 for them straight away. She thought that was great, but then she thought she should have looked for the owner. It was too late then.' 'My God,' said the other man, 'I never thought things like that happen.' 'Oh, all the time. Did you not hear about the one in Dublin where all the money was found in the curtains? That girl was clever; she remembered the person who had brought them in and had it announced on the Radio. The person was found and was very happy to get the money.' 'I hope she gave her a reward.' 'Well, I don't know about that. Wasn't it a nice surprise?' I enjoyed listening to these men. That's all I heard. I had reached my stop. Now I will tell these stories when I get home. I think they were great and goes to show there is still honest people in the world.

The next time I was going for the bus it was at the stop and I thought I would never get it. Then I realised I would if I ran. When I got to the door the driver said,

'Hold it: wheel chair coming off.' I stood back. Then a little man with a bag on his lap and a dog walking beside him on a lead were getting off. I could not believe it. I was about to help him when he said, 'No thank you. The chair will do the work.' I stood back looking on in amazement. It took him a while to get off, but only for him I would never have got that bus What a great country this is when an old person can go on a bus with their dog and not depend on anybody. It could only happen in Ireland.

At the bus stop this morning there was four people. Only one girl put her hand out and she had an umbrella in her hand. Now the driver had to see her but he flew past. By the time the next bus came there were ten waiting. So one man said, 'Let's all put out our hands and see will he say anything.' When the bus stopped, the driver asked, 'What's with all the hands out?' We told him what happened and he laughed. We said, 'It was not funny. That girl had a hospital appointment and now she is going to be late.' 'Sorry about that,' he said to her, 'and as for the rest of you, you have all the time in the world. Sure you are spoiled rotten with your passes and pensions. You have it made.' One woman said, 'Don't give out about us. Sure we might not have long to go. I would not dream about finding fault with you only for you we would be out of a job. Tell that to your other driver who left us all at the stop.' 'What number bus was it?' She told him and he said he knew him. 'He is a sticker for the rules. If you are not standing right at the stop with your hand out where he can see it, then he does not have to stop.'

'When there is more than one bus that stops at the same stop how is the driver to know which bus you want unless you put out your hand?' We all agreed but the girl had her hand out, enough said. We felt we had got the message across. I have noticed buses passing people at stops and I have said to those at the stop, that the bus was not full. It has happened so often lately that I asked a friend of mine who has a partner a driver to find out what is going on.

Before she asked I was at a stop and I saw a guy in a Dublin Bus uniform and I asked him. He told me the same as the other driver. Then he told me he was a driver for years and he used to have great fun with this rule. There was a bus stop near a kerb and further in on the path there was a line of shops. If it was a bad day people always sheltered at the shops. If the bus came quickly you might not make it the kerb and he would fly by. One day he flew past a man and he could see him in the mirror swearing after him. That evening that man was running for his bus and he drove on. Well the man reported him and he was questioned and they had a great laugh about it but he was in the clear. He was on that route until he became an inspector a couple of years ago. I said that was an awful thing to do. He said well you have to do something to annoy the public in a job like that. So members of the public be aware and know the rules; be nice to the drivers and then you will enjoy your travel.

I was in town with friends one day and the bus we wanted was at the set down stop. You cannot get on there. You have to wait until the bus comes to the first stop. We saw an inspector on the empty bus we called him and asked if we could get on. 'You know the rules.' We said, 'Yes but look at us. We are old and the first stop is a bit away. Have pity on us.' Then he said, 'Go on then, seing you were so nice asking. Your luck is in this time.' We were delighted. Then we went upstairs. He shook his fist at us and said, 'You could not walk to the stop put you could go upstairs!' and he laughed. So there is a nice lot of good obliging people working on Dublin Bus. Weeks after this the same crowd of us were going out again at a different terminus. The same inspector was there. When he saw us coming he ran into a shop and pretended not to see us. We followed him in and he said, 'No girls, not you again.' We said, 'Go on. You know what we want.' 'You will get me sacked. Go on round to the stop. It's not far.' 'Ah,' we said, 'your good deed for the day.' He let us on. Then we bought him chocolate.

One very wet day, I was in Dame Street and I saw my bus at the stop. I knew if I ran I would get it. When I got to the bus there was a couple with a baby in a buggy talking to the driver. He was telling them they had to have the right fare. They did not know that and the man was looking for change. I asked how much he was short but I had not got enough to make up the difference. The driver told them to get change and wait for the next bus. A woman with three children came up the bus and asked how much was it. The driver said €4 and she paid it for them. The couple could not believe it. I offered the change I had to her and the man offered what he had.

She said, '€4 will not break me' and would not take the money. They thanked her so much and were really grateful. I sat beside her and she told me she had to bring one of the children to the doctor but tomorrow they were going to Cork to visit Grandma whom they loved. It was her husband's mother and that's where he was from. I said to the children, 'You are so lucky to have a Grandma living in West Cork. That's a beautiful place and my children loved it also. We spent a lot of holidays in Cork when they were small.' I told her about the time we went to Trabolgan for one week and then to Ballylickey for two weeks. We had a touring caravan and a Mirror Dingy with us. When we parked the van, we allowed the children to sail to Bantry. We drove the car round and made sure we could see they were ok. They were thrilled to be allowed to sail together without their Dad. We met them in Bantry and gave them ice cream. After an hour they sailed back. The next day the four of us sailed to Bantry and seals followed the boat all the way. It was wonderful. The woman said that was lovely. Then one of the children asked if they could get a boat and do that. The mother said not this time but they would get them sailing and then they could do it. She was the most beautiful person I had talked to and the children were so interested in listening to me talking about our holidays. I was so pleased I got this bus.

The next day I was meeting my sister at the bus stop. The bus was going to be twenty minutes coming. We were going to see my brother in the Beacon Clinic. She said to me will we get the Luas instead, I said ok. It was a nice change. When we got off the train we were lost. A lady driving by stopped and asked if there was an Aldi near here. We said we did not know; we were lost ourselves. She asked where we were going and we told her. She said, 'Hop in. I'll bring you there, it's too far to walk.' We said, 'We don't mind walking if you tell us the way.' 'Don't be silly get in.' We got in and as she started to drive I said there was a car coming towards us. She said sorry about that and she spun the car around on two wheels, and said, 'I forgot this is one way now.' We thought what are we after letting ourselves in for getting into this car. She did bring us safely to the clinic and we thanked her. When she was gone we fell around laughing. We had to wait a while to get our act together before going to see our brother. He was delighted to see us and to cheer him up we told him the story. He said, 'Are you mad getting into a car with somebody you don't not know? You could have been killed.' 'Ah,' we said, 'she was very nice.' 'Girls, I don't believe you! What was wrong with the buses?' We said we were at the bus stop and there was a twenty-minute wait and we had this great idea and got the Luas. 'I thought you love the buses?' 'We do. We wanted to try the LUAS.' 'Well, don't do that on the way home. When you go out the door of the hospital there is a bus stop right across the road. The number eleven bus will bring you right back to town. Don't let me hear you did not get it.' We left the Hospital and did what we were told. The bus came very quickly and we arrived in town safe with no problems. But we did enjoy the adventure on the way out. We will not do that again now we know where the eleven bus goes.

The next time I was on a bus I could not believe what I saw happening. Six women and a few men were at the stop. Two of the women got on and two of the men. The two women handed their pass out the window and two more got on and were going to sit down when one on the path banged the window and said, 'Give us the pass.' 'Oh,' said the other, 'Jesus, I forgot.' and she gave the pass out the window. The driver must have seen this but he said nothing. I thought they must be joking. They were laughing a lot and nudging each other. I asked the woman beside me if she'd seen that. 'Why would they do that? The fare is not much.' 'No,' she said, 'it's not the cost of the fare. It's having one on up on the Bus Company.' I said, 'I don't believe you, giving one pass out maybe but out of six of them only two paid the fare.' She said, 'It's only a bit of fun. I think the driver knows them. Anyway, they all looked as if they should have passes of their own. None of them are younger than seventy.' I had a good look at them and she was right. What's that about I think we are mad the Irish. Well if they got a laugh out of doing this kind of thing, good luck to them, I say. I was hoping they would start talking out loud as I would have loved to listen to their conversation. They spoke low: they must have read my mind. Time for me to get off.

There was very few on the bus I got one day. Two women were sitting together and speaking very low. So I sat in front of them and tried to listen to them. I thought I heard them mention the bus pass. So my ears opened up. I thought that they had heard we might be losing it. I sat back as far as 1 could and had a good listen. They were talking about sending back your old pass. One said, 'Did you sent it back yet?' 'No, I did not and now I am not sending it back.' 'Why?' asked the woman, 'I heard you can sell them for €100. The other woman said, 'That's not right. I would never do that.' 'Well, more fool you. With all the things that has gone on in this country, with banks, the Government, and all the charities, why should we not make a few bob?' 'What would happen if the person you sold it was caught using it and they told you sold it to them? You would be in trouble.' 'No, somebody sells yours for you and you don't know who buys it. If that happened, you just say you lost it. They do something to them that alters them they seem to get away with it.' 'They should have taken them from us and not given out the new ones until all the old were back.' 'That would have been very hard to do. My God I cannot believe that is going on.' I think they copped on I was listening because they started to talk much lower. They were a bit foolish to be talking about this on the bus anyway. They got off before I did and I wondered, 'Is this true or were they just making it up because they realised I was listening.' I was telling a friend about this and she said she heard this is happening and they were going up in price as there was a great demand for them. I said. 'Who could be buying them?' She said when people had to buy houses outside Dublin. and had long distance to travel to work they found it very expensive and there was no pleasure trying to drive up and down everyday. Now with bus lanes it was better to go on the bus. I said, 'That's crazy. I don't believe it.' It does seem a bit over the top but it does not surprise me. It could only happen in Ireland.

The next time I was on a bus a woman got on with a very sick looking child in her arms and she sat beside me. She told me she was taking him home after a stay in Our Lady's and she was so happy. A lot in there don't make it. She said when he was in there she used to go to mass there every time it was on. It was not on everyday a couple of days a week and she prayed so much for him and all the other children. She said there was mass at 10.45 every Sunday and she always went to it. They have a beautiful choir, with adults and children from a foreign country and they have fantastic voices. A very young girl plays the organ and all the words of the hymns are written up so everybody can join in the singing. I said, 'I would love to go to that. I love Mass where there is a choir. It adds to the celebration. I am going to go there some Sunday and hear this choir. I was always in the choir in our local church. Then they changed the time of the Mass and I left. I always sing along from the body of any church I go to anywhere, in any country and I love Latin hymns.' She said she loves this Mass but she could not sing a note. I said, 'Don't be silly everybody can sing. You have never heard me. I would love to be able to but God did not bless me with many talents and singing was definitely not on the list.' By this time the child was asleep and I asked her if she had far to go. She said right across the city. I thanked her telling me about this Mass and I will go there and pray for this little child that he does not have to go there again, and he grows up healthy. P. G.

VI

It was a while before I travelled on a bus so on this day I made up my mind to take a trip. Not to anywhere in particular: a long journey from one side of the city to the other. I was delighted my favourite seat was vacant and I knew I would have a great time sitting there. It was not long before a lovely lady sat beside me and started talking to me. She said she had been living in America for twenty years, but had never settled down. Her husband loved it and so she had to stay. When they came home to Ireland for a holiday she hated going back. She would be homesick for ages after. Then they stopped coming here so often. They travelled the world working on an alphabet plan from A to Z and that worked very well as they both loved seeing different places. They had no children. They had a beautiful house but she could never call it a home. They had great jobs. Plenty of money. Lots of friends all of which had children. She found this very hard as she was godmother many times but never a mother. I tried to get a word in but I did not get a chance. I think she realised I am a trained listener and she was getting the most out of being listened too. She told me her husband had died and that was her chance to come back home. After he died she gave up work sold the house and left. After a few weeks she bought a small house here and she was very happy. Lovely neighbours who made her very welcome and she was starting to get in touch with all her old friends. She had not bought a car yet but since using the buses she was having second thoughts. She found the buses fantastic everybody was so nice and they talked to strangers all the time. It was wonderful. Here I am listening to her and does she not realise I am a stranger? However, I let her go on as she was so interesting. I told her not to buy a car as a friend of mine when she retired from work at sixty-five was very lonely and started to get depressed. She went to the doctor and he asked her if she drove a car. She said she did and he told her to give it up and go on the buses. The car is a lonely place and on the bus people are all going in the same direction and she would have company that was all she needed. She did not sell the car yet but she has started using the buses and she is having a great time. She cannot believe the things she has been told life stories and   lots of information on all kinds of things. She cannot get over the sense of the real Dublin people and the wit she is hearing, things said that she never heard before. They are so smart with their answers when somebody makes a witty remark she really is enjoying herself. She said the other day she was on a bus and a man sat beside her. At the next stop a woman got on and she touched the man on the knee and said, 'There you are Mick. How are you?' He said, 'I am not Mick.' She said, Sorry, I mistook you for somebody else.' He answered her, 'Yes Omar Sherrif.' She said back to him, 'You wish!' and everybody started to laugh. The man then started to tell her jokes and he had her laughing so much she got off the bus and asked herself did all that really happen. Then she remembered my words. It could only happen in Ireland.

Well then the lady from America said, 'I don't think I will need a car. I love going on the bus and if I cannot get a bus I will just take a taxi. I don't know what it is about the Irish but we seem to be liked all over the world.' I said, 'Sure we are a lovely people. I love being Irish. What other small country could have their national saint's day celebrated in so many countries all over the world? Saint Patrick's Day is a national holiday which people love to celebrate.' I told her she should read a book written by Tim Pat Cogan, *Wherever Green is Worn*, and see all the countries the Irish went to. We have populated the world with over seventy million. That's fantastic from a country the size of Ireland. She said she did not know that and she would buy the book. She thanked me for all the things I told her and as she was getting off she said, 'I hope I meet you again soon.' We parted like long lost friends and I said, 'I hope I meet you again also.' Sure this could only happen in Ireland. I was so tired when she got off I did not want to talk to another person. I had no idea where I was, so I wanted to look out the window as I had come out with the intention of finding places I do not know and with all the talking I had missed a lot. A couple more stops and the driver said, 'Last stop.' Not to look foolish, I got off and waited at another stop and took the first bus that came. I went upstairs where very little happens and slept all the way home.

When I got the bus another day I sat in front of two women who had knitting out and they were talking about it. I listened to them with interest as I used to love knitting. One said, 'Will you ever forget the dress I knitted for Joan?' 'Which one?' 'The one that took ages and turned out beautiful?' 'Oh will I, or she, ever forget? She went off to the dance that night and the dress kept stretching after the first dance. It was nearly down to the floor. She was mad and she got the bus home and I ripped it up to her knee and sent her off to the dance again. She said she never asked for a pass out and would have to pay again. I said tell the fellow on the door what happened and he will let you in again. Are you mad? she said, you can give me the money. It's your fault you knit the dress in the first place. I must have been mad to let you talk me into wearing it.' 'What ever happened to that dress?' I did a great job on it I lined it and then she was delighted with it. Everybody wanted one and I could not get her to leave it off. We got a great laugh out of that dress.' 'That was a laugh but do you remember the one I did for Barbara?' 'Will I ever forget it?' 'I did line it but it was crochet and the space between the flowers was very big and I left the lining loose at the bottom in case like Joan's it dropped when she wore it. About a month after she was married she went to meet one of her friends and she decided to wear the dress. She walked up the canal and there was fellow's working on a building and they whistled at her. She thought this was great: a married woman and still getting a whistle. Then a man walking towards her gave her a funny look. She carried on and when her friend came towards her, she said Barbara what's wrong with your dress? She said, What? Then her friend said you can see right through it. When she looked down she nearly died. The lining had gone up all the way to her waist and you could see everything. She ran into a door way and pulled it down; she was so mad. Her friend said, don't be silly. It is a lovely dress and now with the lining right it looks beautiful. Well, she said to her friend, you can have it, I will never wear it again. You have to wear it. Your mother spent hours doing that for you. Well she can spend hours undoing it. I will never wear it again. They went to the cinema and then home. She would not go for a meal with that dress on. She left her friend starving but she went straight home.'

I was laughing at all this talk and I started to remember things that happened to me when I did a lot of knitting. I was still grinning to myself when a friend of mine got on the bus. She sat beside me and I started to tell her about the two women and the dresses. She said, 'I know those two. They are in the ICA and that's years ago since that happened.' 'Well,' I said, 'they are still able to laugh about it.' I then told her my story. I knit a beautiful jacket for myself and with the first wash it stretched all over. So I decided to rip it and do it again. I brought it to a friend's house and I said to her young sister, 'Will you rip while I knit and that would be a great help.' She said yes and I gave her the back to rip. She ripped it no bother and I told her rip a front, which she did. Then I looked at what she had just ripped and it was the new front I had just finished knitting! I did not know whether to laugh or cry. Everybody else laughed and so then I laughed also. But I was so annoyed when I got home. I would have been better off ripping it myself. Some help she was! I never knitted anything like that again and I never will.' My friend laughed and said, 'Could you imagine the young ones nowadays doing anything like that?' I said, 'Not a chance. None of mine are able to knit. I tried to teach the grandchildren. I bought them small needles and nice wool but they were not interested. It's a pity because they are much better than bought knits and they wash great. The young people would not have the time now either. They are so busy doing taxi runs, bringing the children to all the extras things they do after school and working outside the home. I would hate to be young now. I think life is very hard and the children get no time to just chill in their homes after school. When we came home from school, we played outside for ages and you hated to be called in even to eat. The games were more important than a meal. Those days are long gone never to return, more is the pity. They will never have the childhood memories we have and the school-friends we have to this day. We got off the bus together and we enjoyed talking about our time when we were young. We were ages on the pavement before we parted.

The next time I was on a bus I was entertained all the way into town. A woman was on there with a baby in a buggy and a little girl who sat on my seat as I call it. It is the one that's higher than the other seats and she talked all the time to her mother from there and the mother answered her. She asked the names of places and why, why, why. I thought the mother would get fed up with her questions but no, she answered everything she asked. Then she asked the mother to come and sit beside her. The mother said no she had to hold the buggy as she knew what happened the last time they were on the bus. The mother told her to come and sit beside her. She said no I have to sit here because 'I have to look out the window. If I sit beside you I cannot see out. I am too small.' 'Well then,' the mother said, 'then stay where you are and stop complaining.' Then she asked for a bar. The mother brought her down one and when she had eaten it she called the mother to take the paper from her. I said to her give me the paper and save your mum coming down. She did and I asked her how old she was and she said, 'Mum, am I four?' Her Mum said, 'Yes going on ninety.' Then the little one said, 'No, not going on ninety. I am four.' The mother said, 'That's right.' Then she said, 'I love you Mum.' and the Mum said, 'I love you too.' Then she asked, 'How many more stops?' and the mother said four. She said, 'Same as my age?' 'Yes,' said the mother. A woman got on and sat beside her mother and admired the baby, asked his name how old he was. The mother answered her and Little Miss Know All did not like this, and said, 'Mum stop talking to that lady. I want you to tell me things.' We all laughed and she did not like this either. She went up and sat between the woman and her mother and started to tell the woman about the time she fell on the bus when the bus turned the corner and she was badly hurt. The woman was not believing her but the mother said it was true. 'She was hurt and she thought she would not go on a bus again. But she got over it and was back to her old self again talking all the time.' Then the Mother said, 'Now this is our stop.' and she jumped off the seat and ran to the middle door. I got such a fright and held out my hand to stop her. She went back and they got off the bus.

I decided to go on a bus another day. As the bus passed the Guinness grounds on the Crumlin Road, I saw two women going in. One was on crutches and the other was walking with a frame. I wondered what goes on in there. Well I did not have long to wait to find out. At the next stop two ladies got on the bus and as they sat down one said to the other, 'Mary, you won't believe this. As I was coming out of the club this morning two women were coming in one on crutches and the other a bit behind her with a walker. The one on the walker shouted Sheila where are you going and she said to the gym. And yourself? I am going to the line dancing. I thought they must be joking but no. Mary said no they are not joking; that's what goes on in there.' 'Would you get real! How the hell could they be going to the gym and line dancing?' 'Well they would only do as much as they can. There is a gym teacher and a dancing teacher and they make sure they are safe. The club is very well run and they mostly go for the company and mix with their friends. I play the indoor bowls and bingo and have a cup of tea or coffee and a chat sure it puts in the day. The fitter ones play out door bowls and Pitch and Putt. They also run outings and a great party at Christmas. They even have Santa for the kids and a big party for them also. They also have Irish classes and computers classes. Sure you could become a genius at any age. It's fantastic and only €5 a week.' 'A week? You are not serious.' 'Yes, it's funded by the HSE to keep the likes of us out of hospital and keep us active.' 'My God, how did I never hear of this?' 'I don't know, but now you know just go down and join. You have to have a note from your doctor and that's all that's to it.' 'I will give it a go and I will let you know how I get on.' 'Sure, I will meet you some morning and you can come in with me and see if you like it before you join.' 'That's great. I will do that. Thanks for telling me all that. I will ring you and make a date for me to go with you.' 'And they also do art would you be interested in that.' 'I would I love art and the line dancing. The music is lovely even if I am not able to dance.' 'You would be able to dance. Wait till you see me on the floor; you will get a good laugh if nothing else.'

The bus I was on was one of the funniest I have been on for a long time. An Asian woman was talking on her phone. An Indian man on his phone, and an African woman on her phone. What they were all saying made no difference to me as I could not understand any of them. It was a bit annoying as they were all speaking so loud. Then a Dublin man who was sitting beside me answered his phone and in order to be heard he had to shout. The conversion went like this. 'I told you I paid that f**king bill. The next time he rings put him onto me. I'll sort him out. Yes, I am coming back from there now. I got the job. Starting on Monday. Don't you think you can start spending money before I make it. They are looking for a lot of staff and I am going to ring Jack now and tell him to go up there and he will get a job I'm sure. Ring who? are out of your mind I don't want to work anywhere near that f**ker. No I will not. I have enough of my own friends to look after. I am putting down the phone now I want to ring my friends and tell them before the jobs are gone. Good luck. See you later.' Then he rings Jack. 'Hi Jack. I was up there and I got the job. They are looking for more staff. You should go up there yourself and I'm sure you will get one. No, don't tell them I sent you. Just go and do it. You can get the bus or the Luas. They both stop outside it. That does not matter. Even a few weeks would help bring up your stamps. Are you mad? No. It's not money into your hand. What do you expect? Those days are gone. Are you mad all together? Do you think Mick would be interested? The money is great. Will you give him a ring or will I? OK then.' Then he rings Mick. 'Hi Mick, I was up there and I got the job. I tell you what. If you go up yourself, you will get a job. They are looking for plenty of people. You don't want one? I thought you were the one said we should get jobs. No I've told them I am starting on Monday. I have talked to Jack and I don't think he is going to bother either. Well you can all f**k off as far as I am concerned. I will look after number one in future. I don't care anymore what you do. Are you trying to make a fool out of me? No, don't bother yourself. Good luck.' And he put down his phone. Then he turned to me and said, 'Would you believe that? Them f**kers won't work.' I just smiled and said, 'This is my stop.' and got off.

I was the only one at the bus stop this morning, and I did not have long to wait. I sat in my usual seat second from the back. At the next stop a group of young girls got on eating sweets. One asked the driver if he would like a sweet and she handed him the bag. The next girl said, 'Have of one of mine.' and handed him the bag. They all went upstairs and there wasn't a word from them. I thought this was lovely. They were so generous and well mannered. At the next stop a woman was getting on and she said to the driver, 'I have no change but if you let me off at the shops I will get change.' and he said, 'OK.' She got off at the shops and when she got back on the bus she handed him a bar of chocolate and thanked him for his good deed. Now this could only happen in Ireland.

When I see things like this happen I am so proud to be Irish and how a little thing can give such pleasure and makes people feel good. I think the majority of the drivers are very nice and on my route I have seen them doing things that is not expected of them. Only once did I see a driver leave a beautiful girl running. She was just at the door and he closed it in her face. He could have waited for her as the traffic lights were red and he was stopped there anyway. He was not Irish and I felt he was new on the route and did not understand the Irish way of waiting for people. So I forgave him. But I hope he learns the way of the Irish soon or that he is taken off this route.

At the next stop a man got on with no change and I knew he did not know the driver cannot take notes. I walked up the bus and I said, 'I have change.' and I paid his fare. The man nearly died. I said, 'Don't be silly. You are welcome.' A stranger paid for me one time when I forgot my pass.' He then came down and sat beside me. He was so interesting. He told me he never takes the bus. He knew they only had a driver but he did not know about having to have the right change and the driver could not take notes. 'Well,' I said, 'how could you know when you never use the buses?' He thanked me so much and wanted me to take the €10 note. I said, 'No way. Sure that would have got you a taxi.' He said, 'I never thought of a taxi. When I saw the bus, I just jumped on now I will make it in time for my meeting. Thanks again for paying my fare.' I said, 'This is my stop. Good luck with your meeting.' I said thank you to the driver getting off and I was very pleased with myself. Now this could only happen in Ireland.

The next bus I was on I had to sit in the front seat. A man got on with a little girl in a buggy. He had tattoos all over him and a wild haircut. He was very rough looking. He had a ring on every finger and a gold chain round his neck. I thought to myself: who let him out with this beautiful child? I would be afraid of him myself. The little one looked up at him and gave him the biggest smile. He bent down and gave her a big kiss. He looked at me and smiled. I said to him, 'She is beautiful how old is she?' He said, 'Two and a half, and she is the boss. She has me wrapped round her little finger. I love her so much.' I said, 'Is she the only one?' He said, 'Yes and we treasure her. I spend as much time with her as I can and she loves me.' I said, 'And so you should.' Then the child started asking him questions and she spoke lovely she knew everything. He answered all her questions and explained to her where they were going and what he was going to buy her when they got off the bus. When he was getting off he thanked the driver. As he passed the window where I sitting he gave me a big wave. He was a real gentleman I was ashamed of myself for judging this man by his appearances and I should know better as this has happened to me before and I was so wrong. I keep telling myself not to judge the book by the cover but I have a thing about tattoos I can't help it.

The next stop two foreign girls got one. One had a baby in a buggy. She turned the buggy so nobody could see the baby. They don't like anybody smiling or talking to their babies. I suppose that's the way in their country and they probably think the Irish are mad talking to every baby that we don't know. I think this is a pity because they miss out on so much and it's nice to be told your baby is beautiful. I hope when they live here long enough they will get to know the ways of the Irish and by smiling or talking to their babies we are not going to steal them or do them any harm. It will take time I suppose but at least now I am aware of the way they behave so I don't do it anymore. A few stops later after those two got off and another foreign girl got on with a baby in a buggy. A very nicely dressed man tried to help her and she pulled away from him as if she was afraid of him. He was taken aback and he said to her, 'I was only going to help you.' She just ignored him and he walk down the bus. I felt sorry for him. He was so embarrassed. Then the woman sitting beside me said out loud, 'Did you see that?' I said I did but I told her not to say anything. 'Well, all I can say is she does not know what she is missing. Sure all the Irish help with babies and talk to them ask whoever is with them what age they are and all their business.' I said, 'I know but she is not Irish and she does not understand. I always help with babies but I know they don't want help and so I never offer.' One week I was on a bus and a very young got on with a little one and she was crying so hard. I asked the girl if I could give her a biscuit. She said yes and I gave her one for each hand and she stopped crying immediately. The girl thanked me and the little one was so happy. Then the girl started talking to me and she was the mother. She was only a child herself I felt sorry for her. She was delighted that the child had stopped crying and she was able to have a chat with me. When I was getting off the bus I handed her the rest of the packet and I said in case she wants more as you are going to the last stop and that's a long way from here. She thanked me so much and told me I was very good. That made my day and I got off the bus feeling very happy. I was so glad I had those biscuits with me and was able to help. I always ask first before I give a child anything to eat as they might not be allowed or they might have allergies to whatever I would give them. And I have never been insulted or told off for it. Most people are pleased when you admire or talk to their children and it makes the journey pleasant.

I stayed off the buses for a while as I think all the drivers are getting to know me. Then one day I was just running up to the local shop and the bus stopped for me. I did not have the heart to tell the driver I did not want the bus so I got on. I said I am only making a short run today and I have not got my pass. 'Ah,' he said, 'sure I know you have one. That's OK. I said, 'What about coming back?' He said, 'Sure by the time you've done your shopping you will probably be back on my bus.' I said, 'You're right. Thanks a million.' I had no intention of waiting for his bus back as I was only going for milk. I had no money with me to do a big shop. I got the next bus home and told the driver I forgot my pass, and I have no money. I said, 'It's only a couple of stops and I will get the money as you stop near my house.' He said, 'No you're OK.' When I got home my husband said, 'Who did you meet at the shops? You were ages gone. The shops are less than five minutes away. A fellow would not to be dying for a cup of tea in this house.' I told him the story. He laughed so much. 'That's the best thing I ever heard. I'll get great mileage out of that story when I tell the guys in the club. They will think I am married to a mad woman.' 'Don't you dare tell anybody. I should not have told you. I thought it was very nice of him to have stopped for me I could have wanted the bus, and I would have been glad that he stopped.'

'Don't worry,' he said, 'your secret is safe with me.' I have to say I have never met a nasty driver since I started using the buses, and I use them a lot. They are very good and most of the public are very nice too. Everybody getting off thanks the driver and that's lovely. And I say - a big thank you Dublin Bus you have changed my life for the better. It could only happen in Ireland.

Another thing about the buses that I think is great and it happens a lot. When somebody is running for the bus and there is a few people getting on, the last person will tell the driver and he will wait for them. Now if I am the last getting on I always look back and see if anybody is coming and I tell the driver. When the person gets the bus they are so grateful. Young people might be rushing for work or college or older people with hospital appointments they thank me and the driver and you feel you have done a good deed for the day, especially if the next bus won't be along for some time. It's only a little thing but it means a lot.

The next time I was on a bus I heard loud voices from upstairs. Somebody was saying, 'Yes, you will.' 'No, I won't.' 'Yes, you will.' and the voices were getting louder. 'Well, we will see about that.' A big man came down the stairs and told the driver there was a man smoking upstairs. The driver stopped the bus and he said, 'I'll fix that.' He went upstairs and told the man to put the cigarette out and the man said no. He said you have to put it out. The man got very nasty and started to use bad language. That annoyed the driver. He came down and started to drive. He drove the bus to the Garda station and a Garda (policeman) came out and took the man off the bus. Everybody on the bus clapped the driver. He was laughing and he said, 'I would have let him away with it if he had just put it out. But when he got cheeky that was it. I had to teach him a lesson. I don't think he will smoke on a bus again.' This has taught me when on a bus, do what the driver tells you. It's his bus and he is the boss. I was getting off at the next stop but I had enjoyed this trip I never realised they take smoking so serious. My advice to smokers: don't do it on the buses.

The next time I was on a bus I sat in my usual seat. At the next stop a huge fellow got on and sat beside me. At the next stop a bigger guy - I mean he was huge - got on and he shouted down to the fellow sitting beside me, 'There you are Sean. How is it goin?' I heard Sean say under his breath, 'Oh Jesus. No, not him at this time of the morning.' He sat opposite Sean and started talking so loud that everybody could him. 'God,' he said, 'it's ages since I saw you. What have you been doing with yourself?' Sean said very quietly, 'Not much. Just the usual.' 'Did you hear about me? I got a part in Braveheart.' 'Yes, I did hear. I think everybody in the world heard.' 'Well I tell you it was fantastic. I had a great time and I got paid for it. The makeup was brilliant and one of the costumes I had to wear was a brown skirt. Can you imagine me in a brown skirt? 'No, I could not. Where would they get one to fit you?' 'Oh they were made special for you. I got on great with Mel Gibson. He was really friendly with all the cast. He came along one day to talk to us and I gave him a slap on the back and said "Get up you, boy, you Mel." and he roared laughing. The guys thought I was great for doing that but I knew he would take it well. Sure where would you get it? I mean he is such a big star and he loved the wit of the Irish. It was the best job I ever had.' I think he was talking out loud to let all on the bus know he was in the film. Sean was mortified he did not know what to do. I was hoping he was going all the way to town he was so funny. Sean said, 'I have to get off now.' 'Oh,' he said, 'I thought you always went all the way into town.' 'I usually do but this morning I have to do something before hand.' He said cheers to his friend and his friend said 'cheers dude' to him. 'See you soon.' I thought Sean got off because he had enough of this guy. But I was sorry I was enjoying listening to him. I will have to go and see this film. I will have no trouble finding him in his brown skirt. He must have been seven foot at least I don't think there will be many that height in the film. I am looking forward to it. It could only happen in Ireland.

The next bus I was on, a lovely tall girl got on in a Ryanair uniform. She really did look very smart. She had only sat down when a real Dublin woman said, 'Look at that uniform. It is very smart. That girl looks really beautiful. And she has to buy it herself. No freebees with Michael O'Leary. The staff even have to buy their water on the flights and pay for everything. I wish he was running the country. There would no such thing as no uniform in Dáil Éireannn. He would make sure of that.' I did not know who she was talking to so I said nothing. I think she was only talking out loud to nobody in particular. Then she said, 'It's a disgrace the get up of them. As for that fellow in his pink shirt. He looks ridiculous. They should have to wear a proper suit and tie. They are quick enough to notice what the women wear. When I was visiting the European Parliament, they were all dressed beautiful. Everything matching, no open neck shirts or sloppy dress. There should be a dress code here in the Dáil. Making a show of ourselves all over the world looking so untidy. Even working in a shop or a hairdressers or any small business you have to wear a uniform. So come on, guys, start taking the job serious and look like you mean business and have a bit of respect for the people that voted for you. Let the rest of the world see that we can do as good as the rest of those guys in Europe.' The girl in the uniform got off the bus I think she was embarrassed. The woman stopped talking and nobody said anything. She was still on the bus when I got off. I did agree with her. But I did not tell her that. I minded my own business.

The first bus I was on one day was very full. A young woman gave me her seat. I did not know that the person she had been sitting beside was her mother. When she started talking to me she told me she was her daughter. They were going to town together as they do every week. She met with all her girls once a week and it was a great way of keeping in touch. She was a widow and she missed their dad desperately. She told me a lot about her family and how she spends her time since her husband died. Then a seat opposite became vacant and I asked if I would take that seat and give her daughter back hers. She said, 'Not at all. Stay where you are.' She then continued to tell me about the post office where she gets her pension. It was a bit far from her house, but it was where her husband always got his and since he died she still went there. I said, 'Sure the walk would do you good.' 'No,' she said, 'I always get the bus.' Then she said, 'I get enough exercise minding my grandchildren.' 'How many do you mind I asked?' 'Well I have five children and twelve grandchildren. It depends. Some days, two in the morning and one in the afternoon. Sometimes four in one day. I have to help out with all the mums having to work.' 'Well,' I said, 'that's very good of you, but do you get any days to yourself?' 'Well, no,' she said, 'but sure what would I be doing all day on my own?' 'You would not have to be on your own

~ 83 ~

all day. There is so much going on in every parish, I'm sure you find something interesting to do.' 'Like what? I have been in nothing since I got married only rearing children.' Well I told her to go along to her parish hall or community centre and ask what is going on there and she would be surprised. She said she would and I hope she does as I think when you lose your husband your children think you have nothing to do but baby sit. 'Not on,' I told her, 'you deserve a life. Go out there and make friends. Don't be so available.' She thanked me and said, 'I think you are right. I never refuse. Even if it does not suit I will always do it. They do appreciate me and are very good to me but I am getting a bit old for it now and I am always very tired when they go home.' I did not ask her age and she did not tell me. In my opinion she was nearing her eighties. I could be wrong. I hope she takes my advice. It was my time to get off.

VII

I was on a bus one week when a woman sat beside me. She had a beautiful suit on her and her bag and shoes matched perfectly. I was thinking to myself that she must be going somewhere very important, and then she spoke to me in a Dublin accent She told me she was going to town to look around, not buy anything, just to put in the time. How wrong can you be making judgements on somebody's dress? She loved the travel pass and made great use of it. I agreed with her and said so do I. She said she had just listened to Joe Duffy and she was very annoyed. Joe had a man on who destroyed Nelson's Pillar and he would not say sorry for doing it. 'I was so angry when that happened,' she said, 'He could have blown Nelson off and we could have put a statue of Saint Patrick up there. A man had a job there taking the money and that was gone. A taxi driver was nearly killed and Joe had the man on air and asked him if he would like to talk to the man now. He said no I would never speak to that man. He should be arrested even now for what he did, not boast about it on national radio. It was horrible. Joe was surprised but he accepted that it was the man's choice.' I said, 'I am glad I don't listen to Joe if that's the kind of thing he talks about. That would really annoy me.' 'Yes,' she said, 'but sometimes he can be very funny. On the last Friday of the month he has funny Friday and he has Syl Fox, Brush Shields, and different funny guys on I never miss it. You should listen to it next Friday it will be on.' She told me some of the things she had heard on the show and I did not think they were that funny. I pretended to and tried to laugh and said I would try to remember to listen and thank you for telling me about it. When I told my husband about the guy being on the radio who had blown up the pillar, he said, 'I suppose you heard that on the buses.' I said I did and he laughed and said, 'I doubt that ever happened.' 'Well,' I said, 'I believed her.' 'Well, that's not a surprise. You would believe anything you are told on the buses. When are you going to cop on to yourself? I think these people see you sitting there and make up the stories just to hear themselves talking.' 'Go way! Why would anyone do that?' 'People do all sorts of things and with you they have a great listener. I bet you did not get a chance to say much to her.' 'No I was busy listening to her. I am never going to tell you any more of the things I hear on the buses.' 'Thank God,' he said and that finished that conversion.

A few days after that, another woman on the bus started talking to me. As we passed the Spire in O'Connell Street she said to me, 'I hate that thing. What is it anyway?' Now I like the Spire but I was afraid to say I did. So I asked her if she liked the Pillar better. She said she did and she went up it many times. 'Did you ever go up yourself?' I did, I told her but only once. Just before it was blown up. I was so glad I did. The view was beautiful and I really enjoyed it but I would never go again. The coming down was awful and I was happy when I reached the bottom. She then told me the story of Joe having the man on the radio that blew up the pillar and she was so annoyed. She said he should be arrested even now. It was a disgrace that he could come and boast about such a thing after all these years and get away with it. I let her rant on and on. Now I knew the first lady that told me that story was telling the truth, but I am not going to tell my husband this story he will think I am making it up. It is enough for me to know I was not being made a fool of. When that person got off, I was on my own for a while and then I saw a filthy old woman getting on. I was afraid she was heading for me so I got off the bus and walked for a while. At the next stop a bus came along and I got on. I did not look where it was going. It made no difference I can take my time now that I am retired and get the right bus home when I am ready.

Recently I was at the bus stop when a lovely well-dressed lady in beautiful clothes, and the most fantastic dog I have ever seen came along. She asked me if she could take the dog on the bus. I said I did not know, but she should wait and ask the driver. While we were waiting she kissed and hugged the dog more than I have ever seen a mother hug a child. I was embarrassed. I kept looking the other way. She told me she was from France and that did not surprise me as I know the French love their dogs. She told me she was not long living here and she loved it. She said she was never sure of the rules or the law with regards to what you can or cannot do on the buses. I told her to go into the office in O'Connell Street and ask if they had a copy of the rules, if they had any such rules. She said she tried to guess from time to time but nothing made sense. People seemed to do what they liked. I asked what she meant.

She said in one day she saw people getting on with children and the children had big scooters. One day a child had a bike, another day a child had a soft toy that was bigger than herself and she put it on a seat and sat down beside it herself taking up two seats People were standing and nobody said a word and the woman with her allowed her to do this. She was amazed. Then she said in her country you would not be allowed to do these things and you would not be allowed to eat and drink either. You would not be allowed on the bus with any kind of carton no matter what was in it, whether you were going to drink it or not. She said she had seen people on the bus doing things that she would never had thought she would see.

Everybody seemed to do what they liked. She said in all other European countries you would not be allowed on a bus with any kind of food or drink. I said, 'I know but this is Ireland and we are not so strict. We let a lot go. We give out about it and then do nothing. We are used to people doing what they like and we take no notice of them.' Then I saw the bus coming. She asked the driver if she could take the dog on and he said yes. She was so pleased she thanked me for talking to her and then she handed me a flower and said, 'This is for you, lady.' I thought this was so nice coming from a stranger. I was surprised and accepted it. I did not know what I was going to do with it. I held on to it until she got off the bus. I was still on the bus with the flower in my hand so I left it on the seat when I was getting off. I hope somebody picked it up and took it home with them.

The next bus I was on, a little old very well-dressed lady sat beside me. She started to talk to me. She told me where she had been and I said that's very nice. Then she told me all the children she had I said you are fantastic. Then she said a lot of her children had to go to England for work and she missed them so much. Then she said since her husband died, the children were very good to her. They sent her money very often and since it was Sterling she never changed it. She kept it and then when she was invited over she had all her spending money as they always sent her her ticket. I said that's very nice of them. She said I spend the money on the grandchildren, 'Sure what do I want at my age?' She also had savings for them in the Credit Union. I said that I did not know you could have savings for your grandchildren. 'Oh yes, in mine anyway.' That's great information for me as I want to open accounts for mine and I was told this on the bus. Then she asked me a bit about my family. I did not have much to tell as my life seemed so dull after listening to what she had achieved and the big family she had reared so well. I said, 'You are a wonderful woman. I could never have done the things that you have done and still have such a great outlook on life.' 'Ah, she said, 'I'm sure you did your best and that's all you can do.' She wished me luck said good bye and got off the bus. I looked after her. She must have been over eighty and so full of life, looking forward to going to England in a few weeks and doing all this on her own. I hope I am like her when I am that age. When I came home I told my son that I was going to open accounts for the grandchildren in the Credit Union. He laughed and said, 'Mum you have been listening to somebody on the bus. I know that did not come up with this out of the blue be honest.' I said, 'Yes, you are right. End of conversion.' I went to bed I should have kept my mouth shut never said anything.

The next time I was on a bus there was only two empty seats. I sat beside an old man. He asked me, had I to come far to get this bus. I said no, I live quite near the stop. He said, 'I go into town every day and do you know why/' I said no and in my mind I am thinking he is going to tell me. He said, 'I live on my own and it's very lonely but on the buses everybody talks to me. Do you mind me talking to you?' I said, 'No. Sure it is by talking to other people and listening to their stories that we learn a lot.' At that point we passed a church with scaffolding all around and he said, 'See that? Well that's getting to me at the moment. At a time like this when so few people are going to mass and they are spending millions doing up all the churches and that will not bring the people back.' I said, 'No unfortunately it's very sad, and there are very few young priests now. The population of them is getting smaller. It's a pity they will not allow women become priests. I have two very holy women friends, nuns and they would make brilliant priests. The rule that priests cannot get married is also a drawback something is going to have to change.' 'I don't think it will happen in our lifetime,' he said, 'Other religions are allowed to get married and it seems to work well.' I had to agree with him. I said, 'I love Mass and I go every day. I am always asking God for something and it puts structure on my day. I have great faith. I could not live without my religion. When I was a child we spent Saturday night preparing for Sunday mass. It was lovely in our church ten o'clock was the children's Mass and the nun played the organ and we knew all the words of everything she played. We loved going to mass especially if you had a new dress or new shoes or anything new to show off. I remember a friend of mine had got new shoes and she could not wait for Sunday to wear them to mass. I must admit I was a bit envious of her and did not call for her that Sunday. I was not going to walk to mass with her and her in her new shoes. I went with my sister. When we came home from mass she still had the shoes on her and she sat on the wall swinging her legs so all the kids would say her shoes were lovely. I sat at the kerb and I never said her shoes were nice. Then I looked at her feet and the shoes were odd. I could not believe it. I ran in and told my mother. She said don't be silly go back out and play. I did and had another good look and I was right. The next day my Mother who always minded her own business but on this occasion said to her mother what I had told her, thinking she could bring the shoes back and have the mistake corrected. Well the child's mother went mad and got very upset. She said, 'That young one of yours should mind her own business.' My mother said, 'The child thought it was strange and she only told me. She did not say anything to your child. I thought I was doing you a favour. If you had not noticed for a long time then it might too late to change them. I'm so sorry I said anything. I did not mean to upset you.' 'Well then,' she said, 'did you never buy shoes there?' 'Where? my mother asked her. 'In Heathers on the quays.' 'No,' my mother said, 'I never heard of them.' 'Well,' she said, 'they are all seconds or maybe small sample sizes' That's why they are so cheap. Most time you will get a matching pair but that was the only ones they had in her size and I knew she would be so happy to get new shoes she would never notice. Thank God your child did not say it to her.' 'Oh,' my mother said. 'I am so sorry I mentioned it. Can anybody go there and buy shoes?' 'Yes of course,' she said, 'but you have to be lucky.' So then my mother went to Heathers and she was never lucky, T. G., because we all have big feet so they never had our sizes.'

Well now this old man was in knots of laughter and I had to laugh myself. He said, 'We would not have been lucky either. All of my family had big feet also.' Then he went back to talking about the churches again and he said, 'Do you know all these churches will be turned into mosques? Last year there were more baby boys born in this country to Muslim women than Irish women. Now what do you think about that?' I said I did not know that. I did not know where he got his information and I did not ask but he seemed to be very sure of his facts. He was a real gentle man and spoke lovely he was not annoyed about this. He just said, 'Ach, Ireland is not what it used to be.' Just then I got a funny feeling he was an ex-priest or somebody who had studied for the priesthood and did not make it. I could be wrong but why I got this feeling God knows. He then said, 'It could be the best country in the world only for the fools that are running it.' We both laughed and he said, 'Sure all we do is give out about them but we do not have much choice. Who would you put in their place if there was an election in the morning?' I said I have not got time to go into politics now this is my stop. I said cheers and got off the bus.

I had to stay off the buses for a few weeks. I had a real life to live and everybody is sick of me trying to get them on the buses and see the goings. My husband cannot believe the change in me and the way I love the buses so much. Well this morning he got up and said he had a pain in his chest I gave him two Rennies and the pain got worse. I waited for another hour and then I said, 'Come on we are going to the hospital. Get your coat. We are going on the bus.' We went on the bus. It only took six minutes and when we got to A&E he was seen immediately, brought to x ray, had all kinds of tests done and into a ward - no waiting around. He had a clot on his lung and was in hospital for five days. When I came home and told the family their Dad was in hospital and what happened they could not believe me. They asked if I drove to the hospital. I said no we went on the bus and they went mad. They said, 'Mum, you will have to give this up. How did he allow you to do that?' I said, 'I thought it was just wind. You know your Dad is never sick. So I just did not think.' 'You should have got an ambulance. He could have died. Poor Dad,' they said. This made me feel awful. I was so upset I really was not thinking straight. Well TG, it turned out well and he is in great health again now. I still think they don't forgive me. I know I give out about what people do on the buses but me after using it for an ambulance! I better keep my mouth shut in future. I will stay off them for a few weeks but I am missing them already. I know I will have to take a trip soon, but I will not be relating what I heard on the buses when I come home for a long time.

I took a sneaky trip into town to day and I had a great time. I met a very nice person at the bus stop. When the bus came and we got on she sat beside me. She started to tell me her life story. I could not believe the hard life she had. She was not moaning. She had a great outlook on life but was just pointing out the hard lives of all the women at that time had. She had twenty-two children, only sixteen lived. She had a great husband but he died when the baby was only six weeks old, a heart attack. I was totally shocked. She looked so young to have had had all these children. I said, 'What age were you were you got married? She said, Seventeen. We were going together since we were kids playing. He always said he was going to marry me and he did. Our parents were not happy but they knew him since he was born and were very fond of him and gave us their blessing. At that time weddings were held in the bride's house and all the neighbours helped to make the day very memorable and the party went on all night. We thought we were very lucky going to Bray for three days' honeymoon and when we got back on the following Saturday night there was another party for the cutting of the cake. They were great times and we have great memories. A year later we had our first child. In those days you got the baby christened on the way home from hospital. And the mother received a special blessing. No Christening parties then. I think my parents were still paying for the wedding. After that we had babies every year. Two sets of twins, six miscarriages and twelve perfect children single births. Both our parents were fantastic. No contraceptives at that time. I would not change a thing Enjoyed every bit of it. My next sister got married and she had no children. She was great to me as she loved kids and helped me rear mine especially after my husband died. All mine love her. They really appreciate what she did for all of them. Her husband is dead now and she is never lonely. All of mine make sure of that and she is included with all our celebrations as the second mammy. She loves this and she claims credit for how they all turned out so well. It was her upbringing.' I asked if that bothered her. 'Not at all. I know she is only joking. Maybe she is right. She did play a big part in it and I owe her a lot. I never forget how good she was and still is to all of us.' I got off that bus feeling sad that those days are gone. Nothing like that will ever happen again Now everybody goes to college. They climb business ladders, property ladders, have to be big achievers in everything and the greed is so awful. It is a real rat race and for what? Stuff. A bigger car, bigger house, Summer and Winter holidays, weekend breaks. I could go on and on but we all know things are out of hand. Children in child care for hours and then after school clubs, taken home and then it's time for bed. That's no life for the parents or the children. I think it would be a great idea to give the mammies who do not want to work outside of the home a good wage to stay at home and rear their own children. Children love their own mammies and nobody minds a child like its own mammy.

I was talking to a young lady on the bus the other day with two children and I asked her if the children were hers she said yes. I asked if she worked outside the home. She said, 'I did until a few weeks ago, then one night I said to my husband you know what? I am thinking of giving up work. He said I would love that. Can we afford it? We sat down and did our sums. We had to give up one car but with me not working we did not need two cars. Big saving there. Then only one holiday a year. No child care expense, etc, etc., and its working out great. I love being at home. I feel it's a real luxury. It's a great threat also if the kids are bold. I just say that's it I am going back to work, and they say no mammy we will be good. And they are. They love me being there with them and we have great fun doing things I never could when I was working. I was always so tired when I came home from work. Especially if the boss was in a bad mood it was a hard day. There is nothing like it. Now I don't have to care what mood anybody is in. I am my own boss and not missing the car or the second holiday, or all the other things I thought I had to have to be happy. My advice is to those young mothers that hate their jobs is to sit down do the sums and if you think you can stay at home, then do it. You will love it. I am never bored and I have made great friends now I am at the school gate and meeting other mothers in my area that I never knew before. I can attend school; meetings and chat to nice dads as well. It is a real win win situation. I was never able to have a party for my eldest child with her school friends because at the weekends I was always so tired. Last week we had the biggest party with her whole class there. It was a blast she loved it.' 'That was great, I said, 'Did you enjoy it yourselves?' 'I sure did. I never realised how important a party was for her and she never had one. That's another thing I will be able to do for them if they want it. I never thought she really wanted one. She was so good about it when I told her I was not able to let her have one. She is a great kid and from now she can have one every year until she decides she has had enough.' 'That won't be long coming,' I said, 'because their childhood passes so quickly.' 'When the rest of the class stop having them she will give up also. I don't mind how long she wants to have one now. I feel I can cope with anything. I love been a full time mammy.' I said, 'I am so glad you were able to make that decision and you are enjoying it so much.' 'I don't miss work at all. I sometimes wonder how I ever managed. Life is so much better for the whole family now. I will not go back no matter what happens.' She had reached her stop and I was so happy for meeting this girl. I wish more mothers could do the same and spent more time with their children.

A woman got on and sat beside me, saying, 'My God Mrs. I would have got my death of cold if this bus had not come. You see I have just come out of the swimming pool and I had no time to dry my hair. Most of the dryers are broken and when there are school kids there it is impossible to get one that works. I was lucky I had this scarf with me and could cover up my head. There used to be dryers for swim suits and there was a notice not to put swimming hats in, but some people did and broke them. What are we like, the Irish? We never mind what a notice tells us. That pool was beautiful completely refurbished. Lots of showers, sauna, steam room, and plenty of lifeguards. The kids press the shower button and if it does not come on immediately they go to another one, with the result a lot of showers come on at the same time and nobody in them. It's a disgrace. Some of the parents are with these children and they never correct them. It makes mad. The staff have a hard time trying to keep them in order.' 'Where is this pool?' I asked. 'Right where I got on,' she said, 'You can go any time. Its open all day even on Sunday. If you are an old age pensioner you get in free. There is a lovely gym there also and that's free.' I said, 'I would love to go there. My husband and I are good swimmers and that would be great for us. I did not know there was a pool like that there. I have not been in a pool for ages.' She said, 'if you pay €5 for a fob you can just go straight in. You don't have to queue at the counter. It's fantastic. I swim there every day. It's so good for you. I would not miss it.' I thanked her for telling me all that and said I would be there tomorrow and every day like you and enjoy every minute of it. She said, 'Goodbye, I might see you there sometime.' and got off the bus. I was so pleased with all this information I could not wait to tell my husband. He would be very pleased as he loves swimming and will come with me every day. Now he might appreciate me talking to strangers on the buses when he hears this new. That's great for me because he thinks people talk to me and tell me porky pies. That's stupid. I have never been told lies yet and why would people do that? I hope the pool is as good as this woman said or I will be in big trouble. Maybe I will do a dummy run and suss it out before I tell him.

VIII

It was a very wet Friday morning and I had to go to town. Not happy about this as on a wet day the buses are always full. People get on with umbrellas soaking and let them drip all over you. The floor of the bus gets very dangerous and you have to be very careful. That said off I went. As expected the bus was full but the driver allowed all at my stop to get on board. I got a seat from a very nice young man and sat beside a lovely lady with a child on her lap. I asked her how old he was and she said three. I then found out she was the granny. Well when he started to talk he was like a man of Ninety. He said, 'You should not put your feet on the seats, only bad people do that. You must never smoke.' 'That's right,' said granny. 'You must always let an old person sit down. You must always say thank you to the driver when you are getting off the bus.' 'That's right,' said granny. He went on and on. He knew everything you should do and not do on the buses. He had a good teacher whoever it was. I thought he was very good for his age. Then the granny said he is very good at accents also, Tell the lady what the Chinese say when you go there for a take away with chips. He said 'sore finger' in the best Chinese accent. I did not get what he saying. I thought that was very funny when the granny told me salt and vinegar. I was enjoying him when she said she was getting off. He said, 'Good bye nice lady.' and of they went. I only had to go a couple more stops and I was getting off. The next bus I was on was just crazy.

The queue was half way down the street and I thought I will never get this one. Well the driver let everybody on and the bus was packed. The biggest crowd were Italians and they wanted to pay their fares one by one and the driver got annoyed and asked the leader to pay for all of them and collect the money from them later which she did reluctantly. They all went upstairs and the noise of them was desperate. I thought they were bad until the next stop the driver allowed another lot on, this time Spanish students. The must be the most loud people in the world. They don't speak to each other they shout and pushed each other on top of people sitting down. Then they sat on the stairs. The driver stopped the bus and told them they would have to stand or get off the bus. They were going all the way to Kilmanham Jail and of course they were shouting in their own language which seems worse when you don't understand. The Italians were going to Guinness Hop Store. At least when they got off the bus was a bit quieter. I thought the driver was so good to take all these people as it was such a wet day and not one of these people thanked him when they were getting off. The bus was nearly empty now.

At the next stop a woman got on with three children. I don't know what nationality they were but I have never seen such bold children in my life. The little girls ran up the stairs but she never minded. Then they came down and stood in the space for wheel chairs and kept ringing the bell. Now the driver knew there was no wheel chair on so he ignored it for a while. Then a man told them to stop they were upsetting the driver. Then they ran up and down the lower deck and up and down the stairs again. I was afraid they would fall. The mother never minded. They got off at the next stop and then the people left on the bus said to one another 'Would you credit that? The driver should have put them off.' One woman said the driver had enough to do without having to put up with this carry on. These children were young. I hate to think what they will be like when they are older. The rest of the journey was quiet enough for a while. Then the next stop, a crowd was about to get on. I said to myself 'No I cannot take any more.' I got off and waited for the next bus. The rain had stopped by now and I hoped the next bus would not be long. I swore to myself that was the last time I would go to town on a wet Friday no matter what any of my family wanted. They can go themselves or wait until Saturday.

I met a friend on Monday and I was telling her about Friday. She said, 'Well, let's go out today on the Luas and see what's that like.' I agreed and that's what we did. I am not going to tell what happened there because it was unbelievable. I thought people got away with doing mad things on the buses, but there is a list on the Luas of do and do not's and I thought this was great. Until a man got on with a bike and that is one of the things not allowed, so much for rules being posted. What are we like, the Irish?

I was sitting on my own this morning on the bus when two ladies got on together and sat behind me. One asked the other, 'Did you hear the news this morning?

Poor Frank Kelly died.' 'Yes, I did. I am so sorry. I really loved him. I thought he was so funny.' 'My God he was great in Father Ted.' 'Yes he was but I heard him on the radio and he saying he always thought he was funny but he felt he was exploited when he was at school.' 'How so? What made him think that?' 'He said he was always made play the villain in the school play, or made sing in operas. He said it was only when he started to play the clown all life opened up for him.' 'Thank God it did because I remember him on Hall's Pictorial Weekly and he was terrific. I heard a fellow telling a story about him on the radio. He was going out to his house to interview him. He rang Frank and asked him for directions. Frank said "sure you will have no trouble finding My house, I will be standing in the front garden in my nip with *The Irish Times* sticking out of my arse.' 'Oh, that would be Frank all right. I liked him a lot and he just died so soon after Terry Wogan.' 'Ach, Terry. What an ambassador he was for Ireland.' 'Well, we both loved him. Remember the day he got married? We took the day off work to go and see him. It was in Rathmines Church and there was a big crowd there but we got a great seat. His wife, Helen, was beautiful and they were so nice smiling and waving to the crowd. We were disgusted when he went to the BBC. He was so missed he had a great sense of humour.' 'He did the right thing. He would never have got on in Irish television if he had stayed here.' 'I suppose we have to forgive him for leaving us. He was great for telling the stories about himself. One story he told was when he worked in the Bank of Ireland he used to take money from one bank to another on the bus in a bag or walk with the money. He never felt afraid or in danger. It was something he did all the time. Another time he said he was a member of a musical society and he was a soldier in a show in the Gaiety in Dublin. Him and the other soldiers were drinking in the green room and they missed their cue to go on. One soldier went on in time and he had to keep running round the back and coming out again and again. The producer went mad and came into them and said "Ah ha, drinking.' and the soldiers said yes. "So," said the producer, "you like to drink." Yes, they said. "Well now," he said, "get out all of you and don't ever come back." Terry said the producer was an Italian and you can imagine him losing it and doing this in broken English. He was roaring with laughter when he told this story to John Bowman on the radio. Whenever he was interview he never pretended to be anything other than a workingman's son. His father worked in the grocery trade in Limerick, and when they came to Dublin he became a manager and worked very hard all week. Then on a Sunday he would take him out on his bike to go fishing. By the time his father got all the gear ready it was time to go home. He told this story with great love and affection for his father. He really enjoyed his child hood years. He was a credit to this country. He was a big hit in Britain no matter what show he was on in television or radio. We were so sad when he died.' 'Yes, but we were so lucky to have known him so well.' I enjoyed these two women so much I was sorry they were getting off the bus. I would have liked to asked them how did they know Terry so well but I did not get the chance.

When I came home I was telling my husband about Terry bringing the money from one bank to another in a bag. Could you believe that? He roared laughing and said that happened in Dublin all the time. I asked him what he meant. He said, 'There was a man who worked in the GPO and every week he carried the wages from the GPO to Hammond Buildings in a bag. He had to cross the road and walk all the way. No security with him and there would have been thousands in those bags. He thought nothing of it.' I said he must be joking. He said, 'No, that's true it happened all the time. Dublin was a different place then. everybody felt safe.' I was telling a friend of mine about this and she said one time when she worked in a shop and the owner was going to a wedding, he asked if she would stay on and close the shop and take home the money. He would pay her overtime. She said yes and was thrilled until she closed the shop and she counted the money. She could not believe there was so much and he was not calling to her house for it until the next day. So she put it into a bag and stuck it into her shopping bag in the middle of a head of celery and put the bag in the basket of her bike. I asked her what she did that for and she said, "If I was attacked on the way home, I would have no money on me and who would bother to rob the shopping?" I laughed so much and said I hope you did not tell the owner when he came for the cash. She didn't and had it all sorted nicely and he was delighted with her, and was generous with the extra pay. So I said it all turned out well. Mad we are, the Irish.

The next bus I was on four very poor looking old

ladies got on. Two sat behind me. One said to the other, "Do you know Maggie I am sick of all the good people dying. Sure there won't be anyone left to give us a laugh.' 'What are you talking about?' 'Well, it's only a few weeks since Terry Wogan died and now poor Frank Kelly. I don't think there is a God at all. There is my auld fella such a bad humoured auld s**t and he is left there to plague us all.' 'Well, I told you what to do.' 'I know but it did not work.' 'Then increase the amount.' 'I can't. He is eating so many he will cop on.' 'I suppose you are right I don't know any other way except you give him powered glass.' 'Would that work?' 'I don't know. I have not tried that.' 'No, you were lucky. He did you the favour of dying before you had to.' 'Well say a few prayers and maybe he will do the same and save you the trouble.' 'What a hope I spent a fortune on bananas. How much is powered glass? Where would I get it?' 'You will have to decide yourself. I am tired telling you what to do. Just get a gun and finish him in one go. Give us all a bit of peace.' 'Where would I get a gun?' 'Oh, get off the bus. Let the F**ker live. He is so hard to get rid of.' and they got off. I thought they cannot be serious: are they saying those things? Because they have copped on that I am listening. I was telling a friend of mine and she said, 'You have no idea what some women do on their husbands.' I said, 'No. I have not but killing them? Surely that's all talk.' She said, 'Why did you not tell her that some things that can kill you are not copped in the dead body you know all the things I am talking about.' 'Well I know but not for sharing on public transport. I hope that pair were joking.'

Another day nobody was on the bus today. What's going on? I was miserable it was so silent and it felt all wrong. Then a very well dressed young man got on and sat beside me. I thought this was strange as when there is a lot of seats people usually sit in an empty one. After a while he started to talk to me. He was from New Zealand and had come here to study. He asked for directions and I knew exactly where he was going and I was able to tell him. He was only a couple of days in this country and already felt very welcome. He said he asked for directions on the day he arrived and the man he asked said if you are not in a hurry and can wait a while I will drive you there. He waited and the man drove him there. When he got out of the car the man said don't be stuck if you need a lift back. I will take you I only live here in number in sixteen. He could not believe it. I said that is what happens all the time in Ireland. 'Sure one time when I was driving with my husband around Ireland on holiday we asked for directions. The man we asked said hold on there and I will get the car and drive in front of you in case you get lost. We were delighted as it was getting dark and we might have been a long time trying to find it. We were so grateful to the man and we did not get time to thank him he blew his horn gave us a wave and he was gone. We thought this was fantastic and we had a great time on that holiday. Everywhere we went the people were so lovely.' The young man could not believe this. He then told me he had a choice of what country he could go to study and he chose Ireland. He had never been here but he heard so much about the Irish he wanted to come, and already he was feeling he had made a good decision. His parents wanted him to go to England as he had a lot of family there and he said no. His mother watched a lot of English soaps on television and he could not understand some of the things they were saying. He hated the accents anyway. I told him a lot of foreign students come here to study English. We speak it very well and we are easy to understand. He agreed with me and said he was looking forward to getting started. I wished him well with his studies and told he I hoped he would not get homesick as it was a long way back.

There was a big crowd getting on the bus today and a man sat beside me. A woman was passing my seat with a black child and the man said to her, 'I suppose he will be playing football for Dublin in a few years' time.' 'I hope,' so she said, 'and bringing in a few bob for us. That's the one thing he is great at.' Everybody who heard all this and the woman herself laughed. When I heard him pass this remark I thought the woman would be annoyed, but she was a real Dub and she said you better be joking. 'Yes,' he said, 'I am joking but if he good at the game encourage him. He could earn a fortune.' Now for this woman to take a remark like this and laugh could only happen in Ireland. Then the woman behind me said to her friend, 'He was lucky she took that remark so well. Wait till I tell you what happened to our Kathleen last week. Herself and a few friends were meeting after work for a few drinks, and of course they missed the last bus. Her dad always tells her to ring him no matter what time it is and he will collect them. One of the girls said don't ring; sure they would get a taxi. So they went for a taxi and the driver had a turban on his head. One of her friends said you must have washed your hair and they roared laughing. He did not think that was a bit funny and he drove to the police station. He locked the doors and went inside. They waited not knowing what he was doing. When he came flying out and told them to get out and he drove like a mad man. A very nice Garda came out and told them he came in to report you lot and when he asked him where were they were, he said locked in the car. The Garda said he would have to arrest him for kidnapping. See how quickly he let them out. Then he told them to wait for a while there would be a car in shortly and he will take you home. My Kathleen said, "My Da better not see me getting out of a cop's car. I will never be allowed out again." "You can get out with me and run to your own house." "OK." she said. They were falling around laughing. A car came in and the Guards brought them home. They thought this was so funny and their trip home cost nothing they were delighted. Nobody has seen that taxi driver since. He has either taking off his head gear or given up driving a taxi. If he still out there he will have to learn the Irish humour and not be so easy upset.' I thought this was a great story and I tell everybody. If you see this driver don't pass a comment on him be warned.

The next time I was on a bus, a group of women got on. They were going to the railway station to take a train to any part of the country. Whatever train was going next, that's where they would go. The travel pass was great and now that they were all widowed they could go where ever they liked. One said, 'We really should look up the timetable and know where we are going, so we would not have to wait round until the train is going. We always know when the train is going to Belfast and I find that's better than just taking a chance and going to the same place a lot of the time.' 'Ah, sure that's part of the fun. I told my daughter one day we were going to Galway. When we got on the Galway train all the seats were booked. We were sitting in seats booked by Americans and they said don't get up we will stand. We said - are you mad? You have paid for these seats and we can go somewhere else. We are only out for the day and it does not matter where we go. They looked at us as if we had four heads. We just smiled at them and got off the train. The next train was going to Cork and we went on that. It was a beautiful day. When we got there we saw a train in the station going to Cove and we went on that. We had a great day there. There was a big cruise liner there and the town was very busy. We left after a few hours and got the train home. One the way back we got talking to Americans who were here on holiday. We were telling them about the pass and the great time we were having using it. They thought we were great and all the Irish they had met. They had a fantastic holiday but they thought Ireland was very expensive. We agreed with them and said we hoped that would not put them off coming again. They said it would be a long time if ever they came again as they could go to Cuba be more sure of the weather and it was very cheap. They said they were not lucky this time as the Dollar was not good against the Euro. They did not do their homework very well and even since they came it had got worse. We said that was awful but it was only money and they had such a good time it was worth it. I don't think that went down very well. They think a lot more about the value of money than we do. When the tea lady came round we bought them a drink and that cheered them up. They said they had to get the LUAS when they came to Dublin. We said stay with us as with our pass we can take someone with us and it would cost them nothing. They were thrilled with this and that's what we did. I think we were a great advertisement for our country that day. I think they will talk about this whenever they mention being on holiday in Ireland and that's all good and we enjoyed their company. They were surprised that all of us had been to America more than once and of course we coloured the truth and said we loved it. That was a big lie. We were all home sick there and thought we would never get home. No place like Ireland. We love being Irish.

IX

One day I was on a bus route that I was never been on before. I was enjoying looking out the window when a lady sat beside me and started to tell me her life story. It was so miserable I did not want to hear any more. Most times I would get off and wait for the next bus. Not today. I had planned this journey for ages and I was staying put. She got off after a few stops and I was glad. At the local school a huge amount of girls with a couple of teachers got on. The majority of them went upstairs and there was not a sound from them. The few that stayed down were talking to each other very quietly. As this area would be classed as not the best I was surprised at the manners of this big group. When they were getting off every one of them thanked the driver and he told them to enjoy their day. The lady sitting opposite me said, 'I have never seen such a nice lot of young girls, so well behaved.' And I had to agree with her. Their uniforms were so clean, neat, and tidy they seemed to have pride in how they looked. I don't know whether it was the school or the parents who were responsible for this but they were a credit to their neighbourhood. Well done girls, you made my day. It was such a change from some of the schools I have been on the buses with.

The next bus I was on I had to sit beside a woman as there was no free seats. She was lovely and I started talking to her. She told me it was her first time on the bus using her pass. 'How long have you got it?' I asked. 'A long time. I never felt I had any need for it until now. I cannot drive at the moment and I am fed up depending on friends and family to take me everywhere. So I decided to take the bus. I don't know how I remembered the pass. When I did, I said to myself here goes. So here I am.' 'Now you have met me and I am talking to you. So will most people. You will never be lonely on the buses. Now that you have started to use the buses keep it up. I use them every day even for short journeys.' 'Do you really?' 'I love them: they have changed my life. I have met lovely people and got so much information from them it is amazing. I am telling you. What people do and say on the buses would never happen in any other country. The pass is the best thing I have ever got in my life for free. I keep telling everyone.' She said, 'I cannot believe I have met you, and when you started to talk to me I thought you had mistaken me someone you knew.' 'That's exactly what happened to me the first time I used mine. I've gotten so used to it now, I am the one that starts to talk to anyone who sits beside me, or I sit beside. I am shocked at myself. Not only that, I have started talking to people at the bus stop also now. If there is a few buses that stop at the same stop, it's great to be able to ask the young people when the next bus that you are waiting for is coming. They are always delighted to tell you because there is a number on the bus stop, from which they can check on their phones and find out the time. If the bus you want is not coming for a long time you can take the next bus and so on. I don't know how they do it and I don't want to know. My phone is so old I could not do it. Any way I like talking to the young people they are so nice and helpful. Well,' I said, 'I will be getting off soon and I hope I see you again on the buses. If you have friends that have the pass and don't use it tell them they are very foolish as all human life is out there and they will love it. Not only the buses but the trains and the LUAS. It's a great time to be a senior in this country. We have it made, so enjoy it.' I said cheers to her and got off.

I had no reason to go to town this day, and I had made up my mind not to. After a while I said to myself - what am I doing staying home? So off I went. When the bus came, I was just about to get on, when the driver told me to hold on. I did not see a wheel chair and I wondered what he was on about. Then I saw the bus lowering and a grumpy woman getting off and she nearly hit me with her handbag. She was so angry. Maybe she was in pain. I don't know. I said sorry to her and she did not answer me. She did not thank the driver either. I said to the driver that I did not know the bus could that. He said this is a kneeling bus. Did I not see the sign on the side? I said no but that's a great idea. Now Thank God I can get on and off the buses with no bother but for people who cannot I think it's fantastic. When I got to town I walked up Grafton Street looking in shop windows and then I went into McDonalds. I just had a big milkshake. I sat in the window to people watch. Then a car along. A man got out with a big machine and he started to wash the street. I had never seen this done before and I was fascinated watching him. He noticed me and I think he was putting on a show for me. He took ages and then he gave me a big smile and moved on. He must have thought - what's she like getting such pleasure out of watching a man doing his work? I finished my shake and went for the next bus.

Not long to wait. A group of teenage girls came along. I could not make out whether they were joking or serious as the things they were saying were outrageous. 'Andrea,' called one them, 'did you hear what she said about your mother?' 'No, I did not. What did she say?' 'She said your mother is a stupid slapper.' 'Well, I don't mind her calling her a slapper but my mother is not stupid.' 'No, you said that wrong. It should be you don't mind her saying your mother is not a slapper but she is stupid.' 'Well, whatever. Who cares what that f**k says anyway?' 'I would if it was my mother she was talking about.' 'Go on then, Rachel. Tell her what she said about her mother.' I thought what a conversation from such beautiful looking girls. Are they for real? They could have so much going for them instead of all this stupid talk.

My bus came and they did not get on it, I was so pleased. A lovely woman sat beside me and she said, 'Isn't it very cold?' I said yes and then she told me she had just taken in the washing, a lot of towels which are hard to dry especially in this weather. 'If you leave them out when the drying is no good they only get dirty. Once you get the smell of the air off them, its OK to finish them off in the house.' She told me she dries them on the horse in front of the radiator. She said if the weather was better the next day, she would do a dark wash slacks and the like. She said she used to love washing when she had young children and babies. There was nothing so lovely as a line of white nappies blowing in the wind. 'No such thing nowadays misses. With throwaway everything its awful. It's all down to the women having to work outside the home. That was one of the biggest mistakes, the women made putting their names on the mortgage to buy a house. Sure all that did was to double the price of houses and the builders made all the money. When I got married, you could only put the man's wages on for the loan and I could give up work stay at home. Being a mother is the hardest job in the world. I don't know how the young can do it. I feel so sorry for them.' She said all this in the space of two bus stops. I thought she was so sensible. She said, 'It was nice talking to you, Mrs.' I said, 'nice talking to you.' She said cheers and got off the bus.

I was meeting a friend in Blackrock one time as we had not seen each other for ages. I was on the bus a while before anybody sat beside me. Then a very nice man got on and he gave me a big smile and sat beside me. He asked how I was and now I am thinking here we go he is mistaking me for somebody else so I said nothing. I don't mind when people do this as I have often done it myself. Then he mentioned a person I knew and now I am trying to put him in a place where he might know me from. I try not to stare at him, and listen to his accent no nothing coming. Then he said It was very sad about T.K. dying. Now I have a clue but still I do not recognise him. I said yes he was a lovely man and very intelligent. He said, 'I still can see you with him on the sports day trying to run in the three-legged race. I thought you would kill the man. He did not mind. Sure we were last. I know but he was a great sport to do it in the first place. Some of the staff were not very pleased with me for doing that and said to me later on in the day you should not have done that to the governor. Sour grapes he said none of them would have had the nerve to do it.' 'Ah,' I said, 'that's a long time ago sure all that staff would be long gone by now.' Then he asked, 'What are you doing with yourself now?' 'Well, I said, 'I have just got my bus pass and I am never off the buses.' 'Really?' he said, 'Have you stopped driving?' 'No,' I said, 'but I do very little now. Life on the buses is wonderful.' 'What do you mean?' I said, 'It's so easy to get around, with bus lanes, electronic time tables, and all the stops being numbered. You can find out what time the bus is due at any particular stop.' 'Oh,' he said, 'I did not know that.' 'Yes,' I said, 'we never had it so good.' 'Well, I cannot believe that you of all people who loved your car.' 'I know,' I said, 'everybody thinks I am mad. But it is great. He said he never used his since he got it. He would not like anyone to know he was over sixty-six. I said, 'Don't be silly. Some people have them who are not that age.' 'I don't use the bus very often anyway I just had to today.' I still don't know who I am talking to but if he knows I loved my car he must know me well. I said I was getting off at the next stop. He said it was lovely meeting you after such a long time. Look after yourself and enjoy your retirement. I thanked him and to this day I do not know who was talking to me. I should have asked him early on but I let it gone so far I it was too late. He was happy about meeting me so no harm was done but I would love to know who he was.

On the way home I sat beside a woman with a bag on her lap and I could see the box in the bag had pansies all over it. I said to her that they are my favourite flowers. She said mine also. She told me it was a china tea set she had just bought in Blackrock and would I like to see it? I said, 'No, don't open it but I am getting off this bus and going back there and getting a set.' She said they had plenty and I could get them another time. 'No,' I said, 'if I don't do it now I will never do it.' I thanked her and got off the bus. When I got back to the shop they only had one set left and I was delighted to get them. I had to wait a while for the next bus but I did not mind I was happy with my purchases. Only for that lady on the bus I would never have got this lovely tea set. It really does pay to speak to people on the bus. I find most people are very helpful and only glad to pass on information. I very seldom meet anybody who is not nice and I always try to be nice to those who speak to me. I am a people person which I did not realise until I started going on the buses. I hope I will be on them for years to come I am having a great time.

I saw a lovely thing happen on the bus the next time I went out. A young girl in a wheelchair got on, and a lovely person with her. She was showing her how to manage the wheelchair. I was surprised at this until she turned round and she had a sign on her jacket "Dublin Bus passenger service". I never knew we had such a service. She showed her how to turn it round and put the break on. Then she showed her how to turn it back and how to get off. I thought this was fantastic. They only stayed on for a couple of stops and when they got off they waited for another bus. I suppose to give her a chance to do it all again. Where in the world would you get a service like this? We are so lucky. Now I am thinking I will be able to go out on a bus even in a wheelchair (which I hope I never am) if this is the way they teach you to use them. Well done Dublin Bus. While I am praising the company, I have to say all the good things I saw happen on the buses one day. Myself was the first thing. I was a good bit away from the stop when the bus came. I was going to run then I thought no its far away and I am not in a hurry. The driver kept the bus at the stop until I got there. I was so thankful. At the next stop he waited for a man on a walking stick who was very slow. He sat beside me and he said that was very nice of him. I said he waited for me also. At the next stop a girl was running and he waited for her. She thanked him and asked if he could hold on for another second as there is an old man coming also. He did wait and everybody on the bus said he was very kind. All the elderly are very thankful when they don't have to wait for the next bus. I have seen this happen so many times on this bus route and other routes as well. The drivers are very kind. and I say a big thank you keep up the good work.

One of my friends who never travels on the bus had to one week and she could not believe what happened to her. A fellow and a girl got on together and the fellow sat beside her. He said hello what are you doing on the bus. Where do you live. She said – Templeogue. Why do you ask? 'Well, at least,' he said, 'you answered me. Not like the crowd from Rathfarnham who have their heads stuck up their you know where and think they are somebody and would not talk to the likes of me.' She was getting off then and was glad that she was as she was afraid of what this guy might say next. She rang me and told me what happened and she was not happy. She said she could not believe she told him where she lived and why she was on the bus. She got such a shock when he spoke to her she just told him without thinking. 'Why?' I said, 'What did you think he was going to do?' I told her he was only looking for someone to talk to. I bet he would have been very interesting if she had given him a chance. Well she said I will not be on the buses again. If I have to go without my car I will take a taxi or ring one of the family to come and collect me. 'My God,' I said, 'you should hear the things I hear people being asked on the bus by strangers. That was mild. One day I heard a man asking a woman was she married, had she children, where her husband worked, did she work herself and had she had any of the children before she was married. I thought to myself any minute now she will tell him to mind his own business, but no, she answered everything he asked. Now she could have been telling him porky pies for all I know. Then he got up to leave and said to her it was nice talking to you; have a great day. She said you too and off he went. I think he just wanted information so he could tell everybody about the lovely lady he talked to on the bus.

I was only on the bus for a few minutes one time when it stopped outside some shops. A man came running out from the hardware shop and he was in fits of laughter. When he got on the bus he started to tell the driver what he was laughing at. I could not hear him so I hoped he would sit beside me and I would ask him what he was laughing at. Well he did sit beside me and I said to him that that seemed to be a great story he was telling the driver. 'You won't believe it. I just went in there for a few nails and a woman came in and she said, "Ah Jonny, what did I come in for? He said, "I don't know. I cannot look in my crystal ball. I let it fall coming down the stairs this morning, and I broke it." "Ah, get outa that with you. I know what it was pegs." He said, "how could you forget pegs? Sure you are always buying them. What do you be doing with them." "Now that would be telling you." He said, "I never heard anything like it." I was afraid I might hear what she wanted the pegs for so I ran out for the bus.' I said, 'that's the great thing about local shops. Some of the women that buy there are so funny.' He said, 'I will come there again. I really enjoyed the banter between them. It could only happen in Ireland.'

The next bus I was on two girls got on and sat behind me. One said to the other, 'Did you see those two awful looking ones that came into the shop today?' 'No,' said her friend. 'Well one of them asked for a nail scissors and I thought she was going to buy it. She cut her nails there and asked if we had any nail files. I said yes but you have to buy the packet. I was getting afraid of her and I was going to give in to her and pay for the packet myself to get her out of the shop. But then I got brave and said again - no you will have to buy the packet. She kept standing there looking at me saying thing just the one. I said no we are not allowed to open packs sorry. Then she put the nail scissors down and walked out. I looked after them. I thought - did that just happen? What could I have done?' 'I don't know.' 'Well, I swept the floor.' I thought this really could only happen in Ireland. I turned round and asked them where they worked as I never want to buy a nail scissors in that shop. They just laughed but they did not tell me where they worked. I was telling a friend who works in a shop and she said you have no idea what people do in shops. 'What do they do?' I asked but she said you are better off not knowing.

A few weeks after that I was in town and I got a desperate pain in my back. I could not walk. I was about to ring home and get someone to collect me when I looked up and there was a chemist shop. I hopped along to it and asked the chemist if there was anything I could take as my back, which I do not suffer with, had just started to pain me desperately. He sat me down and said, 'What do you usually take?' I said I never take anything this had never happened before. He said the quickest thing that works is Solpadine. He put two in a glass of water and said to wait until they stop fizzing and then drink them. I did and he said to sit for a while. If you are not used to taking anything they will kick in soon. I felt awful sitting there as the shop was quite busy and I was in the way. The chemist was so nice he kept asking if I was feeling better and in no time I was it was like magic. I got up to go and he offered me a coffee or tea and gave me the rest of the packet to take home. He would not take the money. I was so embarrassed. But he did himself a favour because I have gone back there many times to buy things and I never noticed that shop there before. I would never have thought of doing this only for those girls in the bus.

Two beautiful well-dressed girls got on the bus today. They sat behind me and of course I listened to their conversion. They were discussing what they did for the homeless, and the way they did the soup runs. I could not hear how many nights they did each but they were very kind and dedicated to the work. The way they spoke about the people they gave soup to and the feelings they had for them. One said, 'I love the work but I am getting very annoyed with the way they are leaving the sleeping bags. Walking away leaving them in the street where they slept instead of taking them with them. Then we have to give them another one the next night. That's not fair. We may not have enough and somebody who would appreciate one may not get one.' 'I know. It bothers me too and it's always the same guys. I do lose heart sometimes. Then I know I have been doing it for so long I feel I cannot give up. It is getting very bad and the people seem to be getting younger' God help them. It must be the worst thing in the world that can happen to anybody.' 'I know. We should have taken up some other kind of voluntary work that would not be so upsetting. Like my Mum when she was young, her and all her friends did voluntary work in Our Lady's Hospital every Saturday for years. They attended lectures for months and had great training. When they got their certificates for nursing they were thrilled. They did this work until they got married. Some of the girls got so involved with the children's parents that they kept in touch with them for years. One little girl was so sick and in hospital for a long time was so loved by the Saturday girls that they ended up visiting her in her home after she was better. The mother was a widow and they stayed friends for years. A lot of the girls were members of The Knights of Malta and they loved this work. None of them became nurses.

'In The Knights of Malta, First Aid was what they did. But the work varied from going to football matches, cinema, and driving people to mass on Sunday. The Order used to run dances in headquarters once a month. All the gang loved these dances because they would get a lift home in an ambulance. None of them had a car in those days and they could not afford a taxi. My Mum was not in the Order but she was so often with them, that she knew as much about First Aid as they did. So one night a girl had to go on duty in the cinema but as she could not go my Mum offered to go in her place. Because they had been going to the cinema for over twenty years and nothing ever happened. The girl allowed her to take her place. They put her in a uniform and off she went delighted with herself. Because the film was *The Seven Wonders of the World* and my Mum was really wanted to see it. She was enjoying it when a well-known Irish T.V. personality came in with a well-known model. The excitement of the cinema staff when they saw them. One of the girls came running down the steps of the balcony and she fell. My Mum jumped up to help and asked where are you hurt. The girl said my ankle and my Mum started to bandage her when the girl said it's the other ankle. My Mum nearly died. Then one of the Staff said we will call an ambulance which they did and off she went.

My Mum should have gone with her but because nothing like this had ever happened in all the years the girls were doing cinema duty nobody told her. So she sat down and watched the film. When she came home and rang one of the girls she did not believe her and said, no way you are making that up go to bed and don't be annoying me. The next day that girl was talking to a friend whom had been at the cinema and she said it was true. The girl nearly died she rang my Mum and told her she had heard it was true. My Mum said how could I make that up? Well, the girl said, I just could not believe it sorry. Needless to say they never sent her on duty again.' I was enjoying these stories when the girls got off the bus. It was the best listening I had done in a long time I was dying to get home to tell these stories.

I planned my next outing on a bus and was taking a friend of mine that hates public transport and would never travel on it. I had been telling her about the things that happen so she agreed to come. When the bus came to our stop and before we could get on, six couples and a baby got off. I said Thank God to myself they were not staying on. I knew by her face she was not very happy but she got on anyway. I don't know whether it was the bus or the driver that was at fault but he drove that bus like a mad man. She said she had to get off, she was going to be sick. We got off at the next stop and I asked what happened. 'Well,' she said, 'I only came with you because of all the good things you told me happen on the bus. My God you put your life in their hands so often. Now I think you really are mad. I never experienced anything like that in my life. I am getting a taxi home.

Never ask me to do that again.' There was no way I could talk her out of going home, so she called a taxi and home we went. When I told my family they said it served me right. 'Why do you think everybody wants to listen to other peoples' conversions? Some people would find it stupid.' I said that she did not give it a chance. The crowed getting off I think frightened her and she was determent to find fault. She ruined my day. I will never ask anyone to come again.

A nice thing happened at the bus stop another time. A foreign lady asked me what Bus I was waiting for. I told her and she did something on her phone and then said to me your bus will be along in four mine will be one minute. I thanked her. Her bus came and off she went. My bus did come in four minutes. I sat beside a really old lady and she started talking to me. She told me she was ninety-two. I did not believe her. She would have passed for eighty. She was so interesting and up to date with everything. She had learned computers and loved them. She was able to check her bank balance book a flight. Not with Ryanair; they were so annoying. She only wanted a flight but this business asking do you want to hire a car, bring a case, etc. and by the time you ticked all the boxes the price has gone up. I said, 'You are fantastic. I am a lot younger than you and I would not touch a computer.' Then she said, 'You will be left behind. You have to learn. You cannot be asking other people to do it for you. People have enough to do keeping up themselves.' I thought to myself - I don't need this and I got off the bus. At the next stop another foreign lady started talking to me. She asked me if the timetable was correct. I looked at my watch and I said it was. She then told me where she had been and where she was going. I was delighted: two foreign people talking to me on the same day. Now that's a big change. My bus came and I said nice talking to you I hope your bus is on time. She thanked me and when I was on the bus she waved to me. I was so pleased with myself that these women felt comfortable enough to talk to a stranger. I think the Irish way is starting to rub off and that's a really good thing. At the next stop a couple with two teenagers got on. They took out a map and showed the driver where they wanted to go. They spent a short time talking and looking then they had to search for change for the fares. Them another couple came running and the driver opened the door and let them on. A woman near me said out loud, 'Is this bus ever going to get moving? These people are here on holiday. I have to go to work.' I was feeling sorry for her. I remembered when I used the buses for work and you would be counting every second. Then we arrived at Guinness Hop Store and all these people got off.

Then a filthy old man starting messing: standing up and sitting down but not getting off. The woman seemed to know him. She said that he was always like this, pretending to be drunk. Looking for notice, he should be banned from the buses altogether. Visitors laugh at him and he loves that. It is not funny for people who have to go to work. The driver told him to get off or to sit down. He got off then and when the driver closed the door he kicked it a few times. I thought if the driver stops this bus again this woman will have a heart attack. Thank God he did not stop again and the woman got off two stops later. Peace at last. I hate when anything like this happens. I got where I was going and was happy to be off that bus.

The next time I went for a bus I was the only one at the stop. A lady passed by me, smiled and said it's very cold. I smiled at her and agreed but I did not think it was cold. I was happy enough sitting there I could not care less when the bus came. I am retired and I have plenty of time. The same lady passing on her way back said, 'Ach, Mrs, are you still waiting? Has the bus not come yet?' I said no but I don't mind waiting. 'Which way are you going?' I told her and she said, 'That's a pity. I have to go to work and it's in the other direction; only for that I would take in my car.' I said, 'Not at all. The bus will be here soon. I am not in a hurry.' 'That's awful,' she said. 'No,' I said, 'I don't mind, really.' Then I saw the bus coming and I said, 'Here it is now'. 'That's great,' she said and went to her car. I got on the bus and she was still standing at the door of the car making sure I got on and I was all right. She waved to me and she looked more pleased than I was that the bus had come. I waved back and I thought this was so nice of her, a stranger getting so upset that my bus had not come. Now this could only happen in Ireland.

I had a lovely time on the bus today. A big group of school teens got on and a very nice guy sat beside me. He said hello which surprised me. I asked him what school he was from and what year he was in. He said Saint McDara's. I asked if he was going to do transition year. He said most likely as it was a great chance to help make up his mind as to what he might decide to do. I told him to follow his dreams and never let money stand in the way of whatever he wanted to do. He said he would never let money stop him from doing what he wanted. I thought he was a credit to his parents. He was so sensible and so polite. I told him that Richard Branson started out with very little and that he is dyslectic and look where he is now. He said he did not know that. You learn something every day. Then his friend sitting in front turned round and starting talking to me. I had a nice conversation with him and then it was time for them to get off. They said, 'Goodbye. It was nice talking to you.' and I said, 'It was lovely talking to you too.' I wished them luck in their studies and I hoped they would achieve their dreams. They thanked me got off the bus and as the bus passed they waved to me. I was taken aback at the way they had spoken to me. It was a big surprise to see these teens take such an interest in a woman my age. Not only the two boys that spoke to me but all of them were so well behaved. I do not know this school but these boys were a treat to meet and a credit to their teachers. They can be very proud of them. It was such a change from the usual teens. The minute they get on a bus they take out their phones and their heads are bent for the whole journey. Or they spend their time pushing each other round and making people near them very uncomfortable. I find a lot of the time the most of them go upstairs and sometimes the carry-on of them is awful. But all of these boys stayed down stairs They were so well behaved. I said to myself, 'I am going into that school and telling the head teacher how lovely the boys were and the school should be so proud of them.' It is not often something like this happens and praise should be given where praised is due. Well done boys keep up the good work. You made an older person very happy that day.

The next bus I was on I was sitting on my own. I looked out the window and there was a big group in the grounds of Pearce College on one side of the road and on the other side in the grounds of the Marist Convent. People dressed up in costumes and flags flying. As I was not in a hurry, I decided to get off the bus and see what was going on. I asked one of the dressed-up fellows what was going on. He said they were celebrating 1916. 'Oh,' I said, 'what exactly are you doing?' He said that at one o'clock a lovely girl would read the Proclamation and they would raise the flag. I asked if I could stay and he said of course I could, and while I was waiting I could go inside and have some nice Dublin coddle. I went inside and the coddle was all gone. I was sorry I missed it as those that got it said it was very nice. I was told to go over to the college and have some Irish stew. I did that and it was delicious. Then I met some people I knew and we went for tea and biscuits and had a great chat. Then there were little talks about the Patriots and that was very interesting. They gave us newspapers about the time of the raising. Then some people who went to the college over fifty years ago went into their old class rooms and tried to fit into the desks. That was impossible as they were far too big. But that gave us a good laugh. I really enjoyed myself. All this was so unexpected. You never know what you see going on and

I would never have only for the bus pass.

The next bus I was on there was a group of women and they were going to Kerry for five days with the club. They were all bringing their dancing shoes. I thought this was a joke, no they were serious. One shouted to another, 'Did you get your new dancing shoes yet?' 'No. I am going for them today.' 'What's the name of that shop again?' 'I told you so many times-Dance World. It's in Parnell Street. If you get off this now, you will see it just there at the corner.' 'That's great. I'll do that now.' and off she went. 'I'm glad she went for them on her own. I did not want to go with her. I had a hard enough time getting my own. Fool I was I let the auld fella come with me. When we were going for the bus we met an neighbour and he told her we were going for dance shoes for me as I had got a place in the Billy Barry school of Dancing. She looked at me as if I had two heads. I had to tell her he was only joking. He made a show of me, trying to be funny.' 'Oh, that's him alright,' said another woman.' Then a women said, 'are you coming with us now? We are going to Penny's for swim suits.' I looked at the size of them: there is no way girls Penny's will have swim suits to fit any of you. I thought they must be joking going to Kerry this time of the year and buying swim suits. Then one said, 'It is the only time I go for a swim and the pool in this hotel is always lovely and warm, and I love the sauna.' 'Me too,' said another one, 'I love these few days away with just women. We can really enjoy ourselves and not have to give accounts of our movements. We will have a great time.' Then they all got off the bus. All the woman seem to be in clubs that go nice places. Good luck to them.

X

I have been saying the things that happen on the bus would never happen in any other country. Well today took the biscuit. A man got on with a - wait for it - a shower door. I could not believe it. How could the driver allow this? I said to the woman beside me, 'Look what he is taken on the bus.' She said nothing surprised her, but that is a bit much. I said, 'A few weeks ago a man got on with a square of glass. I say it was about 12ft by 12ft with no cover of any kind on it. I said to him as he passed me that it was very dangerous. If the bus crashed we would not stand a chance if that broke all over us. He said, 'I am only going a few stops.' He was not. He was on the bus for more than a few stops. I was annoyed about this so after what he called a few stops I got off and waited for the next one.

This was very funny a real Dublin woman got on and saw a friend of hers and she said, 'Is that yourself. I have not seen you for ages. Where have you been hiding?' I could not hear the answers but I felt like saying no it's somebody else. Then she asked about her daughter and how many babbies she had now. I could not hear the answer. 'That's not on these days. Could she not get him to tie a knot in it?' I did not hear the answer. Did she never use the pill? Not like us. We had no pill and we were very thick. We thought just by been kissed we could get pregnant. Not like the young one's nowadays. They have it made. Staying single and having all the babbies they want without the bother of a man. We were terrible foolish getting married. Sure then we were stuck with the one man for life. Take that yoke I married he was a awful man and all I put up with from him. I can tell you it would not happen now a days. If I went home and told my mother what he was like I know what she would say that it was time for me to get off. I got the impression she was not very fond of men.

I know I have been saying the things that happen on the bus could only happen in Ireland. Well, this was never more true than this day. A man got on with a coffee table and he sat on the back with the table on the window seat. Nobody was going to get that seat. I thought how selfish is that. At the next stop the bus filled up and there were people standing but he never moved the table or stood up himself, and nobody asked him to. I thought to myself - now I have seen everything. What else can people bring on the bus? I was so wrong. At the next stop a girl got on with a pole-vaulting pole under her arm. She asked the driver something and then she got off and stayed standing at the stop. She must have asked if this was the bus she wanted and it was not. So she must have waited for the one that was. I was sorry she did not get my bus because I wondered where was she going to fit this. I cannot for the life of me think where. She could not put it along the isle somebody might fall over it. She could not stand it up it would be so high. I would love somebody to tell me where. I have asked so many people and nobody has any answers. Another thing I notice lately is people are sitting on the outside seat and putting their bags on the inside seat. When people get on and look round and they think there is no empty seats. What's that about? I saw a woman yesterday tell a young girl to take her bag down, and give her the seat. She was not a bit pleased but she took it down. She went to move in and the woman said, 'No, I want to sit on the inside. You were sitting on the outside, so now stay there.' She did give her the inside seat and I said to myself, that will make you think before you do that again. Needless to say this girl was not Irish and I was so pleased to see a Dubliner put her in her place. If I see this happen and I need a seat, I will do the same.

I did not have to wait to get the bus one day to have fun. It started at the bus stop. When I arrived a Dublin man was talking to two Asian women. He was telling them to get the number Forty bus, that would take them to the jail and when they came out to walk a few minutes to the biggest park in Europe. There is a beautiful ladies garden. And a zoo there now. He said, 'Don't pay into the zoo. You can see all the animals from the outside, and there is a restaurant there and you could have a coffee.' Then he asked if they had change for the bus as the driver cannot take notes. They searched in their pockets and they had enough. He then said that you could get a leap ticket or a day ticket. It would be much cheaper. They asked how much it was and he did not know as he was an old age pensioner and could go free. Then they said they were hiring a car in two days and going South and West. That will be lovely he told them, but keep to the main roads as the country roads were very narrow and dangerous. 'Mind,' he said, 'when you spend money that you get the right change. They are terrible down there for robbing tourists. They would take the eye out of your head.' And then I turned round and said, 'And come back for the lashes.' The two of them laughed so much as I tried to explain. I knew they did not understand but they thought it was so funny. The number Forty came and they said thank you for all the information and advice and they got on the bus still laughing. What am I like turning round and talking to them when it was none of my business? The man was doing fine without my help. My bus came next and I left him sitting on the wall.

On my bus only a couple of people. Then two women got on. One of them was knitting at the stop and continued when she got on the bus. A couple of stops later, three bus inspectors got on. The woman knitting said, 'You never see an inspector on this bus and here they are three of them. They must be the Three Amigos, or the three Musketeers. Look at them in their short sleeve shirt shirts.' They laughed and a man complained about the tour buses being in the way at his stop. It was stupid having them there in Dame Street, where so many buses stop. His bus only comes every hour and the day before he missed it because of the tour buses. The inspector said he would make a note of that. Then he asked the woman if she was knitting a jumper she said no this is a blanket. Then they got off. The woman that had said nothing got off, and the knitting woman stayed on. She shouted over to me who was three seats in front of her and on the other side of the aisle, 'That was my sister. It was a good job she was still on the bus when they came on. I would have been in trouble.' I did not know what her meaning was and I did not ask. She then told me she had a twenty-one-year old son and he would be working soon and giving her a few bob. I said, 'You will be lucky. Young people nowadays don't do that.' 'Well, he will I can tell you. If he does not he will be getting the push.' Then she got off the bus and the rest of the journey was very quiet. Enough for one day. I did enjoy it. Sure it could only happen in Ireland. I sometimes take the bus for the last two stops before the terminus. This morning the driver said this is the last stop. I said, 'No it is not. When you turn the corner, it is the last stop.' He said, 'Well, today it is. I am going right and you have to get off.' I knew he was not going right but I got off and he did not turn right. He was not nice to do this. He will not be getting any sweets from me ever.

Once I was in town with my sister and she said, 'Look. There is a bus going to IKEA. Will we take it?' 'Well,' I said, 'you know me, I am claustrophobic and you know I am not in the business of going to any of these places. I hate shopping.' 'Ah, come on,' she said, 'let's just see what it is like. Just to have it to say we have been there. We will not buy anything.' I agreed and we got the bus and off we went. We sat together, so did not notice anything unusual. When we got to IKEA the first thing we did was have a coffee I did enjoy that. I thought the facilities for people with children was wonderful. I wanted to leave then but of course my sister said, 'Let's just look around and then we will go. We might see something you like and want to buy it.' We walked round a bit and I could not see a way out. I started to panic. She said, 'Hold on a minute. We will get out. Don't worry.' We started to walk back the way we came and discovered that was not the way. You have to keep going forward. I grabbed a guy that worked there and said, 'You have to take us out.' He started to direct us but I said, 'No, you have to take us out.' I would not let go his arm. He realised that this was a mad woman and he brought us out. I said sorry to him he was so nice and I let go his arm. He vanished as quickly as he could and my sister was very annoyed with me. She said that we would have found our way out if I had not been so stupid. I said, 'Are you for real? He nearly got lost himself and he works here. What chance did we have? I will never be there again, even if they are giving everything in the store away for nothing.' We nearly fell out about but then she admitted she was a bit scared herself. We crossed the street and had a coffee in a cafe where we could see the street and I felt a bit better. We got the next bus and we laughed about our experience but it was really frightening at the time. Then I told her about my experience years ago and she said, 'You never told me that. Well, it was something I was not proud of. I told her the one and only time I went to a sale in a shop in Henry Street and I was crushed up against the counter and the girl serving me was pushed to the wall. She had to shout for help and the manager came and had to stop the sale and take me out. I will never forget it. He sat me down for a while then I said I was OK and left with nothing. 'Then I understand,' she said.

Three lady's got on the bus this day. They were

coming from bingo. I could not believe what they were saying. One said, 'Well, none of us had any luck today, and as for the raffle well what would you expect? I told Mary to buy the tickets from Willie and get yellow ones; they always win. What does she do? She buys them from Jim and buys white. His never win. When I buy them I always buy them from Willie and at least one of us usually wins.' 'Stop giving out, Sheila. It's coming near Christmas and have a bit of sympathy for Mary. She does her best.' 'That's just it. Her best is not good enough.' 'Then you buy them the next time and don't ask Mary.' I thought - could they be for real, thinking that who sold them the tickets had an influence on who won? I was sorry I had reached my stop. I had to get off, only for that I would have stayed on to hear the rest of their conversation.

A few days after that my husband said to me, 'The next time you are going on a bus I am coming with you.' I said, 'Why?' 'Ah,' he said, 'I think we have been giving you a hard time and now you say very little about what's going on.' I said, 'Where do you want to go?' 'It does not matter, just for a drive anywhere.' I said, 'OK, we will go tomorrow.' Next day we headed for the bus stop and we got the first bus that came. We had never been to this place before, so we did not know what to expect. First we just went through to a housing estate and lots of green spaces. Then a group of girls and fellows got on and they went upstairs. Well they were hilarious. I would have loved to be up there with them. We could not make out a lot of what they were saying but the way they were laughing was infectious. My husband said, 'I am glad we are not up there you would have encouraged them.' They were on the bus until the terminus and that was where we were getting off. We did not know it was the last stop only for them saying to the driver that the bus should go further and now they would have to walk to the shopping centre. When we got off we turned away from them and saw a lovely park and went for a short walk round it. After an hour we decided we had enough and we would go back. I was a bit disappointed that nothing really funny happened on that bus.

We got the bus and when it came to a hospital there was a very old woman at the stop in a wheelchair. She got on our bus. The wheelchair was brand new but there were no rubber tires on the wheels. Then I noticed she had the hospital blanket on her and under it all her toiletries. Then I looked and she had a pile of things underneath and I said to my husband that she was after escaping. She was still in her nightdress. There must have been no brakes on it because when the bus went round the corner, the chair flew across the aisle and then it flew back again. This went on for a couple of miles and then we went through a housing estate. A young man came running up the road and she started to get off. We thought he was coming for her because as she got off all her things started to fall onto the path and he started to pick them up. He was nothing to do with her but he was just being kind helping her. He was running for the bus. As he passed by us my husband said to him, 'I thought you were her father.' 'Very funny,' he said and everyone in the bus started to laugh. That started a whole lot of smart remarks flying across the bus and it was like a show. When we were getting off, the young man said, 'Don't forget your crutches. Or is it the walker that's yours?' We laughed so much. When the bus was passing us, my husband did a dance on the path. I could not believe it. I said, 'Talk about me getting involved. You are no better.' But we really did enjoy it.

My next trip on a bus was very interesting. The woman that sat beside me started to talk to me. She said she had just finished knitting a big jacket for her friend and she was in going to buy the buttons. 'Would you like to see it?' I said I would and she took it out of the bag. It was beautiful. I said, 'The buttons for that will cost you a fortune.' 'Ah, no Mrs., sure I get them in Meath Street, and he is so cheap. He just gives you a handful or lets you count them out yourself.' I said I used to knit but I had not done so for years. I thought the buttons I bought for the last thing I knitted were dearer than the wool so I gave up. Maybe I will start again but the young people would not be interested in home knit. 'Oh,' she said, 'they love them.' So off I went to Meath Street and bought wool and the cheap buttons. I knitted three baby cardigans and gave them to my friend for her first grandchild. Her daughter was thrilled with them, and so I went back to Meath Street again. The shop was gone. I was so disappointed: that was the end of knitting for me. Maybe it is just as well. What do I want to be doing that for at my age? I have much more living to do going out on the buses.

XI

For the Drivers:

I think you do a great job and have a lot to put with from some of the public, apart from some of the other road users.

For the public:

All the things I have written about here have happened. I did not mention where or when or the number of the buses. You may recognise yourself and get a good laugh. You may recognise yourself and be annoyed. Don't be. It was all good fun, so I had to put it down on paper. I know it could only happen in Ireland.

THE END